镇江市哲学社会科学界联合会

镇江市大运河文化带建设研究中心

大运河文化带建设研究院镇江分院

镇江市旅游协会

镇江市旅游学会

联合出品

《江河交汇看镇江——山水花园》

（2020 年成果）

编委会名单

江河交汇看镇江

山水花园

顾海萍　钱　兴　高逸凡
主编

江苏大学出版社
JIANGSU UNIVERSITY PRESS
镇　江

图书在版编目(CIP)数据

江河交汇看镇江 ：山水花园 / 顾海萍，钱兴，高逸凡主编. — 镇江 ：江苏大学出版社，2021.12
ISBN 978-7-5684-1674-0

Ⅰ. ①江… Ⅱ. ①顾… ②钱… ③高… Ⅲ. ①大运河—文化研究—镇江—文集 Ⅳ. ①K928.42-53

中国版本图书馆 CIP 数据核字(2021)第 246328 号

江河交汇看镇江 ：山水花园
Jianghe Jiaohui Kan Zhenjiang：Shanshui Huayuan

主　　编/顾海萍　钱　兴　高逸凡
责任编辑/柳　艳
出版发行/江苏大学出版社
地　　址/江苏省镇江市梦溪园巷 30 号(邮编：212003)
电　　话/0511-84446464(传真)
网　　址/http://press.ujs.edu.cn
排　　版/镇江市江东印刷有限责任公司
印　　刷/江苏凤凰数码印务有限公司
开　　本/710 mm×1 000 mm　1/16
印　　张/16.25
字　　数/310 千字
版　　次/2021 年 12 月第 1 版
印　　次/2021 年 12 月第 1 次印刷
书　　号/ISBN 978-7-5684-1674-0
定　　价/58.00 元

前　言

2020年是不平凡的一年，也是大运河文化带建设工作持续推进的一年。11月中旬，习近平总书记在考察扬州市运河三湾生态文化公园时发表了重要讲话，提出了殷切的希望，为江苏在更高的起点上更好地推进大运河文化带建设指明了前进的方向。江苏以顶层设计引领大运河文化带的保护、传承与利用，以国家文化公园建设为突破口，讲好大运河故事，弘扬大运河文化，努力使大运河成为名副其实的致富河、幸福河，使运河永远造福人民！

镇江是江南运河的起点，地处长江与运河十字交汇处，历来是漕运咽喉，沿线有丰富的历史文化资源。自2018年年底镇江市大运河文化带建设研究中心成立以来，各研究组牵头，高校和地方职能部门密切配合，积极开展镇江段大运河文化带建设研究。2019年11月，大运河文化带建设研究院镇江分院正式成立，与研究中心合署办公。在镇江市社科联指导下，研究中心自2019年起设立年度社科应用研究“大运河文化带建设研究”专项课题，2020年共立项38项课题，其中重点课题7项，一般课题31项；经专家评审18项获奖，其中一等奖3项，二等奖6项，三等奖9项。2020年12月12日，在大运河文化带建设研究院的指导下，镇江市委宣传部、镇江市大运河文化带建设领导小组办公室和镇江市社科联以“江河交汇·山水名城”为主题，举办镇江市第二届大运河文化论坛，以保护好、传承好、利用好大运河为宗旨，深入挖掘镇江大运河的文化精髓和当代价值，致力打造“江河交汇看镇江”的品牌。

为巩固研究成果，现将2020年镇江市社科应用研究“大运河文化带建设研究”专项课题获奖报告和重点课题报告汇编成册，以飨读者。

镇江市大运河文化带建设研究中心
大运河文化带建设研究院镇江分院
2020年12月

目录

CONTENTS

历史文化保护

价值意义传承

内涵功能利用

历史文化保护

镇江大运河遗产研究

王玉国*

一、镇江大运河遗产的定义

镇江大运河遗产的定义应参照中国大运河遗产的定义来表述。

目前，中国大运河遗产的定义尚没有定论，笔者认为可以用以下文字来表述：中国大运河遗产是指分布在中国大运河遗产区域内（含隋唐大运河、京杭大运河、浙东运河）被列入中国大运河申遗文本，并被世界遗产委员会认定的遗产段（河道）和由遗产段派生衍生出来的或有关联的、地处大运河两岸的遗产点。

镇江大运河遗产的定义笔者认为可以这样表述：镇江大运河遗产是中国大运河遗产区域的重要组成部分，是有待列入中国大运河申遗文本并有待被世界遗产委员会认定的遗产段（河道）和由遗产段派生衍生出来的或有关联的、地处大运河两岸的遗产点。按形式分，应为河道遗产（含在用的和废弃的）及其派生衍生出来的相关遗产；按功能分，应为运河水工遗产、运河附属遗产、运河相关遗产、运河综合遗产；按年代分，应为与运河伴生或因运河后生的遗产点；按地点分，应为分布在大运河两岸（2 公里内）的遗产点。

二、镇江大运河遗产的内容

笔者参照中国大运河遗产功能划分类别，结合镇江的实际情况进行对照、梳理、遴选，确认镇江大运河遗产主要有 42 处。

---

* 王玉国，文博研究员，长三角区域文物专家库成员，江苏省文物局专家组成员，镇江市文物局专家组组长，镇江市历史文化名城研究会副会长，原镇江市文化局副局长。

如果按形式划分，42 处遗产含遗产段和遗产点，其中河道遗产段 7 处，遗产点 35 处。

如果按功能划分，42 处遗产可分为 4 个类别：

（1）运河水工遗存共 13 处（包括在用、废弃的河道和河道遗址 8 处，湖泊 2 处，水工设施 3 处）。

（2）运河附属遗存共 5 处（包括配套设施 2 处、管理设施 3 处）。

（3）运河相关遗产共 22 处（包括相关古建筑群 20 处、历史文化街区 2 处）。

（4）运河综合遗存 2 处（由多处河道、水工设施、相关古建筑群或遗迹组成）。

三、镇江大运河遗产的价值

《中国水利史》认为：“江南运河，起镇江之京口，至于杭州。镇、丹之间，吐纳江潮，并仰练湖以为源，在历史地理上均有重要价值。”笔者认为镇江大运河遗产的主要价值体现在四个方面。

第一，镇江大运河是长江与运河在江南的交汇处。历史上，江南运河长江运口除镇江“五口”外，尚有常州之孟渎、德胜，江阴之夏港。在漫长的历史进程中，镇江运口由于具有得天独厚的优越性，长期占据江南运河长江主运口地位，其他地域的运口则发挥了辅助漕运的作用。镇江现存的小京口、丹徒口、谏壁口是全国重点文物保护单位，谏壁口是目前唯一的一处长江与江南运河交汇的通航口，谏壁船闸因此成为“江南运河第一闸”，具有“闭关可以锁钥，开关可以通航”的作用。

第二，镇江大运河是江南运河之屋脊。镇江大运河处于江南丘陵地带，运河河床随地势自长江沿岸向南逐渐隆起，到丹徒辛丰的泰山湾达到最高点，这也是江南运河之屋脊和沿江水系与太湖水系的分水岭。泰山湾是镇江大运河地势最高点，标高（吴淞）达 33.6 米，而一般河岸仅 12～20 米。清早期“画圣”王石谷所绘、现存于故宫博物院的《冬日舟次丹徒道中写所见》，生动直观地展示了镇江丹徒运河的壮美。

第三，镇江大运河是我国水运科技先进发展史的见证。如闻名于世的宋代镇江京口澳闸体系，在结合镇江江口实际情况的基础上，综合了各地复闸和澳闸的实践经验，是当时长江运口漕运通航的解决方案，是当时最先进的应用成果。镇江京口澳闸的形制、规模、功能诸方面体现的科技水平，在中国古代通航建筑物中具有明显的典型性，是镇江大运河治理中最杰出的成就。另如，漕运时期的江南运河第一“水柜”练湖由于蓄水量大，“湖水放一寸，运河增一尺”，在冬春之季的枯水期，其济运作用就显得极其重要。另外，《中国大运河·镇江篇》说：“北宋元符三年（1100）和南宋嘉定十一年（1218），先后两次改扩建了集航运、引潮、蓄水、供水、锚地、避风、码头、仓储为一体的京口多级澳闸，这一水运枢纽被誉为我国水运工程史上最杰出的标志性工程之一。”。

第四，镇江大运河是中华民族抗击侵略的见证。1842 年，英军发动扬子江战役。6 月 13 日进入长江口，6 月 16 日攻陷吴淞，6 月 19 日进占上海，后直逼镇江。恩格斯曾在《英人对华的新远征》一文中深刻揭露了英国侵略军的罪恶阴谋：“长江把中国分为截然不同的南北两部分。在南京下游约 40 英里的地方，有一条大运河流入并穿过长江，它是南北各省之间的通商要道，采取这种进攻步骤的用意，是夺取这条重要水道就会置北京于死地，并逼迫清帝立即讲和。”

1842 年 7 月 6 日清晨，英军拼凑了一支由 76 艘船舰组成的庞大舰队，船舰装有大炮计 724 门，载有海军官兵 12000 人左右，从吴淞口向镇江方向开进。在英军侵入镇江防线时，镇江军民顽强抵抗，给英军以重创。镇江抗英保卫战，从 7 月 13 日持续到 7 月 21 日。英军分水陆两路沿运河向西门进攻，西门的战斗打得最为激烈。在大炮的掩护下，英军架云梯爬上城楼。英勇的中国军队为捍卫城头的每一寸地方，誓死抵抗。恩格斯在《英人对华的新远征》一文中，高度赞扬了镇江守军抗击侵略的英雄气概。抗日战争时期，新四军的王牌之旅——由粟裕任师长的第一师的主力部队，为执行中共中央南下战略任务，曾三次渡过位于镇江东南的大运河辛丰段。在此期间，镇江地方党组织积极做好各项接应准备，帮助大军顺利渡河，写下了镇江抗战史上的精彩一页。

四、镇江大运河遗产的“申遗”

本文所说的 42 处镇江大运河遗产项目，均与中国大运河世界遗产名录中的项目相对应、吻合，但将来增补、扩展到中国大运河世界遗产名录中的镇江大运河遗产项目，只可能是本文中的少数，而不可能是全部。从中国大运河世界遗产名录中的项目现状来看，它们均具有真实性、完整性、延续性、观赏性和知名性。从文物保护单位的级别上看均是省级以上。镇江大运河遗产项目中，有的项目很重要，但观赏性不够，如宋元粮仓遗址，虽然是全国重点文物保护单位，但目前大多采取就地掩埋保护方式，可见部分极少，故不能作为申报项目，将来展陈完善后则另当别论。鉴于以上原因，笔者认为，未来增补、扩展到中国大运河世界遗产名录中的镇江大运河遗产段和点，首先应选择以下 10 项：

1. 镇江大运河

镇江大运河包括两个部分，一是江南运河镇江段，二是镇江古运河段。

其典型性和代表性为：江南运河镇江段是延续时间最长的河段之一，它见证了大运河沿线的河湖水系变迁和“运河屋脊”的整治过程。镇江古运河段是南方城区段运河的典型，反映了城市与运河相伴相生的特点。

2. 江河交汇处

小京口、丹徒口和谏壁口现均为全国重点文物保护单位，典型性和代表性为：

（1）小京口和丹徒口是不同时期江南运河与长江交汇的重要口门。而谏壁口为今江南运河通航段与长江交汇的唯一口门。

（2）小京口旁的平政桥有“江南运河第一桥”的美誉。丹徒闸是江南运河上重要的综合遗产。谏壁口上的谏壁船闸、谏壁节制闸和谏壁抽水站是江南运河上最重要的综合遗产，谏壁船闸因其规模、形制和作用被称为“江南运河第一闸”。

（3）在 2019 年 6 月 4 日“寻找大运河江苏记忆”活动成果发布会上，40 个江苏“最美运河地标”评选结果出炉，谏壁闸被誉为“苏南运河第一标”。

（4）小京口、丹徒口和谏壁口见证了长江与运河交汇的历史变迁和漕船客舟运输的繁忙及经济的繁荣。

3. 西津渡历史文化街区

西津渡与运河相融、相通，被誉为“江南江河第一渡”“最美运河地标”。西津渡历史文化街区现为全国重点文物保护单位，其典型性和代表性为：街区形成于三国时期，它因渡而生，多元汇聚，主题突出，特色鲜明，构成了以平安和谐为核心价值的津渡文化，包括渡口文化、救生文化、宗教文化、建筑文化、西洋文化、军事文化、民国文化、商贾文化、民俗文化等。

西津渡历史文化街区既是长江文化遗产，也是运河文化遗产。

4. 新河一条街历史文化街区

新河一条街历史文化街区现为全国重点文物保护单位，其典型性和代表性为：街区形成于北宋时期，它因河而建，以河为名，得江河之利而兴，是大江南北的物资集散中转之地，是商贸交易的中心枢纽。沿街建筑保留传统风格，是大运河沿岸保存较完好的一条历史街区，被誉为“江南运河第一街”。

5. 虎踞桥

虎踞桥现为全国重点文物保护单位，其典型性和代表性为：虎踞桥历史悠久，始建年代待考，历代均进行过修缮，明代进行过大修，至今保持了明代风格，桥墩、金刚墙、拱券等仍为明代建筑。虎踞桥见证了镇江因河、桥而繁荣的历史，被誉为“江南运河第一座古桥”。

6. 京口闸遗址

京口闸遗址现为省级文物保护单位，其典型性和代表性为：它是古代江南运河上重要的水运设施之一，堪称“江南运河上的第一道闸”。它证明了我国古代建筑与治水工程技术具备相当高的水平，对于研究大运河的水工设施、运河沿岸的物质文化习俗，以及南北运输、商贸等方面的交流与沟通有着重要意义。同时，京口闸是京口澳闸五闸之首。

7. 铁瓮城遗址

铁瓮城遗址现为全国重点文物保护单位，其典型性和代表性为：铁瓮城距今已有 1800 多年的历史。它“因山为垒，缘江为境”的筑城特点，受到了建筑专家和文物专家的高度评价。在三座孙吴都城（镇江铁瓮城、南京石头城、鄂州吴王城）遗迹中，铁瓮城以其建造年代最早、保存遗迹最为完整、筑城风格最为独特而被誉为“三国东吴第一城”“江南运河第一城”。铁瓮城因运河而生，在三国至明清时期对大运河具有管理职能。

8. 丹阳南朝陵墓石刻

丹阳南朝陵墓石刻现为全国重点文物保护单位，其典型性和代表性为：丹阳南朝陵墓石刻距今已有 1400 多年的历史，它们因运河而生，与运河相伴，气魄雄伟、形态各异，雕刻精美，体现了南朝艺术雄秀兼备的风格，是我国雕刻史上的杰作。这些石刻继承了汉代圆雕、浮雕和线雕混合运用的手法，风格由粗简古朴向精湛秀美转变。它们富有南方的优雅柔美，是我国魏晋南北朝时期的南方石刻代表作，被誉为“江南运河第一陵墓石刻”。

9. 丹阳万善塔

丹阳万善塔现为省级文物保护单位，其典型性和代表性为：万善塔历史悠久，在明崇祯十年（1637）建成，充分体现了明代古塔的建筑风格。

塔体自下而上逐渐收缩，塔顶安置有瘦长铁制塔刹，这在全国数百座古塔中，堪称一绝，赢得了“古运河畔第一塔”的美誉。万善塔从古运河的河湾里拔地而起，曾经是古运河进入江南的标志，也被誉为“最美运河地标”。

10. 赛珍珠旧居

赛珍珠旧居现为省级文物保护单位，其典型性和代表性为：赛珍珠旧居建于 1914 年，是一座中西合璧的砖木结构两层楼房，是把中文称为“第一语言”、把镇江称为“中国故乡”的 1938 年诺贝尔文学奖得主赛珍珠在镇江的寓所。旧居邻运河而建，见证了赛珍珠在江河交汇的镇江生活 18 年的历史。

以上是笔者对镇江大运河遗产的定义、内容、价值和“申遗”4 个方面的粗浅研究，希望为镇江大运河文化带建设提供一点参考和启示。

大运河镇江段科技史研究

孙洪军* 洪 波*

与长城、长江、黄河一样，京杭大运河是中华民族的重要象征。在所有关系国计民生的宏大工程中，“有史以来国家所最注重者，莫如运河”[1]，历史上京杭大运河产生的经济效益、社会效益和环境效益早已为人们所熟知。事实上大运河不仅是一份享誉世界、举世无双的历史文化遗产，而且是一份闪耀着中华民族智慧的“科学技术遗产”[2]，值得我们大力弘扬、永远珍惜。大运河镇江段是京杭大运河的重要组成部分，此前学者对大运河镇江段蕴含的科学原理和科学技术或偶有涉及不甚深入，或详其一点不够全面，这些缺憾为本文进行系统研究提供了可能性。深入挖掘大运河镇江段蕴含的科学原理与科学技术，对于建设大运河文化带、丰富镇江运河文化、弥补学术空白具有十分重要的意义。

一、大运河镇江段的开凿

1. 主航道的开凿

大运河的开凿，起始于春秋时期，形成于隋唐时期，兴盛于宋元时期，成熟于明清时期，历时2500余年，是历代连续开凿、不断拓展的结果。为节省人力、物力与成本，这一浩大工程的主线，一部分为原有的天然河流和湖泊，另一部分为人工开挖而成。元代贯通的京杭大运河全长1700余公里，沿河地形起伏不定，运河全线为呈三起三落的布局，尤其是“位于长江南岸的丹徒一带地势较高，成为运河的第二个分流点，河水向北流经长江至清江，向南流至杭州……这种‘三起三落’的河道布局给过往船只的航行造成了很大的困难，带来了一定的风险”。[3]338《史记·河渠书》记载，

---

* 孙洪军，1970年生，江苏科技大学马克思主义学院副教授，研究方向为中国近现代史、镇江地方史。洪波，1966年生，江苏科技大学马克思主义学院教授、院长，研究方向为科技哲学。

早在春秋战国时期，丹徒水道就已经沟通京江，秦时京江水道口在徒儿浦，即今镇江市丹徒镇附近。秦始皇新开丹徒口，使丹徒水道入江口从徒儿浦向西迁移十余里，缩短了入江口与邗沟的距离，改善了江南入淮的航线；并且利用龙目湖（在京岘山，秦时所扣，今失其所[4]285），开凿丹徒水道北段新航道，将丹徒水道南段的直道改成弯道，改道处位于丹徒水道的南倾地段，“截直道使其（丹阳）阿曲，增加了弯道，降低了坡降，减缓了河水直泄”。[5]27-28 据相关记载，大运河镇江段的开凿肇始于秦始皇时期。公元前221年，秦始皇统一全国。为了加强对东南地区政治、经济的控制，秦在今江南运河的丹徒（今江苏镇江）、曲阿（今江苏丹阳）、由拳（今浙江嘉兴南）等地段进行局部疏浚和开凿，从由拳至钱塘（今杭州灵隐山下）的水道初具雏形，并与钱塘江沟通，其中“在今镇江与丹阳之间开山劈岭，开凿了镇江至丹徒境内的丹徒水道。”[6]684 秦始皇三十七年（前210），秦始皇第五次东巡，“十一月，行至云梦，望祀虞舜于九嶷山。浮江下，观籍柯，渡海渚。过丹阳，至钱塘”[7]，“过丹阳，至钱塘”走的当为丹徒水道。据估计，当时的江南运河还没有全线贯通，秦始皇虽然贵为皇帝，也不得不时而坐船、时而登车方能顺利巡行东南各地，这一点可以从陆游的《入蜀记》中得到印证。陆游在《入蜀记》中说：“自京口抵钱塘，梁、陈以前不通漕。至隋炀帝始凿八百里，皆阔十丈；夹冈如连山，盖当时所积之土。”[6] 虽不通漕，但商贸发达，“丹徒水道早在三国时期就‘东通吴、会，西到建邺’，渡江可直达两淮”[8]。

589年，隋灭陈，结束了魏晋南北朝三百六十余年的分裂割据局面。为加强对东南地区的统治，隋炀帝大业六年（610）十二月，征发百姓对江南运河进行全线整治，加以疏浚开拓，“敕穿江南河，自京口至余杭，八百余里，广十余丈，使可通龙舟，并置驿宫、草顿，欲东巡会稽”。[6]685 大运河镇江段成为与里运河（邗沟）相连接的江南运河主航道，运河入江口也渐由丹徒水道入江口西迁至京口。其原因在于：第一，丹徒水道入江口位于长江入海喇叭口的外侧，江面宽阔，潮高浪大威胁行船；将运河入江口迁至处于海口内侧的京口，行船危险大为减小。第二，西迁入江口十余里，缩短了入江口与邗沟的距离，优化了江南入淮的航线。第三，随着运河入江口的西迁，相应的丹徒水道南段直道改为西折的弯道，增加弯度，减小纵坡降，减缓河水走泄，有利于漕船的航行。京口因此成为扼守江南运河入江口的战略要地，“自是以后，南北渡者皆以京口为通津”。[6]695 由于江南运河的开凿，隋朝大运河得以全线贯通，从此，大运河的经济、政治、军事、文化价值日益凸显，随着社会的发展，维持大运河畅通的科学技术不断进步。隋代江南运河是在秦汉以来历代所凿运河的基础上加以扩宽、疏浚、顺直而成的。元统一全国后，着手建设以大都（今北京）为重点的南北大运河。至元三十年（1293），京杭大运河全线贯通，经取直和疏浚的大运河，从浙江杭州一路北上，经江苏、山东、河北、天津，直抵北京通州，形成了近代京杭大运河的主体。“为保证有充足的水源服务于漕运，又在沿河各处修建了众多的闸坝，以调节水力。”[6]686

除大运河主航道外，“还有一些在历史上曾作为运道，之后废弃不用，或运河改道后原来的水道就成为运河的支线，如破冈渎、上容渎、上塘河……还有的支线是与江南运河主线垂直，作为区域防洪或排涝的水利工程。”[6]733 这些支线运河主体今日在镇江境内的有破冈渎和珥渎河，在镇江境外又与大运河镇江段密切相关的有常州的孟渎河。

2. 支航道的开凿

（1）破冈渎。

三国以前，常州、镇江的船只走京口运道。孙吴建都建业，运船自京口入江，在扬子江溯流而上，风急浪大，十分危险。为避开这段危险的长江航线，东吴赤乌八年（245），孙权命校尉陈勋征发三万人开凿句容至云阳（今江苏丹阳）的破冈渎，并建十二埭，以沟通苏杭诸郡，此后吴越航船不再由京口入江西上抵达都城。孙吴末年（280），孙皓曾凿丹徒至云阳渠道，此次开凿的目的主要是疏浚，扩大已有的运道，使运道更加平直。三国归晋，宋、齐因之。为避讳梁太子萧纲之名讳，废弃破冈渎，新开上容渎，在句容县东南五里山顶分流，“一条向东南流三十里，建十六埭，入延陵界。一条向西南流二十六里，建五埭，入句容界，西流入秦淮河。”[9]69 陈霸先建陈代梁，又废弃上容渎，重修破冈渎。公元589年隋灭陈，定都长安，建业失去了都城的地位，破冈渎的战略价值大大降低，隋文帝“诏并废之”。

（2）珥渎河。

珥渎河又称“丹金溧漕河”，俗称“七里河”，自丹阳七里桥从运河分支处到金坛荆城港为止，全长约40里，是沟通金坛、溧阳的重要航道，也是灌溉农田的主要漕渠。隋大业年间（605—618），永世县（治所在今江苏溧阳茶亭古县附近）县令在金坛南部开凿了泾渎，就是今天丹金溧漕河的南段，此后经过多次开拓疏浚，逐渐成为南北通商要道。《江南通志 · 河渠志 · 运河一》记载：“金坛县运河，自荆城港出珥渎河，至七里桥合。”[9]1537

（3）孟渎河。

孟渎河在常州武进城西奔牛镇以东，北接长江，南通运河，旱则引江潮以济运、灌溉，涝则导河水入长江，使运河不致壅滞为患。唐代这里原本有一条自然通江河港作引江水灌溉之渠道。唐元和八年（813），常州刺史孟简在已经湮废的故渠基础上，从入江口河庄（今江苏常州孟河镇）向南至奔牛镇疏浚、开拓，形成运渠，全长41里，通过运渠引江水济运，同时灌溉农田4000余顷，这一运渠即孟渎河。孟渎河是常镇运河从长江引水的重要渠道，“由于常州奔牛以西的江南运河常年处于低水位状态，需要增加水量，因此孟渎对于解决江南运河北段水源不足的问题来说至关重要”。[6]738 正如黄承元在《河漕通考》卷下中所说：“今天下漕谷之多莫如吴越，吴越所出江必经丹阳、京口，是处冈岭重复，本天地所以蔽长江，故地形特高，中难潴水，江潮之涨，日裁数刻，水最少而浮谷最多。并且出京口一道，可无虑耶？孟渎虽险，不过于海弃洪川而仰纤流，未为得也，又加以疏浚之劳费乎？”[9]725

京杭大运河主航道的开凿，反映了中国古人顺应自然、科学设计、久久为功的科技智慧。

《荀子·王制》说：“水则载舟，水则覆舟。”此经典名句很有哲理，需要强调的是，水能载舟还有一个前提，即是水体必须是水量足够大、水深足够深才能够承载运舟。大运河最主要的功能是转运漕粮，为保证运河水量充足、水深达标，保持航线畅通，还必须运用各种科学方法引水、保水、供水、节水。

二、大运河镇江段的引水

大运河镇江段因没有较大的河流与之平流相交注水，水源常感不足，加之地形起伏较大，运河河水极易走泄。为蓄水保漕，除修建堰坝水闸拦水节水和通过镇江运口引水济运外，还因地制宜开凿引河通江引水济运，这些引河成为运河重要的引水工程，并形成运河支线网络。这些通江支河有的并不在镇江辖区，却与大运河镇江段密切相关，其中主要有孟渎河、德胜新河，“有些河道兼有通航功能，甚至长期通航，扩大了通航范围。”[6]733

1. 镇江运口引水济运

（1）海口东移潮水低落。

隋朝以前，长江由南徐州（今江苏镇江）、扬州之间入海，南抵南徐州北固山麓，北抵扬州城西北四里之蜀冈脚下，江面阔达 40 里，呈喇叭状向东南展开。《南齐书》记载："南兖州，镇广陵……土甚平旷，刺史每以秋月多出海陵观涛，与京口对岸，江之阔处也。"[10]173 海陵即今泰州。可见直至六朝，"广陵潮"仍蔚为壮观，潮水足以由京口灌入运河，补给运河的水量。

由于海潮的顶托，长江挟带的泥沙日益堆积，长江三角洲不断向东推移，隋朝时长江北岸已南移至今扬州城南杨子桥，随着江面的快速收束，潮水逐渐减弱。地方政府积极应对，重新疏治运河，拓宽加深，因此潮水仍能由京口进入运河。至唐代中叶，长江口已经下移到今南通、常熟之间，扬州杨子桥以南的长江积沙为洲，其状如瓜，故称"瓜洲"，瓜洲逐渐与北岸合拢，至开元时（713—741），瓜洲已有百姓定居，此时润扬之间的长江江面仅有 20 里宽。潮位更加低落，京口运河水源匮乏。宋蔡宽夫《诗话》云："润州大江本与杨子桥为对岸，而瓜洲乃江中一洲耳，故江潮悉通扬州城中……自大历后，潮汐始不通。今瓜洲既与杨子桥相连，自扬子距江尚有三十里，山川形势固有时迁易也。"（《嘉庆丹徒县志卷四十七・纪闻》）。唐代润州治所在今镇江市。既然扬州城中不通潮汐是由于瓜洲并岸而使江面束狭，镇江与瓜洲对岸，江潮由京口涌入运河势力必定减弱。《漂海录》记载，明弘治元年（1488）二月二十日，朝鲜人崔溥自丹阳吕城航行到镇江府城，二十一日"自南水关溯砖城河，傍府城而南而西，过新坝至京口驿留泊。夕，步过京口闸至通津递运所。通津水浅，必待潮至乃可通大江，故改乘船，留待潮候，以为渡江之备"[9]1155。日本人策彦周良在《入明记》中记载，嘉靖十八年（1539）"十二月大朔日……酉刻，正使及护送大人三□船超坝。余船两居座以下犹在坝前方舣耳，盖候明朝潮也。二日巳刻，将辘轳索卷越坝口，潮不十分，故犹在此"[9]1174。这两则史料说明明代江南运河的航船必须等待大潮方能入江。清代光绪年间镇江知府王仁堪《请拨款开浚徒阳运河禀督宪苏藩宪》记载："京口运河，自上届报明开挑后，迄今已将一载，每日两潮，复为积沙淤垫。现奉本道常镇道面谕，饬即照案疏浚。"[11]141 说明清代江潮仍能入漕河济运。

（2）更移入口引水济运。

由于长江岸线的变迁，江南运河入江口也时常发生变动。由于镇江附近长江主河道的变迁，运河入江口经常受到江潮挟带泥沙淤塞的威胁，因此运河的入口不得不经常变动。历史上，镇江至少开凿了五个运河入江口，即丹徒口、谏壁口、甘露口、小京口和大京口。隋代以前，运河的入江口在丹徒，江对面为扬州杨子桥，江面阔40里。为解决水源不足造成的困难，唐开元二十二年（734）创建京口埭。开元二十五年（737），齐瀚任润州（今江苏镇江）刺史，因“润州北界隔吴江，至瓜步沙尾，纡汇六十里，多为风涛之所漂损。瀚乃移其漕路，于京口塘下直渡江二十里，又开伊娄河二十五里，即达扬子县”[12]3428。另有记载“州北距瓜步沙尾，纡汇六十里，舟多败溺。瀚徙漕路由京口埭，治伊娄渠以达扬子，岁无覆舟，减运钱数十万”[13]3523-3524，此记录显示出运口转移产生的社会效益与经济效益十分明显。

《至顺镇江志·闸》云：“京口闸，在城西北京口港口，距江一里许，莫究其所治。唐撤闸置堰。开元中，徙漕路由此。”[4]50 说明开元后因扬州一侧江滨沙洲淤积，与北岸连成一体，运河在镇江的入江口已从丹徒口移至京口埭。这里的京口埭即大京口。为解决江南运河镇江段的缺水问题，宋代采取两项措施：开河引水与建闸节水，坚持直接引用自然河流济运和开凿人工运河引水济运的方针。“天圣七年（1029）‘五月润州新河毕’，新河即小京口，今京口闸之河。”[14]大事记11《宋史》记载，北宋庆历年间（1041—1048），郑向“出为两浙转运副使，疏润州蒜山漕河抵于江，人以为便”[15]8094。蒜山漕河在润州城西5里处，河道不长，因其一头通长江，一头通江南运河，故疏通后获得引江潮济运之便利。后来此河淤塞，政和六年（1116）重新疏通，除了用以引江潮济运外，还成为长江舟楫大风时的避风港。

2. 孟渎河引江水济运

唐朝中期以后，运河河水淤浅，船行艰涩，有时甚至断流干涸，漕船不得不选择走孟渎出江，不经过徒阳运河。元和八年，孟简在常州武进城西40里处重开孟渎故渠，北通长江，渠长41里，灌溉田地4000余顷，引长江水济漕，它本身也可以通航。“由于孟渎口距京口埭较远，只要徒阳运河畅通，一般漕船仍以行经徒阳运河过京口埭入江为方便，而孟渎口只是常州、镇江段运河的一条通江运道。”[6]698

明代江南运河的治理重点仍然在北段的常镇运河，常镇运河水源不足，经常淤塞不通，因此疏浚孟渎、德胜新河、江阴运河等几条通江支河引水济运或作为替代航道，“其中以孟渎行漕最多”[6]686。雍正《江都县志》记载，宣德七年（1432），陈瑄开白塔河，置新闸、潘家庄、大桥、江口四闸，令江南运船从常州西北孟渎过江，入白塔河，经盐河至湾头与漕河接通，以省瓜洲盘坝之费，人以为便。正统四年（1439），都督武兴议因白塔河走泄河水，奏请关闭这一运道，仍从瓜洲过坝，白塔运道于是被废弃。直到万历六年（1578），丹阳运道经疏浚整理之后漕运畅通，孟渎支河才逐渐被废弃。

3. 德胜新河引江水济运

明宣德六年（1431），有人建议修建德胜新河 40 里，两年竣工，以开辟江南运河的另一条通江水道。德胜新河在常州城西，漕船可以由此北入长江，入泰兴北新河，由泰州坝至杨子湾入淮扬运河，这条运道比白塔河运道还要便利。如此一来江南运河常镇段与孟渎、德胜新河主副运道相互贯通，并行使用，使镇江段运河更为畅通。

天顺三年（1459），为避长江行程风涛之险，曾以 30000 民夫疏浚自京口至奔牛的 160 里运道，并修缮京口、甘露、吕城、奔牛旧闸，但依然时通时阻，江南漕舟仍常经孟渎、德胜等运口出江。崔恭又请增置五处闸门，至成化四年（1468），闸工始成。于是漕舟全部经由里河，返回的空船及其他船只则走孟渎、德胜两河。[6]713

由于大运河常州至镇江段一直没有彻底解决水源问题，河道经常淤浅，因而漕船、其他官船经常选择从孟渎、德胜新河入江北上，返回空船也多选择从这两条便捷的漕运通道南下。江南运河北段常镇运河因地形关系，单靠引水济运不能解决问题，还必须在运河线路上修建一些保水设施，用以分段保水。

三、大运河镇江段的保水

1. 堤坝堰埭保水

堤是沿河的防水构筑物；坝是河工险要处为巩固堤防、用以拦水的构筑物；堰是较低的挡水构筑物，用以提高上游水位以利航运或灌溉；埭即坝，多用于地名。对于京杭大运河河工来说，堤、坝、堰、埭并没有严格的区分，其基本功能都是拦蓄河水以保漕运，没有太大的实质的区别。运河经过的地区地势高低不平，导致运河河道存在高差，而水往低处流是自然规律，如何蓄积河水，保持河道有足够水深以满足漕船航行的需要，成为大运河运营管理者优先考虑的问题。解决的主要办法是在高差较大、水流走泄迅速的地方修建一些堤坝堰埭以拦蓄河水。历朝历代在大运河上修建了大量的堤坝堰埭，它们成为运河河工的主体建筑，从设计、选材、建筑技术到管理方法都蕴含着丰富的科学原理和科学技术。

如前所述，早在东吴赤乌八年，孙权就命校尉陈勋开凿句容至云阳的破冈渎，并建十四埭，以沟通苏杭诸郡，这十四埭是大运河镇江段上较早的挡水建筑。魏晋南北朝时期，政府多次大规模治理常镇运河、镇江运口，在运口建丁卯埭，在常州建奔牛堰。西晋永嘉元年（307），于京口南修筑了埭堰，节制水流，维持通航。东晋建武元年（317）镇守广陵（今江苏扬州）的车骑将军司马裒，“因运粮出京口河水浅涸而在此立埭，并于丁卯日建成桥，故名丁卯桥”[16]97。今镇江城南古运河上丁卯桥处，尚存部分遗迹。

三国时期的吴国和后来的东晋、南朝各代偏居东南，为军事、经济目的大力整治常镇运道，在京口建丁卯埭，在常州建奔牛堰，并修治丹阳练湖等水柜，如此一来，大运河常镇段“初步建立了由挡潮引水、节制堰坝、调蓄水柜组成的航运体系。这个时期，运河南段也修了许多堰坝来节制水流，并且船只过坝技术也已经比较成熟”[6]685。唐朝在隋朝基础上对大运河进行疏浚，“江南运河上的节制工程仍以堰为主”[6]685。为解决润州水源的缺乏，于开元二十二年建京口埭……这些节制工程有助于控制运河水位、保证水源补给。还在丹阳修建了庱亭埭，此后一直沿用。宋朝时，建在大运河常镇段的节水设施随着时代的演进而有所发展变化，除了堰埭堤坝外，还有单闸、复闸和澳闸。

明朝吴道南《河渠志》记载，天顺元年（1457）十二月丁巳，尚宝司少卿凌信言：“苏浙运舟从大江抵瓜州坝，风涛多险，且道纡，若从镇江里河运，少险，水道径半。而运船往往冒险坏，缘里河自新港至奔牛多浅窄，且盘三坝，船稍大不利，更七里港口横阻金山，江水不得入。”[9]889 说明大运河镇江段上仍有三个水坝。

2. 水闸保水

水闸是建筑在河道或渠道上利用闸门控制水流量、调节水位的低水头水工建筑。关闭闸门可以起到拦洪、挡潮和抬高上游水位的作用，以满足航运、灌溉等多种需要。

宋朝时，大运河镇江段保水设施随着时代的演进而有了大的创新，除了堰埭和单闸，还出现了两重或两重以上闸门的复闸和澳闸。北宋很重视运河上的堰闸修建，有关于诸堰使用和修理的记载。淳化元年（990）二月，镇江的京口、吕城，常州的奔牛、望亭，嘉兴的杉木（即杉青），杭州的捍江、清河、长安等堰被废，改堰为闸，使其能更有效地调节水量，利于航运。元祐四年（1089），修复吕城堰，建上下闸。绍圣年间（1094—1098），将京口、奔牛改堰为闸，同时议修澳闸。崇宁元年（1102），设提举淮浙澳闸司，管理杭州至扬州运河上的澳闸。澳平时用于储水，以补充复闸过船的用水，这是北宋航运水工的创造。熙宁年间（1068—1077），日本僧人成寻自杭州乘船循运河北上汴梁，航行经过常镇运河，在他的日记《参天台五台山记》中记录：奔牛堰有 5 个辘轳，用 16 头水牛（左右各 8 头）拖船过堰。当时吕城堰已被废弃。由水门入润州城，至城西北有京口堰，越京口堰需要用 14 头水牛拖船。只有下游涨潮时河道才有潮水。京口堰外另有一道闸门，过闸门北 1 里又有一道闸通长江。"这些闸堰有效地调节着运河各段水流水量，保证了运河的正常运作。"[6]701-703

四、大运河镇江段的供水

五代以后，随着中国经济重心的南移，江浙地区逐渐成为中国最富庶的地区。而中国的政治中心始终在黄河流域，京畿地区官民士卒云集，需要大量粮食，南粮北运成为不可避免的经济现象。正如黄承元在《河漕通考》中所说："今天下漕谷之多莫如吴越，吴越所出江必经丹阳、京口。"[9]725 可是，"自丹阳以北则地势渐高，别无支流可引，唯有练湖一区，谓可资蓄泄。然湖故无源，天旱易涸，且水势东趋于漕，不甚有济也"[9]736。解决大运河镇江段水少船多、时常断流影响漕运问题的重要措施是维护好练湖，使之能够及时为运河补充水量，维持通航。

1. 修治练湖

西晋永兴元年（304），陈敏任广陵王丞相，意欲占据江东，令其弟阻遏马林溪，受句骊、长山八十四溪之水，汇聚为湖，称"练塘"，又称"曲阿后湖"，周长 40 里，其功能主要为蓄水济运；东晋大兴四年（321），晋陵内史张闿又立新丰湖，"闿乃立曲阿新丰塘，溉田八百余亩，每岁丰稔"[17]1341。两湖皆在丹阳城北，都是以灌溉为主的塘堰，因邻近运河，也可利用其接济运道。南朝宋元嘉三十年（453），修建练湖、曲阿湖（即丹阳湖）、新丰埭等水柜，利用水柜蓄水济运。"至此，常镇段运河初步建立了由挡潮引水、节制堰坝、调蓄水柜组成的航运体系。"[6]693-694 唐永泰年间（765—765），"刺史韦损因废塘复置，以溉丹阳、金坛、延陵之田，民刻石颂之"[13]694。唐朝是中国历史上一个空前繁荣强盛的封建王朝，依靠庞大的经济实力，对常镇运河多次进行整治，深挖河床，疏浚河道。但是大运河镇江段水量时有不足，水位低时无法通航，不得不依赖丹阳附近的练湖水柜来调剂水位。后练湖被丹阳豪强筑堤横截 14 里，取湖地作农田，致使湖面日狭，无法贮水。广德二年（764），“又分官吏主丹杨湖，禁引溉，自是河漕不涸”[13]898。南宋绍兴七年（1137），两浙转运使向子諲置练湖斗门、石䃮。

元至治三年（1323），政府征调 3000 余人浚涤练湖，设湖兵 100 人，提领 2 人，壕寨 2 人，司吏 2 人，完善练湖管理体制，“除关本路达鲁花赤兀鲁失海牙总治其事，同知哈散、知事程郇专管起闭斗门”[18]1086。由此可见，“整治练湖，当时列为江南运河的要务”[19]286。南宋乾道七年（1171），诏两浙漕臣沈度，专一措置修筑。元仁宗延祐六年（1319），浚镇江练湖。元至治三年，浚镇江路漕河及练湖。明成祖永乐八年（1410）三月，修镇江丹阳练湖塘。[9]1543-1547 清中期以后，练湖因为不断围垦而逐渐淤废，失去了济运水柜的功能。道光五年（1825），江苏巡抚陶澍大力整饬丹阳的练湖。“九年，再次修复济运，但作用已经不大。”[6]687

由此可见，镇江段是京杭大运河的几个关键节点之一，历代地方政府都非常重视，不断疏浚修治。而作为这一运段上唯一能够对运河提供有效补水的练湖水柜，也引起统治阶级的高度重视，历代对其多有修浚，并制定了严格的管理制度。

2. 管理练湖

历代对练湖进行修浚的同时，也加强了对练湖的管理。唐代，练湖被丹阳豪强筑堤横截 14 里，取湖地作农田，致使练湖湖面日益狭小，无法贮水，济运功能大为降低。永泰年间（765—765），韦损任润州刺史，整治练湖，增理故塘，缭而合之，湖面周长扩大为 80 余里，他还颁布命令，禁止引湖水灌溉田亩。后人评价练湖管理制度之严格时曾说：“在唐之禁甚严，盗决者罪比杀人。”[9]1544 后刘晏“又分官吏主丹杨湖，禁引溉，自是河漕不涸”[13]898。元英宗至治三年，江浙行省因大运河镇江段全赖练湖之水为上源，建议修浚练湖，潴蓄潦水以济漕运。政府组织实施修浚工程，“工毕又置湖兵百人，专任修理”[9]1097。严格的管理制度保证了湖水的稳定，行漕时节导湖入漕，给运河补充了宝贵水源。

五、大运河镇江段的节水

水闸是运河节水的重要设施，王直在《常州府重建黄田闸记》中评价说："水之有闸，所以时启闭，谨蓄泄，通舟楫之去来，资田畴之灌溉，其为利大矣。"[9]569 前文已介绍过单闸，两个或两个以上的单闸组成复闸，复闸加上储水的澳就构成澳闸，在所有水闸中，澳闸的科技含量最高。

宋代是中国科技文化发展的一个高峰时期，表现在运河科技上，就是"这个时期运河上出现了两重或两重以上闸门组成的复闸来取代堰埭，其工程构造、工作原理与现代船闸完全相同，并且还出现了专为船闸供水的'澳'，因此称'澳闸'。这个时期江南运河上所体现的航运工程技术及运输组织管理水平达到了历史的最高峰"[6]701。就大运河镇江段而言，有代表性的水闸是京口闸、吕城闸，均为澳闸。宋元祐四年（1089），润州知州林希奏复吕城堰，置上下闸，以时启闭。其后，京口、瓜洲、奔牛皆置闸。据《江南通志卷五八·河渠志·运河一》记载，宋元符元年（1098）正月，知润州王愈建言："吕城闸常宜车水入澳，灌注闸身以济舟，若舟沓至而力不及，许量差牵驾兵卒，并力为之。监官任满，水无走泄者赏，水未应而辄开闸者罚，守贰、令佐。常觉察之。"[9]1542 诏可。

澳指弯曲可以停船的地方；闸指挡住水流的建筑物，也称"水门"。澳闸是指将澳和闸结合在一起的水工建筑，最早出现在我国北宋时期。北宋元符二年（1099）闰九月，"润州京口、常州奔牛澳毕工。先是，两浙转运判官曾孝蕴献澳闸利害，因命孝蕴提举兴修，仍相度立起闭日限之法"[15]1602。曾孝蕴建造的京口闸，是集航运、拦潮、供水和仓储于一体的多级澳闸。此后京口闸因连年战乱，失于维修而颓败。南宋嘉定十一年（1218），润州知府史弥坚重新修整京口澳闸、镇江运河。两宋时期，大运河镇江段仍然通过京口闸引取江潮作为主要水源，因此两宋政府多次对京口闸进行修浚。

京口闸位于江南运河进入长江的入口处，为南北漕运的咽喉之地，此段江南运河地势高仰，河水极易流失，兼之需要引江潮济运，这就决定了京口闸的重要性及设计的独特性。历史上京口闸经过多次兴废改建，结构变化较大。其中北宋元符二年新建的京口澳闸和南宋嘉定十一年重建的京口澳闸科技含量高，最有代表性。

北宋元符二年新建的京口澳闸是由 5 座闸门组成的多级澳闸的统称。自江南运河入江口处开始，向东南约 1 里建京口闸，为接纳江潮、拦潮济运之闸，因此也称其为"潮闸"，这是京口澳闸系统的第一道闸。从潮闸往南，到达腰闸，腰闸是京口澳闸系统的第二道闸，京口闸与腰闸组成一座二斗门船闸，此段船闸用以引潮，也是南来船只候潮入江北渡或北来船只候潮南行的停泊地。从腰闸向东折行到达下闸、中闸、上闸，分别是京口澳闸系统的第三、第四、第五道闸，下、中、上三闸组成三门两室的船闸，这样整个京口澳闸系统由潮闸、腰闸、上闸、中闸、下闸共同组成五闸四室的梯级船闸；与此同时，在运河东侧的下闸与中闸之间设置归水澳，在中闸与上闸之间设置积水澳，归水澳与积水澳均有闸门分别与第三、第四闸室联通。平常时节积水澳水位高于第四闸室的水位，以备随时给闸室供水；如果积水澳积水不足，即车水入澳。归水澳水位则低于第三闸室的水位，以回收开闸时下泄之水。归水澳与积水澳有水车连接，可从归水澳车水入积水澳，循环使用，以节省水量，保持航道畅通。《嘉定镇江志》卷六《重建京口闸记》充分肯定澳闸的优点："则为积水归水之澳，以辅乎渠。积水在东，归水在北，皆有闸焉，渠满则闭，耗则启，以有余补不足，是故渠常通流，而无淤塞之患。"[6]791

六、大运河镇江段的维护

隋炀帝开凿大运河，塑造了纵贯南北的大运河的雏形，"隋唐时期，江南运河完善的工程体系已经形成，并且作为国家水利工程设有专门机构来管理维护。"[6]699 元代裁弯取直，奠定了今日京杭大运河的基础。大运河作为有史以来关系国计民生的最伟大的国家工程之一，历代均设置专门机构对其运行、维护进行有效管理，从而使大运河能够持续通航，千百年来一直造福于中华民族。

1. 管理机构

隋唐实行三省六部制，其中六部中的工部掌管工程营造，又设将作监或都水监掌管水利设施的实施和维修等，与工部分工负责。隋、唐、两宋都在工部下设水部，主管官员为水部郎中，其助手为员外郎和主事。元代不设水部，河防等事务归并于都水监。明清废都水监，运河工程施工、维修、管理等任务划归流经各省经管，中央工部只管理行政。明清工部下设都水清吏司，简称"都水司"，主管官员为郎中，助手为员外郎和主事。

西汉至唐代在中央或临时派往地方主持河工的官吏还有河堤谒者等官。元代的总治河防使和明代早期的总督河道，都类似西汉的河堤谒者。元代的河道或河防提举司，明代管理黄河、运河的郎中、主事等都类似晋以后的河堤谒者。明代黄、运两河管理制度复杂，体制纷乱，经常变化，大致有侍郎级的总理河道、总督（或提督）河道、总漕兼管河道等名称。也有由武官的都督或侯、伯来担任的情况。地方则每省按察司设副使一人，专管河道。所属州县各有管河通判、州判、县丞、主簿管理所属河段。清代运河管理制度沿袭明代而逐渐简化，系统分明。明代的总河，清代称“河道总督”，掌管黄河、京杭大运河及永定河的堤防、疏浚等事，治所在山东济宁。清雍正七年（1729）设江南河道总督（简称“南河总督”），治所在清江浦（今江苏淮安），管理江苏、安徽等地黄河、淮河、运河的防治工作，另设有河东总督，管理河南、山东等地黄河、运河的防治工作。总河所属机构，乾隆以后定为三级——道、厅、汛，分段管理，并设文职、武职两个系统。

隋唐时期，江南运河已经形成较为完善的工程体系，国家设立专门水利机构负责管理维护。清朝薛凤祚的《两河清汇》记载，清代对大运河镇江段负有领导、管理责任的职官主要有江南苏松常镇督粮道、浙江督粮道、镇江府丹徒县知县、水利通判、水利典史[9]1629。

2. 疏浚制度

受水文和地理变化的影响，江南运河的河道经常淤浅或改道，但基本保持畅通，原因在于政府从未停止过对其进行开凿、疏浚、整治和维护，并制定相应的疏浚制度。“据苏州、嘉兴、吴江等地的地方志记载，历史上各朝代差不多在每年冬春农闲时期，地方官府都要动员、组织大批人力进行修塘，这几乎成为一项制度。”[6]699 明代弘治十七年（1504），朝内大臣以漕船过夏港、孟渎的危险远远大于大江，请求立即疏浚淤塞的京口河段，并引练湖水灌注运河。同年十二月，“工部覆准疏浚奔牛坝至京口闸运河及沿河闸坝，并定三年两浚制度”[6]713。清朝定都北京，其漕粮运输仍然依赖京杭大运河，每年输送漕粮400万石左右。为确保航道通畅，清王朝不惜耗费巨资经营这一关系帝国存亡的生命线。江南运河常镇段，水源依恃江潮吐纳，由于江水含沙量高，引入运河后流速减缓，泥沙每每沉积于河床之上，有“一日厚一钱”之说，泥沙的日积月累经常造成运道河枯水浅。“京口至无锡二百余里运道最易淤积，清代曾定制每年一小挑，六年一大挑。”[6]715 丹徒、丹阳二县之间的河段，因地势高亢、缺少水源接济，河水经常淤浅，航船行驶艰涩，其疏浚任务较之江南运河其他河段更为艰巨，疏浚更为频繁，“例应十年大挑，五年小挑，三年捞浚。复因干旱，潮汛不通，漕船浅阻，有不满年份详挑之议”[9]1629。乾隆七年规定“徒阳运河每岁捞挑，先六年一大挑，分别专职办理，后改为三年一大挑，每年小挑如故”[14]大事记13。这些管理制度得到严格的执行，如有违误，将受到处罚。清代法律规定，江南巡漕御史遇挑浚河道之年，必须协助总河一体查勘督办，“漕运河道该管官员不行挑浚或称非系本汛推卸者，降一级调用，不行专催上司罚俸一年。”[20]155

3. 维护措施

北宋绍圣五年（1098），润州知州王愈向中央请示，应该安排专人对吕城闸进行管理，放水入澳，灌注闸身以济漕运。如果漕船纷来而闸夫力不能及，应该拨付兵卒牵引水牛，助力盘坝，“监官任满，水无走泄者赏，水未应而辄开闸者罚，守贰、令佐督责浚治”[21]264。皇帝下诏同意，成为定制。

元至治三年，政府计划疏浚镇江路漕河及练湖，役丁13500人。泰定元年（1324）正月开工。浚治自镇江程公坝至吕城坝运河，长130里，拟浚深4尺，面阔50尺，底宽30尺，浚后水深6尺。天历二年（1329）九月十六日，在镇江刺守达鲁花赤明里答失主持下，对京口至程公下坝进行疏浚，“今拟展阔河底三丈五尺，深一丈，计用一万二千七百六十五工，人夫一千六十名……十月十九日竣事，民甚便之。”[4]51

明永乐八年（1410）三月，修镇江丹阳练湖塘。明代对大运河镇江段的维护还是很有成效的，弘治元年（1488）二月二十日，朝鲜人崔溥早上从长店铺、吕城镇巡检司出发，“大雨，彻夜行至镇江府新门”[9]1155。一天时间在大运河镇江段航行130余里，还要过闸、盘坝等，说明当时航路的维护效果、通行状况良好。

清道光十四年（1834），两江总督陶澍、江苏巡抚林则徐亲自勘察设计，在已经淤塞的练湖“顶冲之黄金坝及东冈筑两重蓄水坝，培圩埂二千八百八十丈，使水得入湖。又建减水石坝二于湖之东堤，俾可宣泄暴涨。于如运处修复念七家古涵，以作水门，并建石闸以放水济运。是冬竣工，由涵引水出，竟能倒漾上行数十里，军船得衔尾而南”[22]3738。同治年间（1862—1874），京口至丹徒一段已间断无水，丹徒至无锡一段运道水深仅尺余，练湖也淤废。光绪十九年（1893），镇江知府王仁堪以工代赈，开浚练湖引河，用官款数千串。[11]141 此后也多次浚治修复。

晚清时期，两次鸦片战争、太平天国农民运动、义和团运动、八国联军侵华战争，都对运河漕运产生了影响。光绪二十四年（1898），侍讲学士瑞洵以南漕改折，有益无损，请求每年提取漕粮折价在天津购米充实京仓。光绪二十七年（1901），庆亲王奕劻、大学士李鸿章以漕粮关系军国大事，需要“‘因时制宜，请诏各省漕粮全改折色，其采买运解收放储备各事，分饬漕臣仓臣筹办。’自是河运遂废，而运河水利亦由各省分筹矣”[22]3793。随着漕运制度的废除，北方运河多有湮废之处，值得庆幸的是大运河镇江段得以保存并继续发挥航运、灌溉等功能，其蕴含的科学思想、先进水利技术得到传承与发扬。

七、结语

京杭大运河镇江段是大运河2500多年发展演变的历史见证，也是运河节制工程沿革的历史见证，这一区段运用过的节制工程类型最完善，堤、坝、堰、埭、单闸、复闸、澳闸及相应的通航设施或技术，都曾得到长期运用。经检索文献及考古探查发现，这些工程大部分位置明确，部分工程甚至遗址尚存，构成中国运河节制工程演变的完整脉络。京杭大运河镇江段的“科技价值集中体现在特定环境条件下线路规划的合理性，自然条件改变情况下线路调整改道，以及复闸作为节制工程的科技成就上”[6]687。在纵坡降较大的情况下，合理规划运河路线，充分利用练湖水柜蓄水济运，修建支河引江水济运或作为运河备用航道，科学的规划设计与先进的工程技术基本能够满足南漕北运的航运需求。“宋代复闸的广泛应用是江南运河科技水平的典型代表，体现了这一时期中国乃至世界通航工程的最高水平。”[6]688 复闸将河道的地形高差集中并通过闸门的联合运用调控闸室的水位，使船只能够分段平稳地越过高差，同时用水澳来补充和回收闸室的水量，减少节制工程通航的水量损失。与单闸相比，复闸可以使船只平水通过闸门，降低了风险，也减少了开闸时的下泄水量。与堰坝相比，船只不再艰难盘坝，节约了船只通过的时间和人力、物力成本。

京杭大运河镇江段的堤、坝、堰、埭、单闸、复闸、澳闸、水柜、引河等重要水利工程，同时兼有通航、灌溉、拦蓄水流、节水供水等多种功能，“这种性质体现了历史时期运河规划的综合性、工程运用的灵活性，即以最小的设施实现最大的效益”[6]733。这种综合性、灵活性的本质就是科学性，其蕴含的科学精神必将得到世代传承。

参考文献：

［1］张謇．张謇全集（4）［M］．上海：上海辞书出版社，2012：448.
［2］付崇兰．运河史话［M］．北京：社会科学文献出版社，2011：11.
［3］王频．清代运河衰落的原因［J］．淮阴师范学院学报，2008（3）：

336-342.
［4］俞希鲁. 至顺镇江志［M］. 南京：江苏古籍出版社，1990.
［5］张守群. 京江忆旧［M］. 南京：南京大学出版社，2016：27-28.
［6］邹逸麟，吕娟. 中国运河志·河道工程与管理［M］. 南京：江苏科学技术出版社，2019.
［7］司马迁. 史记［M］. 北京：中华书局，1999：185.
［8］濮永顺，姚季平. 丹徒［M］. 南京：江苏人民出版社，1992：79.
［9］李泉，邹逸麟. 中国运河志·文献［M］. 南京：江苏科学技术出版社，2019.
［10］萧子显. 南齐书［M］. 北京：中华书局，1999：173.
［11］吴晓峰，王勇. 晚清循吏王仁堪文献评注［M］. 镇江：江苏大学出版社，2016.
［12］刘昫. 旧唐书［M］. 北京：中华书局，1999：3428.
［13］欧阳修，宋祁. 新唐书［M］. 北京：中华书局，1999.
［14］祝步远. 丹徒县水利志［M］. 北京：方志出版社，2004.
［15］脱脱. 宋史［M］. 北京：中华书局，1999.
［16］王玉国. 镇江文物古迹［M］. 南京：南京大学出版社，1993：97.
［17］房玄龄. 晋书［M］. 北京：中华书局，1999：1341.
［18］宋濂. 元史［M］. 北京：中华书局，1999：1086.
［19］史念海. 中国的运河［M］. 西安：陕西人民出版社，1988：286.
［20］故宫博物院. 钦定户部漕运全书（第二册）［M］. 海口：海南出版社，2000：155.
［21］倪玉平，邹逸麟. 中国运河志·通志［M］. 南京：江苏凤凰科学技术出版社，2019：264.
［22］赵尔巽. 清史稿［M］. 北京：中华书局，1977.

大运河镇江段入江口的历史变迁及利用研究

高逸凡*

镇江是一处与水运交通相伴而生的城市聚落，这是由其地理位置和地理环境决定的：镇江位于江南丘陵最北端，宁镇山脉沿江雄峙如城，茅山山脉西阻绵延如壁，二者在镇江交汇后余脉向东分为小黄山、圌山两支插入江滨，在隋唐以前一直是长江入海口南侧屏障，号称“海门”①；自此东望大海，南凭泽国，对太湖流域成高屋建瓴之势，故镇江自古又称“内控江、湖，北拒淮、泗”，又称“浙西门户”②，在绝大多数历史时期里是由长江进入太湖流域，或由太湖流域北出江、淮的唯一孔道，舍此丘陵深港，下游再无屏障可避江海风潮。相应地，历代的镇江城市聚落也多随着包括大运河在内的水运通道入江口门的变迁而变迁，从隋大业六年（610）大运河沟通以来，大运河丹徒县段及镇江府城段曾最多拥有五个主要的入江口门，自东向西分别是谏壁口、丹徒口、甘露口、新港口（又称“新河”③“小闸口”“小京口”）和大京口（又称“京口塘”④“大闸口”“京口”）⑤。今甘露口、京口已废，谏壁口经过二十世纪五六十年代的改造，已成为当代京杭大运河江河交汇处的航运枢纽，而丹徒口、新港口则分别

---

* 高逸凡，1990年生，江苏苏州人，南京大学考古学博士，江苏大学马克思主义学院讲师，大运河文化带建设研究院镇江分院研究组专家，主要研究方向为江南地域史、战国秦汉考古及镇江大运河历史文化。

① 曹光杰，王建，屈贵贤：《全新世以来长江河口段河道的演变》，《人民长江》2006年第2期。

② 顾祖禹：《读史方舆纪要》卷25《南直七·镇江府》，中华书局，2005年，第1248-1249页。

③ 《嘉定镇江志》中所见名称，参见镇江市史志办公室编《嘉定镇江志》卷6《山川》，江苏大学出版社，2014年，第53页。

④ 《旧唐书·齐澣传》中所见名称，参见刘煦等撰《旧唐书》卷190，中华书局，1975年，第5038页。

⑤ 参见陶澍：《筹议堵截淮私以卫浙盐折子》，载《陶云汀先生奏疏》卷50《江督稿》，收《续修四库全书》第498册，上海古籍出版社，2002年，第853页。

成了镇江城区古运河的出水口和入水口。这五处入江口门共同构成了大运河镇江段江河交汇文化遗产群，理清其变迁历史、揭示其保护利用价值对于大运河文化带建设和大运河国家文化公园的建设都具有十分重要的意义。

历代史料对这五处入江口门的记载详略不一，其中有明确启用或开凿时间及历代使用情况记载的是大京口和新港口，前者启用于唐开元二十六年（738）①，后者开凿于北宋天圣七年（1029）②；无明确启用或开凿时间但有相关历史事件和历代使用情况记载者为甘露口；止存地理信息和晚期使用情况记载而开凿或启用时间完全阙如者系丹徒口和谏壁口。因为相关史料的缺乏，至今尚无关于大运河镇江段这五处入江口门历史变迁的系统性研究，唯刘建国先生在其《守望天下第一江山——古城·京江·南山》一书中对除谏壁口以外的四口历史做过一番梳理。其中对丹徒口的开凿历史的论述沿用了元代《至顺镇江志》中的观点，认为其与“秦使赭衣三千凿丹徒”的传说有关。③

案存世文献中，《至顺镇江志》是最早将南朝时期出现的“秦使赭衣三千凿丹徒”传说与丹徒水道及大运河的开凿联系起来的，其理由是“今水道所经大小夹冈，一在京岘之南，一在云阳之北，其势委曲周折，皆凿山为之”，正与“秦使赭衣徒三千凿京岘东南垄”“秦凿云阳北冈”诸说相合，并有宋人诗句“自从秦凿兴赭徒，大业广此事遨娱”为证。④ 此说是结合间接证据（与开凿水道并无明确关系）与个人推断而形成的结论，从论证逻辑上看并不严谨，但我们也不能排除“秦凿”传说源于丹徒口水道开凿工程的可能性，故此丹徒口的开凿历史仍有待进一步的研究论证。

刘建国先生在书中对甘露港在两宋之间的变迁及其与京口澳闸系统的关系进行了详细的梳理和论述，基本理清了北宋至清末甘露港的变迁历史，虽然未论及甘露港的源起，但其结合考古材料对六朝时期“北固西河”入江口的推断，以及对北宋时期子城西侧利涉门下通江“古沟”相关史料的钩沉，却为我们探究甘露港的早期历史提供了全新的思路和视角。

本文将从钩沉考据历史文献入手，结合考古学、历史语言学，历史地理学等多学科的材料和手段，以跨学科的综合视角去重新审视、分析传统

---

① 除前引《旧唐书》卷190《齐澣传》外，事又见司马光编著、胡三省音注《资治通鉴》卷214《唐纪三十》，中华书局，2011年，第6956页。

② 镇江市史志办公室：《嘉定镇江志》卷6《山川》，江苏大学出版社，2014年，第53页。

③ 刘建国：《守望天下第一江山——古城·京江·南山》，江苏大学出版社，2014年，第36-59页。

④ 俞希鲁：《至顺镇江志》卷7《山水》，江苏古籍出版社，1999年，第277-278页。

史料，以此提取出更多可资参考的信息，从而发前人所未发，对大运河镇江段入江口的历史变迁作出更为完善的梳理，并在此基础之上以文旅融合的视角对其保护利用提出合理建议。

一、大运河镇江段入江口的历史变迁

（一）谏壁口

谏壁口位于镇江东郊谏壁街道，此地原为丹徒县谏壁镇，谏壁港（“港”系河道支流之意，下同）穿镇而过，南通运河，北出长江，其江口即谏壁口。“谏壁”又作“练壁”“练辟”“涧壁”，最早见于《宋书·索虏传》中宋徐州从事史萧尚之守练壁以御拓跋焘事①；《南史》载宋武帝刘裕生母赵安宗葬于“丹徒县练壁里雩山”②，此山至今仍属谏壁；唐张守节《史记正义》引《括地志》云“汉吴王刘濞润州丹徒县东乡练辟聚北，今入于江”③；至宋代史料中始见“涧壁”别称：“涧壁港，在城东南三十里。按‘涧壁’又作‘谏壁’，以《南史》考，当从‘谏’；以《南唐书·卢绛传》考，当从‘涧’，今两从之。”④

此后史料中或作“涧壁”，或作“谏壁”，今以后者为定名，“练”“谏”古字形似而上古音符同，“涧”“谏”中古音声同韵近⑤，其实一也。

谏壁口内通运河处设有“越闸”，“凡遇干旱，京口淤塞，回空粮艘亦由此入运，实属通行要道”⑥。“越闸”又称“越河闸”⑦“月河闸”⑧，

---

① 沈约：《宋书》卷95《索虏传》，中华书局，1974年，第2351页。

② 李延寿：《南史》卷11《后妃上》，中华书局，1975年，第317页。

③ 司马迁：《史记》卷106《吴王濞列传》，中华书局，1959年，第2835页。

④ 镇江市史志办公室：《嘉定镇江志》卷6《山川》，江苏大学出版社，2014年，第60页。

⑤ “练”“谏”上古音声符同为“柬”，韵部亦皆属元部；“涧”“谏”《广韵》同属见母，其韵则删、山相近，参见郑张尚芳著《上古音系（第二版）》，上海教育出版社，2013年，第370、372页。

⑥ 陶澍：《筹议堵截淮私以卫浙盐折子》，载《陶云汀先生奏疏》卷50《江督稿》，收《续修四库全书》第498册，上海古籍出版社，2002年，第853页。

⑦ 康基田：《河渠纪闻》卷24“乾隆二十四年筹议江南运河蓄泄事宜”，中国水利工程学会影印：《中国水利珍本丛书》第一辑第五种，1936年，第24页。

⑧ 刘锦藻：《皇朝续文献通考》卷76《国用考》，上海古籍出版社，2002年，《续修四库全书》第816册，第558页。

位于谏壁港南端，其地原有“越河镇”①，今名“月湖社区”。此外谏壁港尚有别称“铁猫港”或“铁锚港”，前者见于明代水利专著②，后者见于清末地志③及清末民初地图④，二者读音相仿，应系同一民间称谓的不同官方记录。

从这些直接与谏壁相关的文献史料来看，作为大运河入江口的谏壁口，其历史可明确追溯至宋代，如果把萧尚之守练壁之事视为扼守江南运河水道门户之举，则其历史或可溯源至南朝时期。

《左传》载鲁哀公九年（前486）秋，“吴城邗，沟通江、淮”⑤，是为中国大运河之始；东汉早期成书的《越绝书·记吴地传》谓“吴古故水道，出平门，上郭池，入渎，出巢湖，上历地，过梅亭，入杨湖，出渔浦，入大江，奏广陵”⑥。东汉时期镇江一带还是长江入海口，镇江以下已属茫茫东海⑦，更遑论秦汉以前的时代，而这条“吴古故水道”出渔浦后所入为“大江”而非“大海”，更兼其目的地是邗沟所在的广陵，因此其“入大江”之处最可能还是在镇江一带，正如后世的江南运河在此与江北运河隔江相对一般。

从地势上看，镇江沿江地区与东汉吴县所在的太湖流域交通最为便利的还是谏壁至大港一带，这里的低山丘陵不甚高大，分布着众多的通江河港，而谏壁港正是其中流域范围最为开阔的一条，其上游可向南深入沿江地区与太湖流域的分水岭（图1）。

---

① 见《丹徒镇》地图，江苏陆军测量局1914年制图。

② 张内蕴，周大韶：《三吴水考》卷5“丹徒县水利图”“丹徒县水道考”，载《景印文渊阁四库全书》第577册，台北：商务印书馆，1986年，第224页。

③ 何绍章、冯寿镜修，吕耀斗等纂：《光绪丹徒县志》卷4《关津》、卷11《河渠》，（影印）光绪五年刻本，收《中国地方志集成·江苏府县志辑29》，江苏古籍出版社，1991年，第102、221页。

④ 见《丹徒镇》地图，江苏陆军测量局1914年制图，原图标注测图于清光绪三十四年（1908）十一月。

⑤ 杨伯峻：《春秋左传注》，中华书局，2009年，第1652页。

⑥ 李步嘉校释：《越绝书校释》卷2《越绝外传记吴地传》，中华书局，2013年，第32页。

⑦ 曹光杰，王建，屈贵贤：《全新世以来长江河口段河道的演变》，《人民长江》2006年第2期。

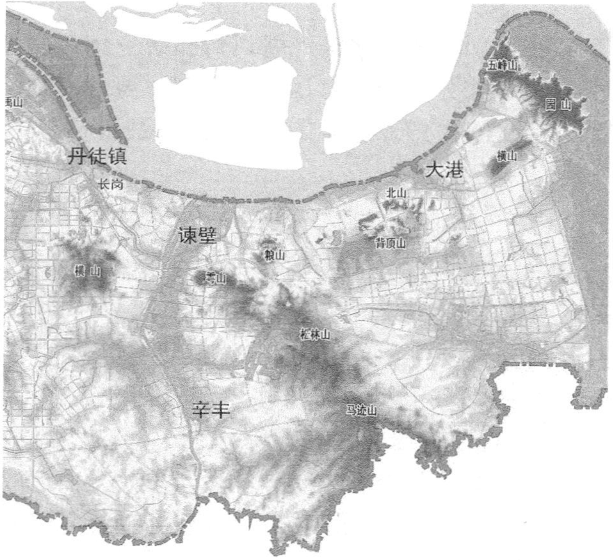

图 1　谏壁附近的地理形势

在谏壁至大港沿江一线的高地或山麓之上，分布有大量西周、春秋时期的吴文化台型遗址和高等级吴国贵族墓葬①，出土有包括宜侯夨簋、伯簋、甚六鼎、吴王余昧矛在内的有铭青铜重器，也出土有其他许多特色鲜明的青铜礼乐器、车马器、兵器等②；邻近谏壁口的谏壁粮山，还出土有春秋晚期的青铜越式鼎③。分布有如此丰富且高级的先秦吴越文化遗存，说明这一带在当时应当是吴越先民活动较为集中的地域，而吴越先民的生活习俗是“水行山处，以船为车，以楫为马”④，因此无论是吴国由此南下深入太湖流域与越国争锋，还是吴、越大军由此渡江取道邗沟北上争霸中原，都离不开河流水道的支持，谏壁口和谏壁港在先秦时期很可能就已经是吴越先民往来江淮和太湖的重要孔道，即使只是由长江—太湖分水岭发源的天然通江水道，也不影响其作为江南运河开凿时所利用的早期水道的

---

① 参见刘树人、谈三平、陆九皋、肖梦龙：《镇江地区吴文化台形遗址及土墩墓分布规律遥感研究》，载王玉国、肖梦龙、陆九皋编著《镇江吴文化研究》，中国文史出版社，2006 年，第 80-84 页。

② 参见杨正宏、肖梦龙：《镇江出土吴国青铜器》，文物出版社，2008 年，第 28-193 页。

③ 参见杨正宏、肖梦龙：《镇江出土吴国青铜器》，文物出版社，2008 年，第 115 页。

④ 赵晔撰、徐天祜音注：《吴越春秋》卷一〇《勾践伐吴外传》，江苏古籍出版社，1999 年，第 176 页。

重要地位。

由此再重新审视南朝时萧尚之守练壁以御拓跋焘南侵之事，我们就更加有理由相信其与练壁作为早期江南运河水道门户要地的地位有关了，故谏壁口应当是由先秦时期的天然通江水道江口发展而来的一处大运河入江口。

（二）丹徒口

丹徒口位于镇江东郊丹徒镇，系丹徒东港（现称“丹徒闸外引河”）入江口，丹徒港绕丹徒镇东南而过，西南自丹徒镇闸（又称“横闸”）① 与古运河相通，蜿蜒北流后折东北方向入江。“丹徒港”最早见于南宋《嘉定镇江志》，谓“丹徒东、西二港，并在城东南十八里”②；明《万历重修镇江府志》云“丹徒港二，在镇之东、西”③；清《乾隆镇江府志》犹袭此说④，至清末《光绪丹徒县志》却只剩至横闸入漕河的“丹徒镇通江河”一条，仍称“丹徒港”⑤，即今江口为丹徒口者，以其位置来看应系原丹徒东港，原丹徒西港至清末似已湮没无闻。南宋以前，丹徒口的开凿或使用历史基本不见记载，我们只能从其地名的历史向上追溯：丹徒港所流经之地原是秦汉时期丹徒县治所在，故名丹徒镇，唐张守节《史记正义》引唐初成书的《括地志》云：“丹徒故城在润州丹徒县东南十八里，汉丹徒县也。”《晋太康地志》云：“吴王濞反，走丹徒，越人杀之于此城。”《南徐州记》云：“秦使赭衣凿其地，因谓之丹徒。凿处今在故县西北六里。丹徒岘东南连亘，盘纡屈曲，有象龙形，故秦凿绝顶，阔百余步，又夹坑龙首，以毁其形。坑之所在，即今龙、月二湖，悉成田也。”⑥

唐时，润州丹徒县治应在今镇江市京口区鼓楼岗一带铁瓮城遗址区

---

① 何绍章、冯寿镜修，吕耀斗等纂：《光绪丹徒县志》卷4《关津》，江苏古籍出版社，1991年，第102页。

② 镇江市史志办公室：《嘉定镇江志》卷6《山川》，江苏大学出版社，2014年，第60页。

③ 王应麟修，王樵等纂：《万历重修镇江府志》卷3《山川志下》，（影印）万历二十五年刻本天启间增刻本，载《镇江文库·方志编·府志卷（二）》，广陵书社，2016年，第42页。

④ 参见高龙光、朱霖等修，张九徵等纂：《乾隆镇江府志》卷2《山川上》，（影印）康熙十三年至乾隆十五年递修本，载《镇江文库方志编府志卷（三）》，广陵书社，2016年，第79页。

⑤ 参见何绍章、冯寿镜修，吕耀斗等纂：《光绪丹徒县志》卷11《河渠》，江苏古籍出版社，1991年，第219、221页。

⑥ 司马迁：《史记》卷57《绛侯周勃世家》，中华书局，1959年，第2077页。

内①，其东南十八唐里（约合 8.2 公里），正可达今丹徒镇一带。《史记正义》所引《括地志》的这句话是可考的最早指出汉代丹徒县治具体位置的记载，而其所引南朝宋山谦之《南徐州记》的文字，则是可考的最早反映“秦使赭衣凿丹徒”这一“丹徒”地名起源传说的两条记载之一。

另一个与之相似的起源传说也见于唐人所引南朝刘宋时期的志书：“《京口记》曰：‘龙目湖，秦王东观，亲见形势，云此有天子气，使赭衣徒凿湖中长冈使断，因改名丹徒，今水北注江也。’”②

这里提到的“长冈（异体作‘堽’）”，根据刘桢《京口记》中的记载，其位置就在（丹徒）县东南：“县城东南大路，过长堽（冈）五里，得屠儿浦者，昔诸徒儿居此小浦，因以为名也。”③

至今丹徒镇东南方紧邻之社区（过去为村）仍名“长岗”，这一地名可谓历史悠久。这几条史料表明，“秦使赭衣凿丹徒山冈”的传说至少可上溯到南朝时期，且所凿处应当就在秦汉丹徒县城亦即丹徒镇附近。它们还有一个共同的特点，即相信秦之开凿造成了此地水文环境的改变，尽管这与开凿运河水道并无直接联系。事实上，秦汉以后丹徒本地似乎确有水道可直通太湖流域腹地了，《南齐书·州郡志》载：“丹徒水道入通吴会，孙权初镇之。”④ 这也是《至顺镇江志》将“秦使赭衣三千凿丹徒”传说与早期运河水道开凿联系起来的重要依据。然而“赭衣徒凿断长冈”的传说究属穿凿附会，“丹徒”之名与“丹徒水道”的开凿其实可能另有联系。虽然从汉字字面的意思来看，“丹徒”只能让人想到“红色”和“囚徒”一类的含义，但如果我们从其上古读音来考察，却能获得全新的发现。

镇江一带在先秦时期属于吴越文化区⑤，当地的居民是“习俗同，言语通”⑥ 的吴人和越人，二者都属于古代百越族的范畴⑦，所操语言是属于侗

---

① 唐《元和郡县图志》谓润州城系吴初所筑，丹徒县为州附郭县，而北固山在“县北一里”，参见李吉甫撰《元和郡县图志》卷 25，中华书局，1983 年，第 590、591 页。

② 徐坚等：《初学记》卷 7《地部下·湖》“龙目、马骨”条，中华书局，1962 年，第 141 页。

③ 欧阳询：《艺文类聚》卷 9《水部下·浦》，上海古籍出版社，1982 年，第 177 页。

④ 萧子显：《南齐书》卷 14《州郡上》，中华书局，1972 年，第 246 页。

⑤ 郑小炉：《吴越和百越地区周代青铜器研究》，科学出版社，2007 年，第 1 页。

⑥ 全句为“夫吴之与越也，接土邻境，壤交通属，习俗同，言语通”，参见《吕氏春秋集释》卷 23《知化》，中华书局，2009 年，第 628 页。

⑦ 参见吴春明：《“自交趾至会稽”——百越的历史、文化与变迁》，载车越乔、颜越虎编《越文化实勘研究论文集》，科学出版社，2008 年，第 23-27 页。

台语族的古越语[①]，而百越民族的人口至少在孙吴以前仍占江南居民的多数[②]，因此我们在探讨镇江地区先秦、秦汉时期古地名的含义时，不可不考虑当时此地土著居民所操古越语的因素。

吴越地区多齐头式地名，如余杭、余干、余姚、姑苏、姑孰、姑蔑等，这些地名的含义大多与古越语有关，其齐头的现象亦是侗台语名词修饰成分后置的语法习惯造成的，如“余”在词首时可作“地”解，“余杭”即“搁浅之地”，“余干”即“干越人的田地”。[③]

“丹徒”词首位置的“丹”字，上古音属元部，端母，拟音作 taan[④]，其同音字“单”[⑤] 曾在越王勾践《维甲令》的汉文记载中被用来音译古越语中的“堵”一词：“越王勾践反国六年，皆得士民之众，而欲伐吴。于是乃使之维甲……治须虑者，越人谓船为‘须虑’……习之于夷。夷，海也。宿之于莱。莱，野也。致之于单。单者，堵也。”[⑥]

对此，郑张尚芳先生从《说文》所载上古“堵”字原义（“垣也，五版为一堵”）出发，以泰文中“硬块版”“关隘”二词的发音（前者音 ʔdaan，后者音 ʔdaanh）相参照，指出上古音 taan 的“单”字应以对译古越语“城垣关隘”义为正解[⑦]。

如此，根据吴越式地名主体成分前置的语法结构，与“单”字同音的“丹”在“丹徒”这样的地名中就很有可能表示“某城”或“某关”，而“某”的具体内容则由后置的修饰成分决定。

在“丹徒”一词中作为修饰成分的“徒”字，上古音属鱼部，定母，拟音作 daa（秦汉音）[⑧]，与侗台语中的“河川”一词发音相当，详见表 1。

---

① 参见郑张尚芳：《句践〈维甲令〉中之古越语的解读》，原刊《民族语文》1999 年第 4 期，后载郑张尚芳《郑张尚芳语言学论文集》，中华书局，2012 年，第 650 页。

② 参见潘悟云：《吴语形成的历史背景》，载陈忠敏、陶寰编选《吴声越韵》，商务印书馆，2017 年，第 83-86 页。

③ 参见郑张尚芳：《古吴越地名中的侗台语成分》《古越语地名人名解义》，载郑张尚芳《郑张尚芳语言学论文集》，中华书局，2012 年，第 638、639、665 页。

④ 参见郑张尚芳：《上古音系（第二版）》，上海教育出版社，2019 年，第 298 页。

⑤ 参见郑张尚芳：《上古音系（第二版）》，上海教育出版社，2019 年，第 299 页。

⑥ 李步嘉校释：《越绝书校释》卷 3《吴内传》，中华书局，2013 年，第 85 页。

⑦ 参见郑张尚芳：《句践〈维甲令〉中之古越语的解读》，载《郑张尚芳语言学论文集》，中华书局，2012 年，第 659 页。

⑧ 参见郑张尚芳：《上古音系（第二版）》，上海教育出版社，2019 年，第 261、483 页。

表 1　侗台语中“河川”一词的发音①

原始侗台语构拟	daa
标准泰语	$t^{h}aa$
越南傣语（越南沙坝县）	taa
越南傣语（越南高平市）	ḍạa
南部壮语（中国广西龙州县）	taa
南部壮语（中国广西上思县）	taa
热依语（Yay）	ta
塞卡语（Saek）	$t^{h}aa$

从古越语的视角看来，“丹徒”这一地名的上古读音是有明确的含义的，其中“丹”对应“关隘”而“徒”对应“河川”，“丹徒”这一词极有可能是古越语“河川之关”的音译，其引申义就是“控扼河川之城关”，如以汉语意译则可称为“河关”。如此一来，“丹徒”之名与运河水道的关系就变得非常密切了，丹徒县城之所以设置于此，可能正是为了镇守新凿通的丹徒水道入江口，亦即丹徒口，这条水道通往秦汉中央政权新征服的吴越腹地，其入江口是不得不牢牢控制的重要据点，如为吴越当地势力所控制，则无疑会成为其据守太湖流域的门户关键。

史载吴王刘濞兵败中原之后退保江南丹徒，因此地尚有东越王率领的越军万余人。按东越王封地在东瓯之地（今浙江温州一带），其响应吴国起事，却只屯重兵于丹徒，不曾渡江北上助战，未必没有控此“河关”门户观望天下，必要时以吴越之境自保的想法。而事情的结果也确实如此：汉军没有选择渡江南征，而是通过收买东越王借刀杀死了刘濞，东越王因此被免除了罪过，得以全师归国。②“丹徒”在史册中的第一次亮相，就证明了自己名副其实。

从考古学材料来看，丹徒镇一带的确分布着不少秦汉墓葬，其中长岗

---

① 参见 Pittayawat Pittayaporn *The Phonology of Proto-Tai*，博士学位论文，康奈尔大学（Cornell University），2009 年，第 334 页，表中声调皆略。

② 参见司马迁：《史记》卷 106《吴王濞列传》、卷 114《东越列传》，中华书局，第 2834、2980 页。

许前村西汉早期墓 M2 中还出土有东越风格的器物（图 2）[①]，正和《史记》中东越王屯兵于此的记载相对应；而 1980 年丹徒镇金家山西汉早期墓葬中还曾出土一枚“丹徒右尉”铜印，系秦汉时期大县长吏官印[②]，更是此地曾为秦汉丹徒县治的关键性证据；近期镇江博物馆对丹徒镇区域开展的考古勘探也显示，这里地下确有汉代文化层存在，可见丹徒口畔的这座丹徒古镇应正是与长冈水道有着密切联系的秦汉丹徒县城故址所在。

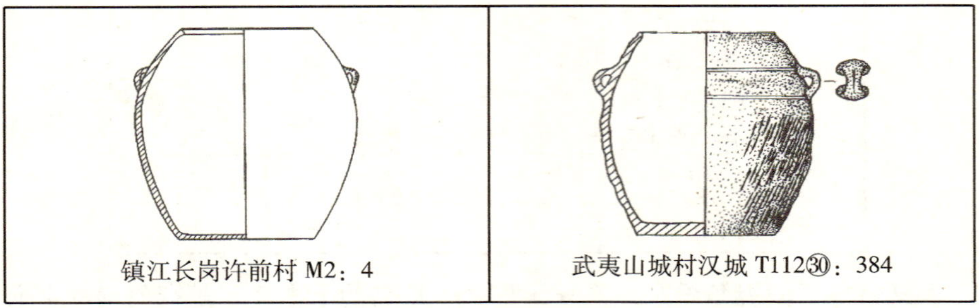

图 2　长岗许前村与武夷山城村汉城出土的陶鼓形罐（约 1/8）

从地势上看，丹徒镇东南长岗的“岗”是一西北向开口的“U”形岗地，古运河恰破岗穿过，东南通谏壁，西北通丹徒（图 2），或许这就是“秦使赭衣徒凿长冈”传说的真相所在：秦朝为控制新征服的吴越地区而开凿了“南通吴会”的丹徒水道，这一水道工程在谏壁以南凿断了太湖与长江的分水岭云阳北冈[③]，在谏壁以西则凿断了长冈，将谏壁一带先秦时期的通江水道引向更加靠近长江入海口内部和对岸邗沟的丹徒镇一带，以减少海潮风浪对渡江水路交通的影响，并在新水道入江口旁修筑了一座城池加以控扼。吴越人将这座城池称为“丹徒”，即其所操古越语中“控扼河川之城关”的意思，后朝廷以此城设县，就以当地习称的“丹徒”命名，一直延续至今。而这一新水道的入江口，很可能就是丹徒口，这也有待进一步围绕丹徒港水道和长岗展开的考古工作为我们提供更加确切的证据。

---

① 王书敏，李永军，何未艾，等：《江苏镇江长岗许前村西汉墓发掘简报》，载《东南文化》，2007 年第 5 期；福建博物院，福建闽越王城博物馆：《武夷山城村汉城遗址发掘报告（1980—1996）》，福建人民出版社，2004 年，第 214 页。

② 肖梦龙，戴志恭：《镇江博物馆藏古代铜印》，《文物》1983 年第 8 期。

③ 参见俞希鲁：《至顺镇江志》卷 7《山水》，“《舆地志》：秦凿云阳北冈。”江苏古籍出版社，2014 年，第 277 页。

（三）甘露口

甘露口系甘露港入江口，甘露港现已不存，根据历史地图①，其西南起自会莲庵街与胜利路交叉口的登仙桥址（现已经考古发掘确认），在此与穿城运河（清代称“关河”）相通，由北转东北沿旧河北街一线经过北湖花园和地方海事局后，至北固山西侧与江水交汇，此交汇处即是甘露口。

甘露港的开凿年代不详，最早见于南宋《嘉定镇江志》所载时任知镇江府史弥坚开浚漕渠事：“斲而东行，繇甘露港，以注之江。复建二闸，以时启闭。饩艘灌输，军械转致。入出取道，实为径易。”②。

自史弥坚浚后，甘露港历代沿用，至清末犹存（图3）③。

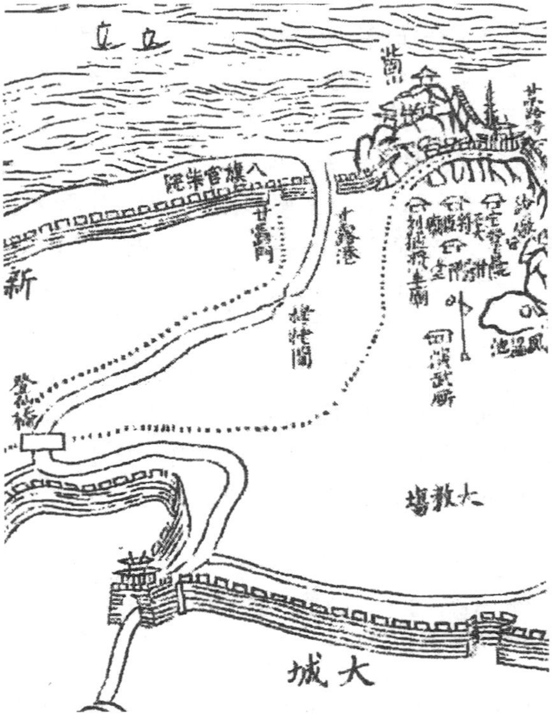

图3 《光绪丹徒县志》卷首《新城图》所见甘露港

① 参见何绍章、冯寿镜修，吕耀斗等纂：《光绪丹徒县志》卷首《新城图》，江苏大学出版社，2014年，第19页；《镇江城市全图》，（伪）镇江县第一模范区区署印，1944年5月。

② 镇江市史志办公室：《嘉定镇江志》卷6《山川》，江苏大学出版社，2014年，第55页。

③ 参见何绍章、冯寿镜修，吕耀斗等纂：《光绪丹徒县志》卷首《新城图》，江苏古籍出版社，1991年，第19页。

“甘露港，在北固山下。”①

甘露港在北固山下，界京口、甘露之间者曰新港。②

“甘露港，通大江，宋转般仓在此，史弥坚尝浚之。明万历初犹见港通凤凰池，春夏船到池上石壁泊焉，今渐淤矣。”③

“甘露港，在云山坊、大一都一图各半，通城内河，出便益桥运河（原注：按此即关河通江之道）。”④

这里所说的“城内河”“关河”即清代以前的穿城运河故道，清康熙十一年（1672），此道疏浚重开后因穿过府城南、北水关而被称为“关河”，成为主要用于城内百姓生活物资运输的地方水路，漕船拥挤时也会作为运河“间道”承担分流任务。⑤ 关河在登仙桥前分为两支，一支向西从拖板桥下流入运河，即宋转般仓前漕河旧道，一支向北流过登仙桥下，即甘露港水。自登仙桥经拖板桥下流入运河的河道至清光绪年间已“积土成路”，“仅余拖板桥石圈数尺而已”⑥，于是甘露港和甘露口就成了关河这一运河故道唯一的通江孔道，这也是其消失之前最后的身份。

然而按历代方志的记载，史弥坚只是“浚”甘露港，而非“开”甘露港，依理甘露港在此之前应当已经存在，其更早的历史不会无迹可寻，成书于清道光年间的《京口山水志》就记载：“京口渡，今名甘露港渡。”⑦

这里所说的“京口”，指的是作为“城前浦口”的原本意义上的京口，原书在此之前先引用了唐代《元和郡县图志》中关于“京城”和“京口”的记载：“按‘京’者，人力所为绝高丘也……京上郡城，城前浦口即是京口。”⑧ 而《嘉定镇江志》中曾引用的《唐书音训》（宋人所

---

① 俞希鲁：《至顺镇江志》卷7《山水》，江苏古籍出版社，2014年，第289页。

② 张国维编著，蔡一平点校：《吴中水利全书》卷4《水脉》，浙江古籍出版社，2014年，第177页。

③ 高龙光、朱霖等修，张九徵等纂：《乾隆镇江府志》卷2《山川上》，江苏古籍出版社，1991年，第79页。

④ 何绍章、冯寿镜修，吕耀斗等纂：《光绪丹徒县志》卷11《河渠》，江苏古籍出版社，1991年，第221页。

⑤ 高逸凡：《明清时期镇江府城段大运河水道变迁考》，《镇江高专学报》2020年第1期。

⑥ 何绍章、冯寿镜修，吕耀斗等纂：《光绪丹徒县志》卷11《河渠》“三汊河”条，江苏古籍出版社，1991年，第218页。

⑦ 杨棨：《京口山水志》卷六，（影印）清道光二十四年刊本，载《中国方志丛书·华中地方·第六号》，台北：成文出版社，1970年，第456页。

⑧ 李吉甫：《元和郡县图志》卷25《江南道一》，中华书局，1983年，第589、590页。

作，今佚）记载“京口在润州城东北甘露寺侧”① 也被《京口山水志》照录于此。

也就是说，如果《京口山水志》所载属实，则甘露港或甘露口的历史就能追溯到孙权在北固山前峰上修筑“京城”（民间俗称“铁瓮城”）的东汉末年，而更早的史料也的确可以佐证这一观点。首先是《元和郡县图志》记载了唐代丹徒县东二里处有“东浦”：“东浦，亦谓之润浦，在县东二里，北流入江。隋置润州取此浦为名也。”② 按此文同页“北固山，在县北一里”的记载推之，这里的“县”是以唐代的润州子城，亦即孙权所筑铁瓮城旧址③为基准的。既然隋取“润浦”之“润”字为润州命名，则此浦在六朝时期就应已存在于铁瓮城—北固山东不远处。

与之相对，六朝时期本地亦有“西浦”：“（晋孝武帝）太元十七年六月甲寅，涛水入石头，毁大航，漂船舫，有死者；京口西浦，亦涛入杀人。”④ 这里提到的“西浦”按理应当位于其时京口城的西侧，也就是铁瓮城—北固山的西侧，且江涛入浦杀人既然能被载入志书，则知此浦还应该是离城不远的人烟密集之所，其浦口当离北固山不远。宋代《太平寰宇记》在记载丹徒县西浦时亦引《南徐州记》云：“京口，旧名项口。”⑤ 可见这条“西浦”很可能就是《元和郡县图志》所谓的“城前浦口”，亦即“京口”。

孟浩然《登万岁楼》诗曰：

> 万岁楼头望故乡，独令乡思更茫茫。
> 天寒雁度堪垂泪，日落猿啼欲断肠。
> 曲引古堤临冻浦，斜分远岸近枯杨。
> 今朝偶见同袍友，却喜家书寄八行。⑥

---

① 参见镇江市史志办公室：《嘉定镇江志》卷6《山川》，江苏大学出版社，2014年，第56页。

② 李吉甫：《元和郡县图志》卷25《江南道一》，中华书局，1985年，第591页。

③ 参见刘建国：《守望天下第一江山——古城·京江·南山》，江苏大学出版社，2014年，第19页。

④ 沈约：《宋书》卷33《五行四》，中华书局，1974年，第955页。

⑤ 参见乐史撰，王文楚等点校：《太平寰宇记》卷89《江南东道一》，中华书局，2007年，第1760页。

⑥ 彭定求等：《全唐诗》卷160，上海古籍出版社，1986年，第377页。

万岁楼宋元时期改称“月观”，位于镇江府子城（唐润州子城，即铁瓮城①）西南角②，孟浩然登此西望故乡襄阳，其眼前所见之“冻浦”无疑当在铁瓮城西侧，可见铁瓮城西的确曾有一浦，唐时犹存。

由此观之，六朝时期的“京口”或与甘露口同样位于北固山西侧，这一推论还有一条宋代史料可资参考：

乾道元年正月十七日，知镇江府方滋言：“体访子城居民水患，秖缘近来栲栳闸城下放水道通澈里澳，当时务蓄水灌栲栳闸，免泄运水。今里澳形势低下，放水不入。事既无益，每因水涨入城，反为民患。又体访古西夹城里校场城下有水澳池一处，停蓄子城内水；向北有古沟一所，于利涉门城下置水窗一座，通澈大江。每遇水满，通放澳水出城，以是居民少罹水患。今相度于西城下水窗子城外添置闸闭断，使运河水不入子城里澳，久远为便。”从之。③

宋代镇江府的子城依然以唐代润州子城即铁瓮城旧址为基础重修而成，而这里提到的“古西夹城”则指的是唐代润州的西夹城，位于子城西侧，其东垣即子城西垣，其北半部大多在今镇江市江滨医院范围内，此地至清代仍为大教场④。这则史料说明宋代子城西侧有水澳池，系子城内水停蓄之所，向北有“古沟”一条，从府城北垣下水窗流出，通往大江，其形势正与“城前浦口”的描述相合，也与“西浦”位于北固山西侧的推断一致，这条“古沟”极有可能正是六朝时期“京口”“西浦”的遗迹。

至此我们可以确定《京口山水志》中“京口渡，今名甘露港渡”的记载是比较可信的，六朝时期西浦的入江口京口与甘露港的入江口甘露口应当同在北固山西侧，只是因为唐代以后运道西移至大京口，北固山下京口内部的水道经过历代改修逐渐向西迁移，至南宋史弥坚改造后定型为后世东北—西南走向的甘露港⑤。因此甘露口的前身应当可以追溯到六朝时期因

---

① 参见俞希鲁：《至顺镇江志》卷2《地理》，江苏古籍出版社，2014年，第9-10页。

② 参见俞希鲁：《至顺镇江志》卷13《宫室》，第510、525页。

③ 刘琳，刁忠民，舒大刚，尹波等校点：《宋会要辑稿》《食货八》“栲栳闸”条，上海古籍出版社，2014年，第6170页。

④ 参见刘建国：《守望天下第一江山——古城·京江·南山》，江苏大学出版社，2014年，第18-20、22页。

⑤ 关于两宋时期甘露港的变迁，参见刘建国《守望天下第一江山——古城·京江·南山》，江苏大学出版社，2014年，第44-51页。

铁瓮“京城”而得名最早的“京口”，而这一“京口”也是早期江南运河的入江口。

《舆地志》载：“晋元帝子、车骑将军裒镇广陵，运粮出京口，为水涸，奏请立埭。”①

《吴录》曰：“句容县，大皇时，使陈勋凿开水道，立十二埭，以通吴会诸郡，故舡行不复由京口。”②

前一条引文是《嘉定镇江志》所引南朝顾野王《舆地志》对于丁卯埭缘起的记载，其中的“京口”是水路运粮出江趋广陵之口，其上游既经过后世丁卯桥一带，则理应向东与“入通吴会”的丹徒水道相连通，而张勃《吴录》的记载更说明早在孙吴时期京口就已水通吴会，江南运河在此时已初见雏形。

（四）大京口

大京口位于今镇江市中华路北端，是大运河通江京口港的入江口，今京口港已填为中华路，大京口亦不存。在2012—2013年的“京口闸遗址”考古项目中，镇江博物馆在中华路东侧发现了京口港河道及唐代到清代的五期京口堰、闸遗迹③，基本确定了京口闸和京口港的位置所在。

元《至顺镇江志》云：“京口闸，在城西北京口港口，距江一里许，莫究其所治。唐撤闸置堰。开元中徙漕路由此。宋淳化初废堰，绍圣、元符间仍为闸。嘉定中更葺，宝祐中重建。皇朝混一后闸废，天历二年复置。”④

这里所说的“开元中徙漕路由此”，则指的是唐开元二十六年（738）时任润州刺史、充江南道采访处置使齐澣开伊娄河、移润州漕路之事，事见《旧唐书》本纪及本传：“（开元二十六年）其冬……润州刺史齐澣开伊娄河于扬州南瓜洲浦。”⑤“润州北界隔吴江，至瓜步沙尾，纡汇六十里，船绕瓜步，多为风涛之所漂损。澣乃移其漕路，于京口塘下直渡江二十里，又开伊娄河二十五里，即达扬子县。自是免漂损之灾，岁减脚钱数十万。”⑥

---

① 镇江市史志办公室：《嘉定镇江志》卷6《山川》，江苏大学出版社，2014年，第60页。

② 李昉：《太平御览》卷73《地部三十八》影印版，中华书局，1960年，第344页。

③ 镇江博物馆：《镇江京口闸遗址》，江苏大学出版社，2015年，第3、22-30页。

④ 俞希鲁：《至顺镇江志》卷2《地理》，江苏古籍出版社，2014年，第50-51页。

⑤ 刘煦：《旧唐书》卷9《玄宗本纪下》，中华书局，1975年，第210页。

⑥ 刘煦：《旧唐书》卷190《齐澣传》，中华书局，1975年，第5038页。

按引文所述，齐瀚将运河漕路迁至京口港的原因是江中沙洲瓜洲大幅淤长，使得原本近便的渡江路线不得不远远绕行瓜洲沙尾，徒增江上行船被风浪吞没的危险，于是他在瓜洲当中开凿伊娄河直达北岸扬子县，而南岸的运河漕路为靠近伊娄河口就向西迁移了。

此后历宋、元、明、清，京口港长为大运河镇江段通江主航道，大京口亦是最重要的运河入江口。

《四朝史传》载："曾孝蕴字处善，公亮从子。绍圣中管幹发运司粜籴事，建言扬之瓜州、润之京口、常之奔牛宜易堰为闸，以便漕运商贾。役成，公私便之。"①

京口港，在城西北江口。"漕渠水，自江口至南水门九里，又南至吕城堰百二十四里。"②

"城外南闸进河绕城，经唐颓山后，西出京口闸者，乃南北乃二面之壕堑，即今之漕渠。"③

"江水自高资历洪信港而下为西马头汛。镇江之马头有二，玉山之西为西马头，象山之东为东马头，皆镇江守御之地。东至京口闸为漕艘出江总会之路，银山、金山对峙于南北，望瓜洲江涛汹涌，隋贺若弼之平陈、唐李子通之蹙沈法兴皆取道于此。"④

然而到了镇江成为江苏省省会的时代，大京口外江面淤滩日涨封锁航路，京口港内亦是年久失修，污秽淤塞，已难以承担运河航运功能，亦影响城市公共卫生。于是当时的省会建设工程处向省建设厅上报了填河筑路的计划，1931 年 1 月 23 日经省府委员会第 367 次会议讨论通过后，于同年 3 月开工，用明清府城老西门拆除剩余的城土填河，至 1933 年 11 月竣工，将原本的京口港从大京口（大口门）到石浮桥（在新港上，邻近今中华路小学）的水道筑为马路——中华路。⑤ 今日，从中华路蜿蜒的走向仍可看出当年京口港的残影。

---

① 镇江市史志办公室编：《嘉定镇江志》卷 6《山川》，江苏大学出版社，2014 年，第 53 页。

② 参见俞希鲁：《至顺镇江志》卷 7《山水》，江苏古籍出版社，2014 年，第 289、277 页。

③ 张国维编著，蔡一平点校：《吴中水利全书》卷 1《图（系说）》，广陵书社，2006 年，第 71 页。

④ 黄之隽等编纂，赵弘恩监修：《乾隆江南通志》卷 95《武备志》，广陵书社，2010 年，第 1555 页。

⑤ 参见陆洪潮：《民国省会那些年》，中国文史出版社，2009 年，第 46-49 页。

大京口的消失，首要原因当是本段长江自唐代以来沙洲不断淤长①造成运道迂回、淤塞，维护成本不断增加，从京口闸的考古发现来看，唐代以降历代的京口堰、闸在愈发变窄的同时，修筑材料却由木及石愈发精良②，此为实证；其次则应当是清末、民国时期因战乱、漕运废止和铁路修筑造成运河航运的衰落③，使得原本就需要大量人力、物力投入的大运河镇江段维护难以为继，年久失修。如今，京口闸遗址东侧闸体已展现在世人面前，历代营造构筑之工清晰可见，俯今思古，不胜唏嘘。

（五）新港口

新港口即今古运河北向入江水道口门，其上今为平政桥，该水道开凿于北宋天圣七年（1029），时称“新河”。《宋会要》：“淳化元年二月，诏废润州之京口、吕城、常州之望亭、奔牛四堰……天圣七年五月，两浙转运使言润州新河毕工，降诏奖之。”④

其东岸的新河街即由此得名，而从其西岸地名“潮水沟”⑤及其垂直插入原有运河水道的走向（图4）⑥来看，开凿新河（港）的主要目的很可能是引江潮济运。

明代弘治年间，朝廷对新港进行了大规模的疏浚维护：“新港在京口、甘露之间，弘治十二年水利郎中督浚，十六年复修圩岸、河沟、塘、坝、堰水漏处一百四十所。”⑦

明代知府潘一桂还在新河之上修建了利涉桥：“利涉桥，在城西（原注：知府潘一桂建，寻易以木）。”⑧“利涉桥，一名浮桥，在城西运河侧，

---

① 参见曹光杰、王建、屈贵贤：《全新世以来长江河口段河道的演变》，《人民长江》2006年第37卷第2期。

② 参见镇江博物馆：《镇江京口闸遗址》，江苏大学出版社，2015年，第22-30页。

③ 参见叶美兰、张可辉：《清代漕运兴废与江苏运河城镇经济的发展》，《南京社会科学》2012年第9期；戴迎华：《论镇江经济衰落的原因》，《江苏理工大学学报（社会科学版）》2002年第2期。

④（宋）史弥坚修，卢宪纂：《嘉定镇江志》卷6《山川》，（影印）宣统二年金陵朱魁光覆刻包氏本，收《镇江文库·方志编·府志卷（一）》，广陵书社，2016年，第55页。

⑤ 参见《江苏省镇江市地名录》，镇江市地名委员会编，1983年，第51页。

⑥ 参见何绍章、冯寿镜修，吕耀斗等纂：《光绪丹徒县志》卷首《新城图》，江苏古籍出版社，1991年，第20页。

⑦ 王应麟修，王樵等撰：《万历重修镇江府志》卷3《山川志下》，广陵书社，2019年，第41页。

⑧ 王应麟修，王樵等撰：《万历重修镇江府志》卷3《山川志下》，广陵书社，2019年，第56页。

跨通江新河，知府潘一桂建，寻易以木，后甃以石，屡修之，今在新城内。”①

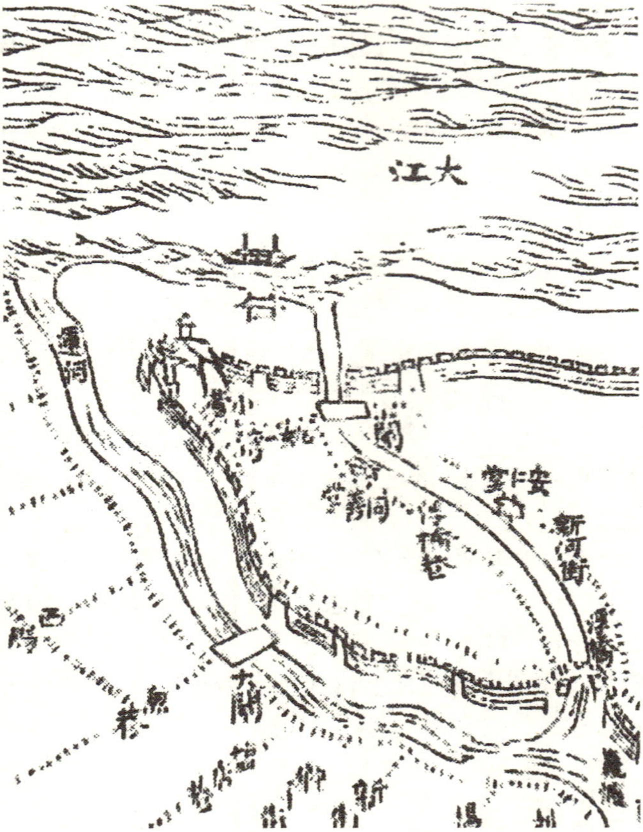

图 5　《光绪丹徒县志》卷首《新城图》所见京口港和新港

清康熙元年（1662），新河重建小闸，与京口大闸②相对：“小闸，在新河，康熙元年重建。”③ 这也是新港口又称“小闸口”“小京口”的缘由。

光绪三十一年（1905），常镇道陶森甲又于小闸以北的新港口处修建了

① 何绍章、冯寿镜修，吕耀斗等纂：《光绪丹徒县志》卷 4《关津》，江苏古籍出版社，1991 年，第 104 页。

② 参见张玉藻、翁有成修，高觐昌等纂：《续丹徒县志》卷 3《关津》，“京口闸俗名大闸”，（影印）民国 19 年刻本，载《中国地方志集成·江苏府县志辑㉙》，江苏古籍出版社，1991 年，第 498 页。

③ 何绍章、冯寿镜修，吕耀斗等纂：《光绪丹徒县志》卷 4《关津》，江苏古籍出版社，1991 年，第 101 页。

平政桥："平政桥，在城外小闸下招商码头，临江，光绪乙巳冬常镇道陶森甲建。"①

民国初年甘露口淤废，1933 年京口港被填筑为中华路后，大运河镇江市区段只剩下了新港口（小京口）一个入江口，但河道淤浅，只能通航小木船，大运河镇江段入江口中只有丹徒口还能航行船队。1954 年对小京口进行清障、疏浚；1957 年、1958 年分别在小京口和丹徒口建造了节制闸，小京口新建者称为"京口节制闸"，即今京口闸；1958 年京杭大运河整治工程开始后，定谏壁口为大运河江南入江口，开始在此建设谏壁船闸。② 从此，新港口、丹徒口就变成了镇江古运河的通江口。

（六）结语

根据以上梳理研究，大运河镇江段入江口的历史变迁过程已基本浮出水面，现总结如下：

先秦时代，吴越先民聚居于镇江东郊谏壁、大港一带的沿江地区，利用谏壁附近的天然通江水道往来太湖流域和江淮之间，江南运河入江的谏壁口在这一时期已见雏形。

秦汉时期的中央政府凿断谏壁以西的长冈和谏壁以南的云阳北冈，由此始开北达长江、南通吴会的丹徒水道，加强对吴越之地的控制，"丹徒"在吴越居民的语言中就是"控扼河川之城关"的意思，这一时期的丹徒县城就位于丹徒水道入江口丹徒口旁，正当扼守"吴越门户"之处，此地至今名为丹徒镇。

东汉末年，孙权移镇北固山前峰上新筑成的"京（"京者，绝高丘也"）城"，即俗称"铁瓮城"者，此城西侧城前有浦入江，称为"西浦"，其浦口因京城而得名"京口"。六朝时期，丹徒水道已西通京口，吴会船舰在破冈渎凿通前都要从此出江，往江北广陵运粮也须经由此道。唐代，运道西移，京口西浦变为子城通江排水的"古沟"。宋代，大运河入江的甘露港重新采用北固山西侧的旧京口作为入江口，是为甘露口。清末，甘露口成为穿城运河故道唯一的入江口，民国初年淤废。

唐开元二十六年，润州刺史齐澣为缩短船只渡江航程，保证航运安全，从淤长横江的瓜洲中部开伊娄河直达扬子县，为接近伊娄河口，大运河入

① 张玉藻、翁有成修，高觐昌等纂：《续丹徒县志》卷 3《关津》，江苏古籍出版社，1991 年，第 498 页。

② 参见镇江市地方志编纂委员会：《镇江市志》，上海社会科学院出版社，1993 年，第 527、905、1005 页。

江水道也由此西迁至京口塘下，即后世的京口港、今天的中华路，京口港入江口大京口从此成为大运河镇江段入江的主要口门。清末、民国时期大京口外沙洲封门，其内京口港年久失修、污秽淤塞，最终于1933年被填筑为中华路。

北宋天圣七年，润州在京口港东侧开新河垂直沟通长江与运河，此河又称“新港”“小京口”，其入江口新港口是大运河镇江段最晚出现的入江口，兼有引江潮济运和运河出江间道的作用。京口港被填筑为路后，新港口遂成为大运河镇江市区段唯一的入江口。

1958年，大运河江南入江口东迁谏壁口，谏壁以西的大运河镇江段故道改称“镇江古运河”，丹徒口和新港口（小京口）分列东西，为通江二口门。

二、大运河镇江段入江口的利用研究

大运河镇江段历史上曾拥有五个主要的入江口，至今水道仍在者三（新港口、丹徒口、谏壁口），遗迹尚存者二（京口港、甘露港），此五口门共同构成了大运河镇江段江河交汇文化遗产群。我们认为对于大运河水道及其遗迹这样的历史文化遗产，最完善的利用方式就是从文旅融合的角度将其整合打造为本地区的核心旅游吸引物。

核心旅游吸引物是旅游业的基础要素，打造核心旅游吸引物是旅游业发展的根本动力，每一个旅游热点城市都拥有自己的核心旅游吸引物集群，如苏州的拙政园—狮子林—苏州博物馆—北寺塔集群、扬州的瘦西湖—宋夹城—平山堂—大明寺集群，南京的江南贡院—夫子庙—秦淮河—老门东—中华门—大报恩寺集群等。

镇江作为中国优秀旅游城市，拥有丰富的文化旅游资源和极大的旅游发展潜力。然而长期以来，镇江旅游业的发展却明显落后于扬州、苏州、南京等周边旅游热点城市，甚至出现了被旅游资源原本处于劣势的常州反超的势头。究其原因，核心旅游吸引物缺乏集聚效应正是关键之一。镇江市区的核心旅游吸引物是镇江三山风景区和西津渡历史文化街区，但其中包含的四个目的地除金山和西津渡距离相对较近外，北固山和焦山都孤悬于城市空间的远端景点，常常使得行程较紧的游客难以取舍，行程宽松的游客又难以获得完整的旅游沉浸式体验。若核心旅游吸引物只有“点”“线”而不成“面”，则旅游特色和城市风貌就不能给人留下深刻的印象，如此形成的浅尝辄止的“过路式”旅游自然也无法支持镇江成为旅游热点城市。

而在镇江大运河古今入江五口门所构成的大运河镇江段江河交汇文化遗产群中，有三处江河交汇遗址正好位于金山、西津渡与北固山之间，其余两处位于镇江东部的历史文化遗产密集区，如能在旅游开发中对这些资源善加规划，一定能够在打造全新核心旅游吸引物的同时，极大地增强镇江核心旅游吸引物的集聚效应。如此则镇江历史文化的核心内涵必得以彰显，镇江旅游品牌的价值定位亦必得以提高，镇江的旅游业及全域经济文化事业都将获得新的发展动力。

（一）打造京口双港江河交汇文旅融合区

1. 改善中华路道路本体及周边环境风貌，打造大京口港故道运河文化廊道

改善中华路通行条件和沿线环境，并以彩色透水混凝土在其路面上标示出京口港故道走向；进一步推进京口闸西半部分遗迹的考古工作，建成完整展示东西两侧闸体的京口闸遗址公园（水工），西闸体之上长约 50 米的现中华路段可从其西（现有宽阔人行道可供改道）绕行。以道路畅通、环境优美的现代化新中华路（亦可改名“京口港路”）串联起京口闸遗址公园、清军水师标统署旧址（官署）、陆小波故居、大小杨家巷（沿河街巷民居）、老宴春酒楼、得月楼面馆、中华路沿街传统商铺（运河市肆）等运河遗迹群，以及江河汇广场、山巷文物市场等新商业集群，形成大京口港故道运河文化廊道。此廊道北端通过镇屏山区域（已有文旅开发计划）与西津渡历史文化街区连通，东端通过新石浮桥与新河街历史文化街区相接，将成为联结西津渡历史文化街区与新河街历史文化街区的主要交通廊道，其沿线也将成为景区之间重要的休闲、消费和轻游览区域。

2. 落实新河街历史文化街区保护利用规划，打造小京口港江河交汇核心景区

充分利用小京口港（新港）现存古运河水道及新河街历史文化街区的保护利用项目，打造最能体现镇江江河交汇商贸枢纽特色的核心展示区和标志物。如可在石浮桥原址（在今京口闸南，与新河街东段宋代城墙遗迹相连）河面上复原蕴含宋代建筑风格的水关城门纪念建筑“来远门”，作为镇江古运河与长江交汇处的代表性地标，以此门作为桥梁，还可以增加新河街历史文化街区与大京口港故道运河文化廊道之间的通达度；中华路东段古运河南岸的沿街南北货、杂货店铺多为传统运河商贸文化的孑

遗，亦可按照历史文化街区的整体风貌予以升级改造，实现历史文化的活态传承。

由大京口港故道运河文化廊道和小京口港江河交汇核心景区组成的京口双港江河交汇文旅融合区，将成为镇江市区旅游线路从金山到西津渡向东深入市区的重要节点。

（二）打造甘露港—上河街运河古城历史体验区

1. 改造镇江船厂旧址绿地，打造甘露港江河交汇纪念公园

在北固山西侧的镇江船厂旧址绿地按照历史地图适当恢复甘露港入江口景观，可于江边稍稍退岸入陆形成湾口，剩余向西南延伸的原甘露港河道可采用湿地溪道的形式标示出河道走向，其上还可增加朱栏桥等唐宋式园林建筑景观，以保持原有绿地道路的畅通；在恢复甘露港入江口景观的湾口位置设置“江河交汇—甘露港”文物保护碑和文字介绍碑，水面上亦可设置静态船只景观；在湿地溪道西南端靠近长江路—东吴路交会处的位置，面向长江路对面原甘露港河道向西南延伸的方向，树立书有“古甘露港”字样的纪念牌坊。如此即可在原有绿地的基础之上，以升级改造的形式打造出湾口—湿地溪道—纪念牌坊三位一体甘露港江河交汇纪念公园，既拓展了北固山景区的游览纵深，又提升了原有公共绿地的景观效果，还可作为镇江运河古城历史体验区的东大门，为其与北固山景区的连接提供重要抓手。

2. 依托会莲庵街旧城改造拆迁地块，打造城、河、闸、桥四位一体的运河古城实景演出区

在会莲庵街拆迁地块南区，依托现存的明清府城北城墙和唐宋大运河故道、宋代粮仓建筑等遗迹，利用现代轻质材料复原城墙及北水关城楼景观作为表演舞台、复原部分运河故道水面和闸体景观作为水面舞台，形成“运河古城”实景演出夜游项目主场地；在会莲庵街拆迁地块北区，以湿地溪道的形式标示出甘露港河道的走向，并以此为“运河古城”实景演出夜游项目观众区的界线，在其上距原址稍北（原址在会莲庵街与胜利路交叉口北）异地仿建已经考古发现的清代登仙桥及宋代甘露港上闸景观，以此为观众区的入口，完成城、河、闸、桥四位一体运河古城实景演出区的构建；连通河北街东北方向（即原甘露港河道走向）与长江路，以彩色透水混凝土铺装道路以标示甘露港河道走向，以此为连接甘露港江河交汇纪念公园与运河古城实景演出区的文化廊道，实现北固山景区与镇江运河古城历史体验区的游线连通。

3. 连通运河古城实景演出区与拖板桥、上河街，打造运河古城亲水文化休闲街区

在会莲庵街如意江南段增加导引指示牌，连接运河古城实景演出区与拖板桥—宋元粮仓遗址区，亦可引导文化旅游、特色餐饮等商业进驻；通过架设行人过街天桥等方式连接拖板桥与如意江南公共广场，在拖板桥北侧竖立牌坊，南面书“转般仓（宋元粮仓正式名称）”，北面书“上河街”，将牌坊—桥—广场整体作为上河街运河古城亲水文化休闲街区的东入口；在已完成文化休闲街区改造的上河街对岸，对溧阳码头等现有街巷进行景观化改造，可适当恢复袁公义渡、京口驿等运河地标，完善亲水文化休闲街区的运河景观廊道；在上河街与电力路口架设行人过街天桥，连通运河古城亲水文化休闲街区与新河街历史文化街区。

以甘露港江河交汇纪念公园、会莲庵街运河古城实景演出区、运河古城亲水文化休闲街区为支点，以甘露港故道、唐宋大运河故道及现存古运河为线索，串联起一片深入市区的镇江运河古城历史体验区。这一体验区西接京口双港江河交汇文旅融合区，东连北固山景区，既是游客深度领略镇江古城风貌的沉浸式体验区，也是连通金山—西津渡与北固山的重要廊道，是发挥镇江市区原有核心旅游吸引物集聚效应的关键所在。

（三）打造丹徒—谏壁运河水工科普体验区

1. 改造丹徒镇闸及丹徒镇沿河街巷，打造“江南运河第一城”——丹徒故城古代运河水工特色小镇

改造丹徒镇闸、桥外观，与丹徒故城古镇风貌相融合，并增加展示镇江市区古运河现代河道水工体系的科普介绍（丹徒港现为镇江市区古运河出水口）；原址复建运河古桥永宁桥，作为丹徒故城的历史地标；依托镇江博物馆在丹徒镇区域的考古发现，改造丹徒镇沿河民房街巷，建设镇江古代运河水工和丹徒故城博物馆，展示秦汉—六朝丹徒水道、丹徒县治，以及历代丹徒闸的考古发现和历史记载情况，突出“江南运河第一城”的历史地位。

2. 整治丹徒镇闸至谏壁船闸的古运河下段沿岸，展现“斩绝陵垄”的夹岗水道特色

文旅集团此前已完成本段古运河水道本体的前期整治工作，应在此基础之上改善两岸环境，保护坡岗高耸的河岸，充分展现丹徒水道在大运河全线独一无二的夹岗水道特色；在长岗—上隍之间的夹岗最高点河岸边增设“秦始皇凿断丹徒长岗”相关纪念物（此地已完成休闲步道改造），以增

加沿线的人文景观和旅游打卡点；在水道通航和水道沿岸环境改善的基础上，开通丹徒镇闸至谏壁船闸的水上交通游线，将丹徒镇与谏壁镇的古今水工科普体验区连为一体。

3. 依托大运河水工博物馆的建设，打造“江南运河第一闸”——谏壁船闸现代运河水工特色小镇

配合大运河水工博物馆的原有建设计划，开发“江南运河第一闸”过闸体验水上交通游线，在相关码头实现丹徒镇水上交通来船与过闸体验游船的无缝换乘；推动谏壁镇城区的景区化升级改造，增设镇江大运河主题相关的旅游餐饮购物区域、交通枢纽，以及全域旅游服务网点等，将交通便捷、服务全面的现代运河水工特色小镇作为整个镇江大运河古今入江五口门旅游路线的终点站和现代化综合服务区。

将丹徒镇的古代运河水工科普区、古运河下段的古代运河水工体验区、谏壁船闸的现代运河水工科普体验区共同组成独具特色的丹徒—谏壁运河水工科普体验区，而这条特色游线上丹徒故城的运河古镇风情和谏壁城区的现代城镇魅力，也将给游人带来印象深刻的“时光穿越”体验。

（四）五口门三片区的旅游交通连接

京口双港江河交汇文旅融合区（以下简称“京口双港区”）与甘露港—上河街运河古城历史体验区（以下简称“甘露上河区”）隔电力路相望，游客可以步行到达，外围亦可通过长江路的公交路线进行连接；甘露上河区与丹徒—谏壁运河水工科普体验区（以下简称“丹徒谏壁区”）之间距离较远，难以实现短程游线的连接，建议以甘露上河区对接市内的旅游餐饮、购物及住宿服务，再以市内旅游班车的形式对接丹徒谏壁区的运河水工特色小镇专题游线；京口双港区通过镇屏山和人民街、鱼巷、大西路、长江路等城市道路，可与西津渡、伯先路、大龙王巷历史文化街区连接；丹徒谏壁区则可通过谏壁镇新建的旅游交通枢纽，以旅游班车的形式与镇江市区、丹阳市区、镇江新区、扬中市区实现互联互通，带动镇江市东部旅游业的整体发展。

大运河镇江段漕船和漕运文化研究

李英姿*

习近平总书记指出，大运河是祖先留给我们的宝贵遗产，是流动的文化，要统筹保护好、传承好、利用好。2019 年 2 月，中共中央办公厅、国务院办公厅印发了《大运河文化保护传承利用规划纲要》，为大运河沿线发展谋篇布局，大运河文化保护传承利用迎来历史最好时期。2019 年 9 月 18 日至 21 日，江苏省委书记娄勤俭在考察大运河江苏段建设工作时强调，要在保护传承中科学利用永续发展，让流动的文化泽被当代启迪未来。2020 年 1 月，江苏省下发了《2020 年全省大运河文化带和国家文化公园建设工作要点》。2020 年 3 月 4 日，镇江市委书记、市大运河文化带建设工作领导小组组长马明龙强调统筹推进“精美镇江”三城联创，大力推进大运河文化带建设。2020 年 5 月 26 日上午，镇江市大运河文化带建设工作领导小组全体会议召开，马明龙强调要紧扣“江河交汇山水名城”的城市定位，围绕“江河交汇津渡文化示范区、古今水利航运科技文化体验区”的目标定位，积极构建“三园两带十六点”的大运河国家文化公园建设格局，全力打造特色、走在前列。新时代背景下，这些都为推进大运河文化带建设明确了方向、目标和任务，提供了科学指引和基本遵循。

随着“一带一路”建设的推进，镇江市目前正全力推动大运河文化带建设。镇江作为古代造船业重要基地，具有得天独厚的历史和区位优势，应当抓住机会，深入挖掘镇江漕运文化研究，深刻了解漕运文化的独特历史文化价值和现实价值，推进与漕运文化相关的历史遗存保护和大运河生态长廊建设，从而为启动和推进大运河文化博物馆的建设提供理论支持，更进一步推动大运河的保护、利用和开发。

* 李英姿，山东济南人，历史学博士，江苏科技大学马克思主义学院副教授。

一、“攸关国家命脉”的漕运

漕运攸关中国古代经济命脉，是古代社会极为重要的一种经济活动，是历代朝廷尤其是唐宋以后最为重视的国家事务之一，被称为“南北之咽喉，军民之命脉”[①]，对历代的政治、经济、军事、社会和文化都有深远的影响。漕运最早可追溯到秦始皇时期，而漕粮之制起于两汉。605年，隋炀帝下令开凿的一条贯通南北的大运河，致唐宋漕运大兴。清代，“漕粮为天庾正供，俸米旗饷，计口待食，为一代之大政”[②]。作为“攸关国家命脉”的漕运，不仅促进了南北方人们的交流，还推动了运河绵延千年的蓬勃发展。漕运是古代中国经济发展的晴雨表，也是古代中国人技术创新的重要坐标。

大运河的河水孕育了丰富的漕运文化。镇江处在长江与大运河的十字交汇处，是古代漕运咽喉和镇守东南的军事重镇，通过考察其漕运文化遗产的传承，发现漕运不仅对镇江经济、社会、科技和城市建设等物质形态方面有着深刻的影响，也为镇江的民俗风情、生活艺术和制度文化等非物质形态方面带来了历史、科学和艺术价值，为研究镇江运河文化、城市发展和非物质文化遗产传承与保护提供了宝贵的实物例证。

二、历史上的镇江漕运

早在秦代，运河就在镇江这片土地上萌芽。公元前210年，“秦始皇东观，亲见形势云，此有天子气，使赭衣徒凿湖中长冈使断，因改名丹徒，今水北注江也”[③]，这就大大缩短了入江口与邗沟的距离，减少了舟行的危险。秦始皇开凿的“丹徒漕渠”——徒阳运河，与吴王夫差开凿的运河相连，“漕河自江口至南门九里，又南至丹阳九十里，水道经大小夹冈，上下有京口吕城二闸”[④]，因此“丹徒水道入通吴会，孙权初镇之”[⑤]。丹徒漕渠

---

① 魏象枢：《寒松堂全集》，陈金陵点校，中华书局，1996年，第62页。

② 刘锦藻：《清朝续文献通考》卷七十五，商务印书馆，1955年，第8325页。

③ 李昉：《太平御览》卷第六十六，中华书局，1966年，第314页。

④ 尹继善，黄之隽等：《乾隆江南通志二百卷首四卷（一）》，载《四库提要著录丛书》编纂委员会编《四库提要著录丛书》史部第二二六册，北京出版社，2010年，第335页。

⑤ 萧子显：《南齐书》卷十四，中华书局，2018年，第168页。

在“隋大业中穿而广之，拟通龙舟”[①]，说明秦代开凿的这段人工河道为后来江南运河北段的雏形，也为后世开凿大运河打下了坚实的基础。

孙吴时期，孙权定都建业后，江南运河开始担负起漕运吴会物资以供京师的任务，遂命“岑昏凿丹徒至云阳，而杜野、小辛间皆斩绝陵袭［垄］，功力艰辛”[②]；又“遣校尉陈勋将屯田及作士三万人凿句容中道，自小其至云阳西城”[③]，“以通吴、会船舰，号破岗渎，上下一十四埭，通会市，作邸阁”[④]。西晋末年，陈敏有割据江南之志，也曾在曲阿遏马林溪筑练湖，作为调节运河水量的水库。练湖是中唐以前江南运河上著名的水利工程。“晋元帝子裒镇广陵，运粮出京口，为水涸，奏请于丁卯港立埭。”[⑤]在江南运河经过历代整治后，镇江成为长江下游的重要渡口和干线道路必经之地，江南运河北段初步建立了由挡潮引水、节制堰坝、调蓄水柜组成的航运体系，其是六朝时期联系京师与东部边境的重要水道。

隋大业六年（610），隋炀帝下令重新疏凿江南运河，“自京口至余杭八百余里”[⑥]，镇江作为江南运河的最北端，在沟通南北之间经济、文化等方面联系上起到了重要作用。隋朝后来在京口设丹徒镇，扼江南大运河入江之口，作为当时东南交通和漕粮北运的枢纽，出现了“公家运漕，私人商旅，舳舻相继”[⑦] 的盛景，加快了南北贸易物资的相互交流。自此，新的漕路代替了地势较高的旧京口（润浦），漕运兴起给城市带来新的生机和活力，镇江成为商货中转港口，步入了我国古代大城市的行列。在唐代，镇江成为江南漕粮转运的重要枢纽。“唐时，漕运大率三节：江淮是一节，河南是一节，陕西到长安是一节……此三节最重者京口，初，京口济江淮之粟所会于京口，京口是诸郡咽喉处。”[⑧] 漕运是京口港承担的首要任务，京口“自唐为漕挽咽喉之所……江淮之粟所会”[⑨]。

镇江水稻种植情况在古诗中多有反映，如五代南唐诗人李中在《秋日

---

① 尹继善，黄之隽等：《乾隆江南通志二百卷首四卷（一）》，载《四库提要著录丛书》编纂委员会编《四库提要著录丛书》史部第二二六册，北京出版社，2010 年，第 335 页。

② 李昉：《太平御览》卷第六十六，中华书局，1966 年，第 827 页。

③ 陈寿：《三国志》，裴松之注，中华书局，2018 年，第 847 页。

④ 许嵩：《建康实录（上）》，张忱石点校，中华书局，1986 年，第 53 页。

⑤ 俞希鲁：《至顺镇江志》卷六，台北华文书局，1968 年，第 577 页。

⑥ 卢宪：《嘉定镇江志》卷六，清道光二十二年丹徒包氏刻本。

⑦ 李吉甫：《元和郡县志》卷六，清武英殿聚珍版丛书本，第 7 页。

⑧ 吕祖谦：《历代制度详说》卷四，民国续金华丛书本，第 7-8 页。

⑨ 吕耀斗：《光绪丹徒县志（一）》，江苏古籍出版社，1991 年，第 294-295 页。

登润州城楼》中写道“水接海门铺远色，稻连京口发秋香”①，说明镇江大量种植水稻。而镇江作为当时长江下游的重要产粮区，从东都洛阳含嘉仓出土的砖铭中可以得到证实。含嘉仓是隋唐大运河上的重要粮仓，也是隋唐使用的“建设用地”规模最大、最重要的官仓，在其第48号窖中，出土了两块刻铭砖，其中一块上刻有完整的墨书正楷，记录润州唐开元十四年（726）租糙米壹万壹仟壹□肆硕贰□叁□（“□”为原文缺损文字），开元十五年（727）七月十六日输纳含嘉仓②，这充分印证了在江淮租米的北运中，润州即镇江是洛阳含嘉仓众多南北漕粮的来源地之一。

“京口居淮浙之冲，故转般仓非京口不可立。甘露港又居京口，贯通淮浙之冲，故转般军粮非甘露港不能快”，“引注大江，贯注镇江府城中，直达上河”。江南运河最北端的京口闸一段可引长江水。“吴人置京口闸以通江南之粟，是皆凿山成池，掘地通流，以济人力之不及。”“大江之入京口者，其道有四”，即京口闸、海鲜河、鳝鱼港和甘露港，船只可由此入运河。设置闸门以调节水势，“镇江城外可五六里有闸名京口闸，镇江城内转般仓东北隅又有闸为则水闸。京口闸在外以限江水之入，则水闸在内以制河水之出”。后来，“唐撤闸置堰”③。唐开元二十五年（737），齐澣迁任润州刺史，“州北距瓜步沙尾，纡汇六十里，舟多败溺。澣徙漕路由京口埭，治伊娄渠以达扬子，舟得无虞”④，进一步改善了漕船过江航道，使润州成为运河与长江沿岸的重要商业港口。

唐代宗广德二年（764），转运使刘晏改革漕运，改变“故时转运船由润州陆运至扬子”，“命囊米而载以舟”，使漕船能自润州直达扬州，使“斗米费钱十九”变为“减钱十五”。⑤ 这说明润州在当时漕粮的运输中发挥了很大作用。安史之乱后藩镇割据，江淮漕运经常阻断，为保证粮道畅通，建中二年（781），唐政府在润州设镇海军节度使，保证漕运的畅通。

南宋时期，建都临安，“纲运粮饷，仰给诸道，所系不轻。水运之程，自大江而下至镇江则入闸，经行运河，如履平地，川、广巨舰，直抵都城，盖甚便也”⑥；“自临安至于京口，千里而远舟车之轻从，邮递之络绎，漕运

---

① 中华书局：《全唐诗》第二十一册，中华书局，1979年，第8520页。

② 方孝廉，谢虎君：《洛阳含嘉仓的发现与研究》，载洛阳博物馆编《洛阳博物馆建馆50周年论文集》，大象出版社，2008年，第64页。

③ 黄震：《黄氏日钞》卷七十二申明，元后至元刻本。

④ 赵宏恩：《乾隆江南通志》卷一百十四职官志，清文渊阁四库全书本。

⑤ 欧阳修，宋祁：《新唐书（一）》，中华书局，2018年，第899页。

⑥ 脱脱等：《宋史（二）》，中华书局，2018年，第1617-1618页。

之转输”[①]，这说明当时从京口至都城临安的江南运河成为国家的生命线，镇江一跃成为漕运交通枢纽。正如《嘉定镇江志》云：“京口当南北之要冲，控长江之下流。自六飞驻跸吴会，国赋所贡，军须所供，聘介所往来，与夫蛮商蜀贾，荆湖闽广江淮之舟，凑江津，入漕渠，而径至行在，所甚便利也。”[②] 南宋时，镇江是长江中上游及淮南各路漕粮贡赋的集纳港和分输港，可直接将两湖、江西的漕船在京口港过船驳运至两淮和送往临安。南宋绍兴三十年（1160），高宗“命户部于镇江、建康各别储米百万斛，以备水旱、助军食。其后镇江所储至九十五万余，建康所储至六十二万余”[③]。镇江仓储丰裕，“以备水旱、助军食”，发挥了重要的仓储和漕运功能。宋孝宗淳熙五年（1178年）闰六月“壬寅，置镇江、建康府转般仓”[④]，“京口转般仓尤两淮军馕襟喉”[⑤]，显示出京口转般仓转运的这些粮米对于两淮前线军队的重要性。宋孝宗淳熙八年（1181），“浚行在至镇江运河。时都临安，尤以漕渠为先务也”[⑥]。

元代漕粮以海运为主，河运量虽然不大，但仍中转镇江“九千四百三十三石六升正”、常州“一千七十石正”共约10503石的香糯米。[⑦] 转般仓改为大军仓，“大军仓在程公下坝北，前临潮河，后枕大江，即旧转般仓也”[⑧]。2009—2010年，考古工作者在镇江双井路发现数座宋元时期的古代粮仓，是目前大运河沿线经考古发现的规模较大的一处仓储基址遗迹，是镇江作为京杭大运河漕运枢纽的重要实物见证，这一发现入围了当年度全国十大考古新发现。[⑨]

明清时期，长江和运河构成的黄金水道，保证了占据江南运河入江通道的镇江长期享有粮食和物资储运中心的地位。明代“漕运十二总计用官军十二万有奇，船一万二千有奇，运粮四百万石”[⑩]。万艘漕船云集京口，

---

① 徐松辑：《宋会要辑稿（16）》，刘琳，刁忠民，舒大刚等校点，上海古籍出版社，2014年，第9467页。

② 卢宪：《嘉定镇江志》卷六，清道光二十二年丹徒包氏刻本。

③ 李心传：《建炎以来系年要录》卷一百八十五，清文渊阁四库全书本。

④ 脱脱等：《宋史（一）》，中华书局，2018年，第448页。

⑤ 黄震：《黄氏日钞》卷八十六，元后至元刻本。

⑥ 顾祖禹：《读史方舆纪要》卷八十九，清稿本。

⑦ 俞希鲁：《至顺镇江志》卷六，台北华文书局，1968年，第369-370页。

⑧ 俞希鲁：《至顺镇江志》卷六，台北华文书局，1968年，第440页。

⑨ 王书敏，霍强，王克飞，等：《江苏镇江双井路宋元粮仓遗址考古发掘简报》，《东南文化》2011年第5期，第57-71、130-132页。

⑩ 李豫亨：《推篷寤语》卷九毗政篇下，明隆庆五年李氏思敬堂刻本。

"南去挟枲丝，北来收果核"①。在"京口水涸，漕挽愆期"，则"运道必出京口"②。明惠帝建文年间（1399—1402），"京口闸废，转漕者道新河出江，舟数败"③。自明永乐（1403—1424）以后，京口水道时浚时淤，漕舟不得不"往往兼取孟渎、德胜两河，东浮大江"④。明成化八年（1472），"准定额本色米四百万石"，其中浙江及苏、松、常、镇四府岁输粮约181万石，占漕粮总额的45%以上，⑤ 因此，南方各省漕船大多自江南运河过镇江北上而转运四方，前往各自目的地。

清代，"漕粮为天庾正供，俸米旗饷，计口待食，为一代之大政"⑥。雍正间，浙闽总督高其倬奏称："若江西谷石用大船由长江载至镇江，再到苏州一带，用海船载至福建之福兴泉漳四府，秋间北风时起，半月可到。"⑦ 这种"便捷"的水运粮食路线，充分说明镇江承担了清朝重要的漕运任务，漕粮北运和南运的中转之地。

《康熙江南通志》记载，当时镇江"四方商贾，群萃而错处，转移通物，以通有无"⑧。由于镇江是漕运咽喉，运河上每年都有九个月左右粮船往来不断。清顺治二年（1645），"户部奏定每岁额征漕运四百万石"⑨，平均1艘漕船年运粮不过600多石，载重量为几十吨，后来又规定"凡漕船载米，毋得过五百石"⑩。"东南漕米百余万石，由镇江轮船溯江而上，三日而抵汉口，又二日而达京城。"⑪ 清顺治十六年（1659），驻防镇江的镇海大将军刘之源在上疏中说："京口百川汇流，江南财赋自此挽运北输。"⑫

清代实行海禁，运河更为繁忙，镇江成为湖广、浙江、江西尤其是苏、松、常、嘉湖地区漕粮入江的中转要地，时河道总督张鹏翮奏称："京口地

---

① 朱彝尊：《曝书亭集》，载《清代诗文集汇编》编纂委员会编《清代诗文集汇编》（一一六），上海古籍出版社，2010年，第170页。

② 万斯同：《明史》卷九十志六十四，载《续修四库全书》编纂委员会编《续修四库全书》（三二五·史部·别史类），上海古籍出版社，1996年，第550页。

③ 张廷玉等：《明史（四）》，中华书局，2018年，第2771页。

④ 张廷玉等：《明史（二）》，中华书局，2018年，第1404页。

⑤ 王在晋：《通漕类编》九卷，明万历间刻本。

⑥ 刘锦藻：《清朝续文献通考》卷七十五，商务印书馆，1955年，第8325页。

⑦ 参见《雍正四年七月十八日闽浙总督高其倬奏》，载《朱批谕旨》四十五册，第85页。

⑧ 赵宏恩：《乾隆江南通志》卷十九舆地志，清文渊阁四库全书本。

⑨ 赵尔巽：《清史稿》第一三册，中华书局，2019年，第3566页。

⑩ 赵尔巽：《清史稿》第一三册，中华书局，2019年，第3584页。

⑪ 赵尔巽：《清史稿》第一六册，中华书局，2019年，第4432页。

⑫ 赵尔巽：《清史稿》，中华书局，1976年，第9588页。

方为七省咽喉，舟车锁钥。”① 至道光年间（1835 前后），运河淤塞，漕粮以海运为主。清代恢复漕舟由京口入江，金山原在京口西北江心，至同治八年（1869），金山“南面无沙。涨沙直连南岸，山南竟不通舟楫”②。西津渡也见证了大运河的兴衰，大运河上往来的漕船和商船都要从西津渡出发渡过茫茫大江，也要从西津渡启程驶入江南运河，正是长江和运河两条水路上的客旅商货共同造就了西津渡的繁荣。“江水自高资历洪信港而下为西马头汛。镇江之马头有二，玉山之西为西马头，象山之东为东马头，皆镇江守御之地。东至京口闸为漕艘出江总会之路，银山、金山对峙于南北，望瓜洲江涛汹涌。”③ 西津渡闻名于世的救生会红船，在清代曾被称作“护漕救生船”④，可见西津渡虽是长江渡口，却也是大运河漕运水路中的重要节点，它是江南运河的“北门”，是名副其实的“江南运河第一渡”。清末以来，金山沙涂继续向东北扩展，与仪征润州连成一片，京口入江水道遂被堵塞，江南运河不得不改自谏壁镇新运口入江。同治十一年（1872），用海轮运漕粮，停止河运，加上铁路开通，镇江古运河段的漕运功能在清末民初基本结束，宣告镇江完成了南粮北运的历史使命。

三、大运河镇江段漕运文化的新时代意蕴

大运河的开凿串联起南北不同的文化元素，漕运的过程也是文化传播的过程，促进了不同文化之间的交流、融合。而大运河上的漕运活动是运河文化的重要组成部分。镇江因水而建，因“运”而兴，大运河是“活着的、流动着的文化遗产”。得天独厚的江运河运优势，西接汉沔、东临大海的区位优势，使镇江成为古代城市中“以运兴市”的绝佳典范。大运河体系的发展和兴盛，造就了大运河镇江段漕运文化历史积淀的深厚和文化遗产的丰富。

大运河文化带建设对镇江来说，既是千载难逢的历史机遇，也是责无旁贷的历史重任，镇江应利用这一时机和机遇，做好文化遗产承载的运河文化历史价值和现实价值的保护、传承与利用，发挥大运河文化带建设对城市正面特质的带动作用和新时代大运河精神对镇江高质量发展的促进作

---

① 张鹏翮：《治河全书》卷十九章奏，清钞本。

② 吕耀斗：《光绪丹徒县志（一）》卷三，江苏古籍出版社，1991 年，第 89 页。

③ 赵宏恩：《乾隆江南通志》卷九十五《武备志》，清文渊阁四库全书本。

④ 赵宏恩：《乾隆江南通志》卷二十六《舆地志》，清文渊阁四库全书本。

用，在新时代浓墨重彩地书写大运河文化带建设的壮美新篇。

1. 进一步挖掘镇江古代漕运相关的遗存和文献资料

运河给予了镇江这座城市丰富的历史遗存，镇江市运河沿线的物质文化遗产有镇江英国领事馆旧址、元代昭关石塔、虎踞桥、江河交汇处、新河一条街、西津渡古街、宋元粮仓遗址等。唐朝的闸（堰）、南宋运河边的商道和店铺建筑的散水……尤其是京口闸（埭）、西津渡、练湖等是古代运河中的重要标志性设施，能充分说明我国古代建筑与治水工程技术已具备相当高的水平。宋元粮仓、元代石拱桥、明清驿站和衙署等，是镇江作为运河漕运枢纽的实证，向人们展示着镇江的重要历史价值，更向人们传达着沉甸甸的历史责任感和使命感。

镇江漕船制造业在大运河研究中占有非常重要的地位。镇江造船技术肇始于新石器时代，中经三国两晋南北朝、唐代和宋元时期的发展，直至明清时期达到鼎盛。我们应对现有文献资料等进行分析，管窥镇江在各个朝代造船业中的重要性，了解镇江古代漕船制造的科技水平。还要挖掘和整理与漕船制造业有关的街巷的资料，留给人们一段值得铭记的地域记忆。对一些已发掘的古代漕船文献资料、遗址等进行艺术化处理，选定其中有代表性的漕船和渡桥等的样式进行提炼和综合，将它们与现在的船体和桥体等样式有机结合，再现古代镇江人民修造漕船的场景，创造出一个既具有新意又有历史感的景观，使人们可以从中既看到数百年前漕船的历史遗韵，又看到现代社会的发展，同时也为镇江大运河文化博物馆中古代漕船和漕运史的研究和建设提供了十分宝贵的资料。

2. 镇江漕运文化的活态多样性丰富了大运河研究的内涵

镇江地处江河交汇之处，是江南运河的起点，也是历代漕运过江的咽喉，清代便有“镇江的木客”① 之说，见证着镇江漕运文化和商贸文化的辉煌。大运河沿线文化遗产非常丰富，汇聚了津渡文化、驿站文化，也有很多与运河有关的古地名、民间故事，以及香醋、黄酒等非遗文化。运河是镇江饮食文化的承载者和传播者，借助运河之水的千年滋养，镇江形成了特色鲜明的本地饮食文化。

依托大数据技术对镇江的漕运文化、水工文化、制度文化、社会生活文化等进行梳理汇总、科学分析，找出大运河镇江段水系在现代化山水花园城市建设目标中的地位与价值，找出大运河文化与镇江历史文化之间的

---

① 潘春华：《闲话旧时镇江的“木客”》，《中国林业产业》2013 年第 4 期。

关联性，遵循“观乎人文、化成天下”的价值取向，凸显镇江元素、讲好镇江故事、树好镇江特色，进一步扩宽大运河文化研究的丰富内涵，打造大运河文化带建设“镇江样板”。

3. 用文化导向加强后申遗时代镇江大运河文化的发掘、研究、传承和创新

2020 年 1 月，江苏省下发《2020 年全省大运河文化带和国家文化公园建设工作要点》，对做好镇江与漕运有关的各种物质形态和非物质形态的文化保护和传承，坚持镇江特色、全力推动大运河文化展示传承体系建设，聚焦运河文化主题，建设风格各异、特色鲜明的博物馆展示体系，培育文化旅游精品等方面作出了重点阐述。在总结《大运河文化带建设文化遗产保护传承利用三年（2018—2020）工作方案》经验和做法的基础上，镇江要做好顶层设计，科学制订今后 3 年的工作方案。

回望镇江境内的大运河河道与入江口的变迁史，发现它就是在天然河道的基础上由秦、东吴、隋、宋、元、明、清不同时代开挖的河道共同组成的，又经历了各个朝代的多次疏浚，凝聚了历代人民的智慧和汗水，同时还与其他许多分支一起构成了极其便利的人工水系、运河水网，共同丰富着镇江的大运河文化，传递着大运河精神——百折不挠、代代相传、生生不息。深入挖掘大运河的精神价值、文化价值，推动大运河从“地理空间”向“文化空间”延伸拓展，将漕运文化打造为镇江典型的历史文化符号，为大运河文化遗产研究提供新的研究基础和背景，充分激发大运河活态遗产的生命力。同时，通过优化旅游结构的方式，将京杭大运河文化与镇江城市文化相融合，打造镇江特色的大运河旅游文化，以此满足游客更具个性化的旅游消费需求。依托大运河遗产文化内涵进一步开发三山、西津渡等景区，通过整体规划、亮化工程等再现“舳舻转粟三千里，灯火沿流一万家”的盛景，写好“运河文化-旅游”文章，开拓新时代文旅之路。

漕运文化可以反映镇江社会发展、经济基础和自然生态系统的动态性，更可以充分展现镇江漕运文化遗产和文物的静态性，在动静结合中呈现江河交汇的镇江大运河遗产特色。镇江要以大运河文化带建设为契机，建设一批体现镇江运河文化特色的展示载体，建设与大运河文化展示相关的博物馆、展示馆等，打造一批凸显运河特色的会展、演艺等品牌活动，创作一批反映运河文化的精品力作，让大运河文化带形神兼备、焕发光彩。

以一脉活水滋养现代文明，把千年文化势能转化为今日社会发展动能，江苏省以系统化思维、创新性举措，全力把大运河江苏段打造成大运河文

化带建设的先导段、示范段、样板段。2020年5月12日，江苏省政府在上海证券交易所发行江苏省大运河文化带建设专项债券，这是全国首只用于大运河文化带建设的地方政府专项债券，也是江苏省落实中央部署扩大有效投资、拓宽大运河文化带建设募资来源、提振疫情下文旅产业发展信心的创新之举。镇江古运河（上段）综合整治工程募得4. 14亿元，镇江市政府可以利用这一机遇，推动大运河文化旅游发展基金和专项债券相互合作，探索股债联动模式，创新多元化投融资机制，撬动更多社会资本参与大运河文化保护、传承、利用。

在后申遗时代，通过探讨镇江漕运文化的价值，探究镇江漕运物质文化遗迹和非物质文化遗产的传承对镇江政治社会、经济发展、城市发展、文学艺术、科技成就、民俗风情等所产生的影响，不仅凸显了镇江漕运文化的特质及对大运河文化带建设的整体价值和贡献，而且深刻体现了一座历史文化名城生生不息的文化基因和源泉。在推动运河文化融会古今、进入寻常大众生活中，在充分保护、利用和创新中，我们要以高度的历史使命感推进大运河文化带建设，谱写好大运河文化带建设的新篇章。

唐代诗歌里的镇江运河意象

朱光耀[*]　陈　浩[*]

随着中国大运河成功入选世界文化遗产名录，大运河文化带的建设研究也如火如荼地开展起来。习近平主席在2017年就如何对待大运河文化时指出："要古为今用，深入挖掘以大运河为核心的历史文化资源。"京杭大运河地区不仅仅指这条贯穿南北的大河，从广义上来讲，还涉及沿河的地域风光，以及承载这条运河文化的人文景观。大运河镇江段处于江南运河与长江合流之要津，滋养着长江与运河交汇的这片润州沃土。在唐代，京杭大运河镇江段具有独特的地理位置，北承邗沟，南启江南运河，长江贯穿大运河后入海，正所谓"长江漫汤汤，近海势弥广""云阳上征去，两岸饶商贾""春江潮水连海平，海上明月共潮生"。如此优越的地理条件见证了多少历史兴衰，又有几许往事随着船橹携着碧波湮没水下。而大唐王朝时，这段运河有着何许美学内涵？本文从唐代诗歌着手，将镇江运河意象分为四个方面展开剖析。

一、江山之叹

面对如画江山，诗人们总是豪情满怀。古往今来，江山往往为国家的隐喻。而镇江则是长江与山隘的绝佳组合之地，江水浩渺，雄关伫立，尤其江边的金山、北固山、焦山等处更是千古军事要冲与观景佳胜，时而激发起诗人江山怀古的豪气。

丹阳北固是吴关，画出楼台云水间。
千岩烽火连沧海，两岸旌旗绕碧山。

---

* 朱光耀，1973年生，江苏省灌云县人，文学博士，江苏大学艺术学院美术系主任，硕士生导师，研究方向为艺术美学、艺术品鉴藏与市场。陈浩，1996年生，江苏省邳州市人，江苏大学艺术学院硕士研究生。

李白的《永王东巡歌》第六首如是说。诗中的吴关，即今日的北固山。运河与长江两际的琼楼玉宇隐映于山水之间，风景如画。烽火顺着重峦叠嶂燃及大海，两岸的士兵高举旌旗在碧山中浩荡前行。李白此诗写于追随李璘东下平乱途中，表现了其在江南运河处之所见。诗文赞美了永王的功绩，抒发了诗人的壮志。

在润州江河汇聚处抒发壮志的不仅仅是李白，储光羲也在《贻王侍御出台掾丹阳》中写道：

秋涛联沧溟，舟楫凑北固。
江汜日绵眇，朝夕空寐寤。

秋日波涛泛滥于天际，船已经到了北固山，江边沟渠外的太阳变得遥不可及，白天黑夜都在半醒半睡中。下文又写道："南华在濠上，谁辩魏王瓠。登陟芙蓉楼，为我时一赋。"在芙蓉楼上登高远眺，适时吟诗一首，不失为一个好时机。

崔峒则在此写了一首《登润州芙蓉楼》：

上古人何在，东流水不归。
往来潮有信，朝暮事成非。
烟树临沙静，云帆入海稀。
郡楼多逸兴，良牧谢玄晖。

往日的人已不在，就像东流的水不复来。潮涨潮落有迹可循，朝暮之间物是人非。沙汀上的树林笼罩在雾中，水道上的船帆隐没在天边。看到那超逸豪放的城楼，竟念及之前在此当过太守且贤明能文的谢玄晖。

说起芙蓉楼，那不能不提万岁楼，李坤《忆万岁楼望金山》写道：

楼高雉堞千师垒，峰拔惊波万壑攒。
山绝地维消虎踞，水浮天险尚龙盘。
蜃嘘云拱飞江岛，鳌喷仙岩隔海澜。
长对碧波临古渡，几经风月与悲欢。

诗中提到万岁楼的城墙高耸入云，山麓下的波涛攒起千层浪。险峻的山水，如龙盘虎踞。水龙吹着云朵飞渡江岛，大龟口吐巨石阻拦河浪。江河边的渡口面对着碧波，细数着多少风花雪月与悲欢离合。"水绕苍山固护来，当时盘踞实雄才。"面对如此恢宏的景象，试问谁不想引吭高歌一曲呢？

江河奔腾不息，对这滔滔流水，诗人们总是赋予其情感。怀念过往，展望未来，无论雄心还是壮志都在此汇入，怀古壮志之感便是镇江运河的一种独特意蕴。

二、离别之愁

人生在世难免经历离别，在唐朝那个信息相对不发达的时代，一别可能就是一生不见。古人远行多经水路，而运河便承载了这别离滋味，流水无情人有情，诗人往往以诗歌相赠，寄托相思。“行人无数不相识，独立云阳古驿边……归船不见见寒烟，离心远水共悠然……”皎然这首诗感慨的大概就是这样的愁思。

流水往往承托离别意。陆龟蒙所作《京口》云：

江干古渡伤离情，断山零落春潮平。
东风料峭客帆远，落叶夕阳天际明。

说的是在古渡岸边感伤别离，远处断断续续的小山与春潮齐平，料峭东风吹着风帆远去，西下的夕阳照亮了天际，那里有一只如落叶般的小船慢慢消失。

陆龟蒙另一首《润州送人往长洲》描述的是送友人从江南运河南下松江的事情，其中写道：

汀洲月下菱船疾，杨柳风高酒旆轻。
君住松江多少日，为尝鲈鲙与莼羹。

经此一别，二人不知何时才能相见。

王昌龄所作《芙蓉楼送辛渐二首·其二》如此写道：

丹阳城南秋海阴，丹阳城北楚云深。
高楼送客不能醉，寂寂寒江明月心。

说的是离别前夕，古城南方的水面阴沉，古城北方的乌云密布，在芙蓉楼上跟好朋友离别却不敢喝醉，心情就像这寂静的水面倒映着明月。

别离的痛苦只有经历之人才懂得，许浑便写过一首《瓜洲留别李诩》，其中一段是：

孤馆宿时风带雨，远帆归处水连云。
悲歌曲尽莫重奏，心绕关河不忍闻。

在水边的客栈留宿的时候风雨交加，远去的船帆消失在水云间，悲伤的曲子既已结束那便莫再响起，因为“我”的心绪早已绕着关河追去而不忍再闻。名士许浑的家安在镇江的丁卯运河边，习惯隐逸的他此时常经历送别，自然也会时常想起远方的挚友。其《郊园秋日寄洛中友人》曰：“楚水西来天际流，感时伤别思悠悠。一尊酒尽青山暮，万里书回碧树秋。日落远波惊宿雁，风吹轻浪起眠鸥。嵩阳亲友如相问，潘岳闲居欲白头。”此外，许浑还有一首《京口津亭送张崔二侍御》，其中写道：“爱树满西津，津亭堕泪频。”离别之苦使得其在这河渡边频频落泪。严维的《丹阳送韦参军》云：“丹阳郭里送行舟，一别心知两地秋。日晚江南望江北，寒鸦飞尽水悠悠。”也将此种离别体现得淋漓尽致。

有些人离别之后可能会再聚，有些人却永远不再归来。李白曾在江南运河边抒发雄心壮志，也曾在该河段写过缅怀其死去挚友王炎的《自溧水道哭王炎》，其中一段为：“溧水通吴关，逝川去未央。故人万化尽，闭骨茅山冈。”

三、羁旅之苦

每每跋山涉水，远赴别地，总避免不了思乡之感。当愁思顺着四通八达的河道开始蔓延出去，仿佛一切都变得那么酸楚。“孤帆度绿氛，寒浦落红曛。江树朝来出，吴歌夜渐闻。南溟接潮水，北斗近乡云。行役从兹去，归情入雁群。”这是孙逖在京口埭夜行时所作。笔者最为喜欢的当为唐王湾的《次北固山下》：

客路青山外，行舟绿水前。
潮平两岸阔，风正一帆悬。
海日生残夜，江春入旧年。
乡书何处达？归雁洛阳边。

其中“海日生残夜，江春入旧年”实乃神来之笔。家在洛阳，却身在江南的吴楚之地，此语道尽就中之苦，与王昌龄“洛阳亲友如相问，一片冰心在玉壶”有异曲同工之妙。值得玩味的是，诗句将洛阳与镇江神妙地连接起来。自衣冠南渡以来，镇江一直为重要的侨乡。古语有云：“生居洛阳，死葬朱方。”可能就是针对自北南迁的中原人士而言。不管身处洛阳，还是身处镇江，均意味着由运河串联起的空间距离，以及因距离的遥远而产生的浓郁诗情。

此外，孟浩然《登万岁楼》曰：

万岁楼头望故乡，独令乡思更茫茫。
天寒雁度堪垂泪，日落猿啼欲断肠。
曲引古堤临冻浦，斜分远岸近枯杨。

今朝偶见同袍友，却喜家书寄八行。

从万岁楼上往家乡的方向看去，乡愁更重了。天气寒冷得让迁徙的大雁流下了眼泪，日落之后，两岸的猿啼让人伤心断肠。古河堤临着寒凝的润浦河，老杨树布满远处的岸边。今日见到了老乡，更让我欣喜的是他带来了家书。

孟浩然挚友王昌龄也有一首《万岁楼》留世：

江上巍巍万岁楼，不知经历几千秋。
年年喜见山长在，日日悲看水独流。
猿狖何曾离暮岭，鸬鹚空自泛寒洲。
谁堪登望云烟里，向晚茫茫发旅愁。

同样的山水景，不一样的羁旅愁。二人借在万岁楼上所见之山水，将愁思悄悄吐露。

张祜《题金陵渡》是另一首比较有代表性的诗：

金陵津渡小山楼，一宿行人自可愁。
潮落夜江斜月里，两三星火是瓜洲。

唐时的金陵（今江苏南京）属于润州地域，故而时人也习惯将润州称作金陵。金陵渡对岸即是瓜洲古渡，二者皆为江河交汇处的重要渡口，自然也最易让天涯孤旅写出千古绝调的诗文。在金陵渡的小山阁楼里辗转反侧的是那些往来南北的过客，明月斜照处正是对岸瓜洲古渡的星星灯火。

再如丘为的《登润州城》：

天末江城晚，登临客望迷。
春潮平岛屿，残雨隔虹蜺。
鸟与孤帆远，烟和独树低。
乡山何处是，目断广陵西。

傍晚登楼远眺，春潮与岛屿齐平，小雨隔断了虹霓。远处是飞鸟和水面上的孤帆，低迷的烟雾笼罩着树木，目光又该投往何处？当然是那广陵之西，家乡的山。

有人思的是乡，有人念的是国。皇甫冉（一作刘长卿）《同温丹徒登万岁楼》如此写道：

高楼独立思依依，极浦遥山合翠微。
江客不堪频北顾，塞鸿何事复南飞。
丹阳古渡寒烟积，瓜步空洲远树稀。
闻道王师犹转战，谁能谈笑解重围。

独自在高楼上思索，远处是绿水与青山。江上的旅人频频往北方看去，塞外的鸿雁却一直往南飞。丹阳古渡口凝聚着冷雾，空荡的瓜步洲只有树影依稀。听说王师还在四处转战，谁能在谈笑间便化解重围呢？皇甫冉为镇江人，不过长期仕宦在外，当他身处万岁楼时，自然对匆匆过客的羁旅之苦感同身受。

深深的羁旅感，浓浓的家乡情。从长江至运河再到江南的小桥流水，行旅之人总能用之寄托情感，此为唐代镇江运河审美意象的又一重要维度。

四、隐逸之思

小桥流水，蓑衣孤舟。古人所向往的田园生活大概如此了。虽说运河漕运热闹非凡，但是在这长江边运河旁的一隅，有青山绿水相伴，也算难得的隐居之地。诗人许浑便在运河边的丁卯涧筑起了自己的隐居之所，其《夜归丁卯桥村舍》向世人描述了隐居运河边的田园之乐：

月凉风静夜，归客泊岩前。
桥响犬遥吠，庭空人散眠。
紫蒲低水槛，红叶半江船。
自有还家计，南湖二顷田。

在这月凉风清的夜晚，归来的人将船停泊在岩石前。桥上发出响声，让远处的狗一直叫唤，院子里的人都散去睡觉了。紫色的菖蒲长得很高，显得水边的栏杆都低了许多，飘落的红叶撒在了船上。待归家的时候，还有南湖的二顷田地作为生计。或许缘于运河的滋养，许浑的诗总是洋溢着南方才子的烟水气，故古语云“许浑千首湿，杜甫一生愁”。作为晚唐的重要诗人，许浑一度与杜甫齐名。不过，其在运河岸边的悠然定是一世流离的“诗圣”杜甫难以梦见的。

许浑如此闲适的生活，令人羡慕不已，隐居此地的海内名士张祜拜访许浑时还作了一首《访许用晦》：

远郭日曛曛，停桡一访君。
小桥通野水，高树入江云。
酒兴曾无敌，诗情旧逸群。
怪来音信少，五十我无闻。

郭外斜阳映照下的黄昏，一位名士停船去拜访另一位名士，小桥下河水潺潺，远处江树与白云融为一体。住在这样的地方，想必心胸自然便豁达起来。

润州也算张祜的半个故乡，其老家远在邢台，不过时运不济的他却在润州寻觅到了自己余生的栖居之所，并在此留下了不少诗篇。张祜《瓜洲闻晓角》云：

寒耿稀星照碧霄，月楼吹角夜江遥。
五更人起烟霜静，一曲残声遍落潮。

夜晚明亮稀疏的寒星照亮碧霄，远处的月下小楼传来号角声。五更天的时候，烟雾弥漫，霜露凝结，乐曲散落在回荡的潮水中。

再有《题润州金山寺》：

一宿金山寺，超然离世群。
僧归夜船月，龙出晓堂云。
树色中流见，钟声两岸闻。
翻思在朝市，终日醉醺醺。

在金山寺留宿一宿，便感觉超群独立。月光下，僧人坐船归来，风云来临时有龙出没。水流之中可见绿树倒影，两岸都能听到钟声。在尘世中思索，每天都喝得烂醉。同样是夜宿金山寺，刘沧在《宿题金山寺》写道："一点青山翠色危，云岩不掩与星期。海门烟树潮归后，江面山楼月照时。"在这种水天一色的环境里，光看风景大概也会迷醉吧。

隐逸之人，除却天生散漫、不喜为官的，其余大多是仕途不顺才退隐山林。而选择在这片润州大地田园一生也不失为好归宿。许浑在《题邹处士隐居》中曰："桑柘满江村，西斋接海门。浪冲高岸响，潮入小池浑。"该诗看似赞誉隐居的邹处士，实为自况。

唐时的镇江为隐逸之士的乐土。身处此处，所谓江山社稷、功名利禄远不如渔樵闲话真实可信。韦庄《润州显济阁晓望》曰：

清晓水如镜，隔江人似鸥。
远烟藏海岛，初日照扬州。
地壮孙权气，云凝庾信愁。
一篷何处客，吟凭钓鱼舟。

清晨的水面像明镜一般，隔江的人如浦鸥一样。远处烟雾隐藏住小岛，初升的太阳照亮扬州。地势透露出金陵王气，云气凝结着"庾信愁赋"。不知何处的过客，正在渔人的垂钓之乐中油然而生诗情。

运河不仅仅是一道流通的水，所带来的也不仅仅是物质上的流通，更多的是文化上的传播、交流与碰撞。虽然开通运河让许多百姓十分劳苦，但是后世所利无可估量。皮日休云：“若无水殿龙舟事，共禹论功不较多。”现在看来，运河的疏凿拓宽与连接，真是功利千秋。

古来万事东流水，历史的车轮中，诗歌中的运河已经变了模样，运河周边的人与物也在历史尘埃中日渐模糊。作为路的运河，它连接着南北两端；作为历史产物的运河，它承载着中华记忆；作为交流纽带的运河，它串联着不同地域的文化。作为历史的一部分，大运河镇江段文化遗产应该被更多的人了解。时至今日，大运河镇江段这一“流动的文化”时常荡起历史的余韵流风。有幸结缘镇江的人自然应将运河往事讲述出来，让更多的人关注镇江、关注运河。

参考文献：

[1] 全唐诗［M］. 北京：中华书局，1985.

[2] 徐苏. 京口夜话［M］. 镇江：江苏大学出版社，2010.

[3] 王韬. 大运河的文化意象［J］. 江南大学学报（人文社会科学版），2018，17（4）：32-37.

[4] 谭徐明，于冰，王英华，等. 京杭大运河遗产的特性与核心构成［J］. 水利学报，2009，40（10）：1219-1226.

[5] 陈怡. 大运河作为文化线路的认识与分析［J］. 东南文化，2010（1）：13-17.

[6] 毛锋，王凌云，周文生，等. 大运河历史文化环境保护支持系统［J］. 清华大学学报（自然科学版），2007，47（9）：1401-1404.

[7] 戴永新. 唐诗中的大运河［J］. 文艺评论，2011（10）：150-153.

[8] 马婷婷. 水上“唐诗之路”研究——以隋唐大运河沿线诗歌创作为中心［D］. 延吉：延边大学，2011.

“三言”与镇江大运河文化海外传播研究

曾景婷*

2019 年 2 月，中共中央办公厅、国务院办公厅印发了《大运河文化保护传承利用规划纲要》，明确提出“打造大运河文化带”的重大决策部署。同年 11 月，江苏省十三届人大常委会第十二次会议通过了《江苏省人民代表大会常务委员会关于促进大运河文化带建设的决定》。全面挖掘、整理大运河文化渊源和历史遗存日渐成为各沿线城市建设的重大命题。

“三言”是明代白话小说的经典之作，也是明代通俗小说的典范，反映明代市民阶级的真实生活，展现当时社会风气，蕴含着多种文学价值。习近平总书记也曾在多个场合讲述“三言”作者、一代好官冯梦龙[1] 的故事，说起阅读“三言”的经历，更是表示“其中很多警句我都能背下来”。在倡导文化自信的今天，研究好“三言”中蕴含的江南文化价值意义匪浅。为此，本文拟结合江苏文学典籍“三言”的整理与传播，深入挖掘其蕴含的丰富的大运河文化元素，通过对各个时期节译本、选译本及全译本进行梳理与研究，再现明代运河两岸繁荣的商贸经济、开放的文人思想及丰富的大众文化，并以此为载体积极推动大运河文化的国际传播，从文学、艺术等多维角度将大运河文化带建设提升到一个新的高度，讲好镇江故事，扩大镇江城市的国际影响力。

一、“三言二拍”与京杭大运河

京杭大运河有着 2500 多年的历史，是我国古代重要的交通枢纽，不仅

---

* 曾景婷，1979 年生，北京大学博士，江苏科技大学外国语学院副院长，副教授，硕士生导师，中国比较文学学会中美比较文化研究会理事，江苏省翻译协会理事，江苏省比较文学学会理事，镇江市翻译协会副会长，镇江市文艺评论家协会理事。主要研究领域为翻译与比较文化研究、比较文学研究。

沟通南北使得交通顺畅，还极大促进了商品交换。在这片中吴大地上，吴王夫差最早开凿出了京杭大运河的雏形，后经历朝历代疏浚和拓挖，连通长江与太湖，沟通各大水系，终成运河。在这漫长的历史长河中，京杭大运河成就了江南地区的富庶，带动了京杭大运河沿岸城市的经济繁荣。在此基础上，京杭大运河更是起到促进文化交融的作用。作为连接沿岸城市的纽带，运河为人与人的来往提供条件，进一步推动了各地生活方式、生活习惯的交流，形成了独一无二的运河文化。

“三言二拍”作为明代著名话本小说集，在中国通俗文学史上占有重要地位。苏州人冯梦龙编撰了“三言”，即《喻世明言》《醒世通言》和《醒世恒言》，同期文学家凌濛初所著“二拍”，即《初刻拍案惊奇》与《二刻拍案惊奇》[2]，首刊于苏州尚友堂。“三言二拍”系列故事“极摹人情世态之歧，备写悲欢离合之致”[3]，它不仅是古代白话文小说的经典，更是明代市民文学的代表，且以别出心裁的取材、贴近生活的话本艺术创作手法“打破传统，对世态人情及社会底层投以浓墨重彩”[4]，“真实地表现出底层人民和市井人家的面貌、展现真实的社会风气而为大众所喜爱”[5]。“三言二拍”系列故事均为短篇小说，其中“三言”共120篇，“二拍”共80篇，“小说主题众多，内容颇杂，但在‘三言’中写到京杭大运河的故事有34篇，‘二拍’中写到的有14篇，占到总篇数的极大比重。”[6]

“三言二拍”生动反映了宋、元、明三代城乡社会的风俗民情，具有典型的江南文化特色。“三言二拍”中对大运河的描写可分为直接描写、间接描写两大类别。直接描写类中主要把大运河作为景色和场景运用在故事中。如《苏知县罗衫再合》《李公子救蛇获称心》中是直接描写运河风光。《李公子救蛇获称心》一卷写“是日申牌时分，李元舟中看见吴江风景，不减潇湘图画，心中大喜，令梢公泊舟近长桥之侧……凭栏而坐，望太湖晚景”[7]，可见大运河江天一色的辽阔之美。而在《钝秀才一朝交泰》《王娇鸾百年长恨》《杜十娘怒沉百宝箱》等文章中，大运河作为故事中的发生地点，在整个故事中起着起承转合的文学作用。如在《杜十娘怒沉百宝箱》中，杜十娘正是在运河上对李公子的态度发生了巨大转变，为之后的故事发展做了进一步的铺垫。

“三言二拍”中间接描写类运河故事则是将运河作为文化载体，描写在大运河的滋润下，运河沿岸城市逐渐形成特有的生活方式、饮食习惯、民风民俗等。如大运河作为交通载体，连接多地的贸易往来，久而久之形成坐船的附带习惯，“……顺便回家，不论客货私货，都装载得满满的”；又如《乐小舍弃生觅偶》云“市井弄水者，共有数百人，蹈浪争雄，出没游戏。有蹈滚木、水傀儡诸般伎艺”[8]，描写了运河流域钱塘江地区独有的观潮风俗。

“三言二拍”中的运河故事为我们再现了当年运河的风光，以及其作为古代重要运输渠道而商贸往来的繁忙景象，更展现了运河沿岸的繁华画卷，反映了宋、元、明三朝的人们傍运河水而居的市井生活。

二、“三言二拍”中的大运河文化

运河文化是介于农耕文化与海洋文化间的一种调和文化，是江浙文化包容性的重要演绎场域。农耕文化属于家族农业文化，具有传统性、内敛性和保守性，注重道德价值观的塑造。海洋文化是一种外向型商业文化，具有进取性、侵略性和创新性。而介于农耕与海洋文化之间的运河文化则兼具传统与创新、内敛与开放。在“三言二拍”系列丛书中，一个个精彩纷呈又跌宕起伏的民间故事从多角度、多层次对运河文化进行了展现。

1. 河运交通文化

京杭大运河自春秋战国始凿至隋代初步形成，历经唐宋的繁荣、元代的改道取直和明清的疏淤，连接了大小的水渠、河道，沟通了南北方的河运交通。在漫长的历史岁月里，它为沿岸及南北交通提供了诸多便利。一方面，大运河为人的出行、迁徙及军队作战提供了水路的选择。《卖油郎独占花魁》中“从此陆路同步，水路同舟，爹女相称。到了建康府，路上又闻得金兀术四太子，引兵渡江，眼见得建康不得宁息。又闻得康王即位，已在杭州驻跸，改名临安，遂趁船到润州。过了苏、常、嘉、湖，直到临安地面，暂且饭店中居住，也亏卜乔，自汴京至临安，三千余里……”[9]，人们的出行由车马劳顿变更为水路同舟，军队作战可渡江而行，原本湖泊水田纵横、陆路难行的运河沿岸依仗大小河道沟渠变运河的优势，发展了特有的河运交通。另一方面，大运河为沿岸商品交换及南北商贸往来开辟了水上之路，《蒋兴哥重会珍珠衫》中“遇了顺风，不两月行到苏州府枫桥地面。那枫桥是柴米牙行聚处，少不得投个主家脱货，不在话下”[7]，商人们行至苏州枫桥，停泊脱货，枫桥已俨然成为“柴米牙行行聚处”；《金令史美婢酬秀童》中“浑家道：‘……叫船往杭州进香，今早双双出门……’四个人飞星赶去，刚刚上驷马桥，只见小游船上的王溜儿，在桥堍下买酒籴米……金令史问道：‘溜儿，你赶早买酒籴米，往那里去?’溜儿道：‘托赖揽个杭州的载，要去有个把月生意。’”[10] 船家接揽运输生意，往来运河之上。

俗话说：“要致富，先修路。”今有铁路直通青藏高原，隧道打开巴山蜀谷，港珠澳大桥连汇四方，古有京杭大运河贯通南北，连接四方。当交通真正地为一方水土的人民生活、商贸往来提供便利，这方水土就迈出了开放、包容、交流的第一步。

2. 经济商贸文化

凭借大运河带来的水运交通之便，运河沿岸城市借漕运之利发展了商贸，形成了运河沿岸特有的商贸文化。《宋小官团圆破毡笠》：“那刘顺泉双名有才，积祖驾一只大船，揽载客货，往各省交卸。趁得好些水脚银两，一个十全的家业，团团都做在船上。就是这只船本，也值几百金，浑身是香楠木打造的。江南一水之地，多有这行生理。”[8] 运河沿岸的船家多把祖辈的积蓄悉数压在买来的木船上，凭借一条大船奔忙于运河连接的各省各地。《盐官邑老魔魅色，会骸山大士诛邪》：“寺僧问道：‘客官何来？今往何处？’徽商答道：‘在扬州过江来，带些本钱要进京城小铺中去。天色将晚，在此泊着，上来耍耍。’”[11] 展现了各地商帮旅客在运河上客居漂泊的身影。运河带来的水陆纵横的交通便利，大大地促进了沿岸城市及其辐射地区的商贸往来，以此推动了这些地区的经济发展与城市的形成。繁盛如隋唐时的扬州，居杭州与洛阳的中心，成为南北运输的枢纽，富甲江南。同时，整个江南地区的繁荣富庶也与运河交通带来的便利的商贸往来密切相关。

古代中国有着重农抑商的传统，上至国家法律对商人苛刻的明文束缚，下到平民百姓的思想意识，“商人重利轻别离”的形象在人们心中固化。但在“三言二拍”系列的故事中，视角并没有放在大富大贵的巨贾身上，而是放在了万千平凡的商帮旅客劳碌颠沛的生活上。《乌将军一饭必酬，陈大郎三人重会》写道：“‘扬州布好卖。松江置买了布到扬就带些银子籴了米豆回来，甚是有利。’杨氏又凑了几百两银子，与他到松江买了百来筒布，独自买了一只满风梢的船，身边又带了几百两籴米豆的银子，合了一个伙计，择日起行。”[11] 商人们将这处的布匹运送至那处卖出，运河见证他们的奔命匆匆。《程元玉店肆代偿钱，十一娘云冈纵谭侠》写道：“那人道：‘此去六十里，有杨松镇，是个安歇客商的所在。近处却无宿头。’”[11] 客商们一路停靠歇息，沿岸的小镇收容他们的风尘仆仆。商人在“三言二拍”系列故事中的面貌改变了人们对“商人”形象的固有认知，他们的诚实、勤劳、苦辛，凝结成运河沿岸的商贸地基，构建经济与生活的大厦。

3. 市井民俗文化

文学是特定时代经济和社会现象的反映。由运河形成的水陆交通体系到运河沿岸的商贸经济，再到运河经济中形成的运河市井、节日民俗及饮食文化，无不根植于特定的运河交通与经济中。

“三言二拍”故事着大量笔墨刻画丰富的运河沿岸市民文化与生活，三教九流、五行八作，无不囊括。《金玉奴棒打薄情郎》这样写关于丐帮的故事：“话说故宋绍兴年间，临安虽然是个建都之地，富庶之乡，其中乞丐的依然不少。那丐户中有个为头的，名曰‘团头’，管着众丐……随你挣得有田有地，几代发迹，终是个叫花头儿，比不得平等百姓人家……虽然如此，若数着‘良贱’二字，只说娼、优、隶、卒四般为贱流，到数不着那乞丐……可见此辈虽然被人轻贱，到不比娼、优、隶、卒。”[12] 富庶如临安，乞丐也能做大发迹，挣有田地，这是同时期全国大多数地区所无可比拟的。除丐帮文化外，“三言二拍”中还勾勒了极具特色的运河沿岸青楼文化，“像杜十娘、玉堂春、赵春儿等名妓皆是色艺双全，与士人遇合，既有才子佳人之配，又能在诗文情趣上相呼应和”[13]。如《玉堂春落难逢夫》写道：“花街柳巷，绣阁朱楼。家家品竹弹丝，处处调脂弄粉。黄金买笑，无非公子王孙；红袖邀欢，都是妖姿丽色。正疑香雾弥天霭，忽听歌声别院娇。总然道学也迷魂，任是真僧须破戒。”[8] 繁华之处总是少不了声色犬马，烟花绿柳配公子王孙，因为只有当物质生活的需求被满足后，人们才会在此基础上追求尘世的形而上的享受。无论是青楼中的丝竹声悠悠还是唱词小曲的余音绕梁，都从侧面反映了运河沿岸商贸经济的发达与文化的繁荣。

“三言二拍”中对运河沿岸的节日与民俗的描写也是沿岸文化的重要反映。有盛大而寻常的元宵节、端午节，也有运河沿岸特有的节日，如清明的“吊柳七”。《张舜美灯宵得丽女》里写元宵：“太平时节元宵夜，十里灯球映月轮。多少王孙并士女，绮罗丛里尽怀春。话说东京汴梁，宋天子徽宗放灯买市，十分富盛。”[7] 再有《杨思温燕山逢故人》中：“每年上元正月十四日，车驾幸五岳观凝祥池。每常驾出，有红纱贴金烛笼二百对；元夕加以琉璃玉柱掌扇，快行客各执红纱珠珞灯笼……每年燕山市井，如东京制造，到己酉岁方成次第。当年那燕山装那鳌山，也赏元宵，士大夫百姓皆得观看。”[14] 银汉皎皎，烛笼相对，官员百姓，共赏佳节，繁盛之景不在话下。《况太守断死孩儿》中：“其时五月端五日，支助拉得贵回家，吃雄黄酒。得贵道：‘我不会吃酒，红了脸时，怕主母嗔骂！’支助道：‘不吃酒，且吃只粽子。’得贵跟支助家去，支助教浑家剥了一盘粽子，一碟糖，一碗肉，一碗鲜鱼，两双箸，两个酒杯，放在桌上。支助把酒壶便筛……道：‘吃杯雄黄酒应应时令，我这酒淡，不妨事！’”[15] 五月五，过端午，小厮与支助教雄黄酒配鲜鱼，粽子下糖，顶着被主母嗔骂的风险过着端午节。两双箸，两碗酒，碗碗相碰，都是劳苦大众过节的欢喜。而在《众名姬春风吊柳七》中：“自葬后，每年清明左右，春风骀荡，诸名姬不约而同，各备祭礼，往柳七官人坟上，挂纸钱拜扫，唤做‘吊柳七’，又唤作‘上风流家’。未曾‘吊柳七’、‘上风流冢’者，不敢到乐游原上踏青。后来成了个风俗……”[16] 词人柳永曾流寓苏杭，终日在烟花柳巷里听歌买笑，外人只道风流，未曾见歌姬与词人之间的互相赏识与一片真情。柳永亡故后众姬自发在清明前后扫拜祭奠，竟成风气，直到宋高宗南渡后，此风方止。无论是传统的元宵、端午，还是风靡一时的“吊柳七”，民俗节日的多样与繁盛都映衬着文化的多姿多彩，流动的鲜活的民俗文化之气溢然眼前。

“三言二拍”的民俗故事反映了重要的婚恋文化，体现了运河沿岸更为开放的文化观念。《单符郎全州佳偶》中：“单飞英迁授令丞。上司官每闻飞英娶娼之事，皆以为有义气；互相传说，无不加意钦敬，累荐至太常卿。春娘无子，李英生一子，春娘抱之，爱如己出。后读书登第，遂为临安名族。至今青楼传为佳话。”太长卿娶春楼娼姬，不被奚落闲话，反被视为义气之举，甚得钦佩。其子读书登第，整个家族也成为临安的名门望族。《赵春儿重旺曹家庄》中：“却说本地有个名妓，叫作赵春儿，是赵大妈的女儿。真个花娇月艳，玉润珠明……曹可成一见，就看上了，一住整月，在他家撒漫使钱。两下如胶似漆，一个愿讨，一个愿嫁，神前罚愿，灯下设盟。”[17] 名妓与地主，月下山盟海誓，冲破世俗藩篱，嫁娶凭真心。

“三言二拍”里鲜活生动的民俗故事反映了市民对尘世享乐、声名与财富的追求，对爱情自由、平等交往的愿景。这些欲望与希冀都来源于明代社会高速发展、商品经济高度发达带来的思想、个性的自由解放。恩格斯在谈论马克思对于人类历史发展规律的认识时曾说：“正像达尔文发现有机界的发展规律一样，马克思发现了人类历史的发展规律，即历来为繁茂芜杂的意识形态所掩盖着的一个简单事实：人们首先必须吃、喝、住、穿，然后才能从事政治、科学、艺术、宗教等，因而一个民族或一个时代的一定的经济发展阶段，便构成基础，人们的国家制度、法的观点、艺术以至宗教观念，就是从这个基础上发展起来的，因而，也必须由这个基础来解释，而不是像过去那样做得相反。”[18] 由此反观运河文化，这样一条由运河交通构架出的运河沿岸商贸经济带并发展出的运河文化，是农耕文明社会中开出的一支更具开放性、包容性与交流性的文化之花。

三、“三言”在英语世界的传播

1. 国外“三言”翻译综述

“三言”是最早被介绍到欧洲的中国小说之一，是中国文学走向世界的先驱。早期的“三言”译本众多，但多为单篇或零散故事的翻译，发表在各类期刊或介绍中国的书籍或中国故事选集中。早期的“三言”译本多出自外国来华人士之手，如驻华使节、商人、传教士等。他们既拥有东西方生活的背景，又是中国文化的钦慕者，因而积极向西方介绍中国古典文学。不过这一时期的外国译者大多出于个人兴趣而进行选材和翻译，具有很强的随意性和功用性。例如，耶稣会士殷宏绪（Pére d'Entrecolles）从《今古奇观》中选取两篇“三言”故事《庄子休鼓盆成大道》和《吕大郎还金完骨肉》及一篇“二拍”故事《怀私怨狠仆告主》翻译成法文，收录在杜赫德（Jean－Baptiste Du Hald）编著的《中华帝国全志》（*Description Géographique, Historique, Chronologique, Politique, et Physique de l'Empire de la Chine et de la Tartarie Chinoise*）中，1735 年由巴黎勒梅尔西埃出版社出版。“这是迄今为止可知的中国古典小说西译的起点和源头。”[19]《中华帝国全志》的第一个英文版本于 1736 年在伦敦出版，之后又有了德、意、俄等版本，在 18 世纪的欧洲风靡一时，成为欧洲人“最早接触的中国文学作品之一”。其中，殷宏绪翻译的《庄子休鼓盆成大道》故事成为法国文豪伏尔泰（Francois Marie Arouet de Voltaire）所著哲理小说《查第格》（*Zadig*）第二章的创作蓝本。他借用、改编《庄子休鼓盆成大道》抨击当时法国社会的弊政。后来，这篇故事还影响到英、德等国的作家。例如，英国作家哥尔斯密（Oliver Goldsmith）的《世界公民》（*The Citizen of the World*）也以其为蓝本进行了改编[21]。

2. 国外“三言”翻译的评介

尽管“三言”的译介起步早、海外影响较大，意义深远，但国外学界对它们的关注远少于对其他中国典籍的关注。迄今，国外对“三言”的翻译研究多散见于各个译本当中，单独发表的文章或论著相对较少。研究者往往也是译者本人，研究范围局限于译本的梳理和译文的分析、点评等，范围较为狭窄。主要研究内容概述如下：

德国作家、外交家格里泽巴赫（Eduard Griesebach）将伯奇（Samuel Birch）英译的《庄子休鼓盆成大道》（*The Impatient Widow, A Chinese Tale*）转译为《中国寡妇》（*Die chinesische Witwe*），并写了一篇题为“不忠的寡妇，一部中国小说及其在世界文学中的演变”（*Die treulose Witwe Eine chinesiche Novelle und ihre Wanderung durch die Weltliteratur*）的文章，连同译文于1873年在维也纳出版[22]。豪厄尔（E. Butts Howell）[23]在其译著《归还新娘及其他故事》（*The Restitution of the Bride and Other Stories from the Chinese*）的扉页中引用了《泰晤士报》《观察家报》《文人》《女王》《G. K周报》等英国报纸杂志对其另一部编译作品《不坚定的庄夫人及其他故事》（*The Inconstancy of Madam Chuang and Other Stories from the Chinese*）的评价，以证明这本译著在当时受欢迎和关注的程度。他还在“译者注”中列出了所收录的6篇故事的对外传播情况，并希望他的两部译著受到同样的欢迎。约翰·毕晓普（John L. Bishop）[24]的《中国白话短篇小说“三言”选集研究》（*The Colloquial Short Story in China: A Study of the San-yen Collections*）详细介绍了中国白话短篇小说发展史。在篇幅较长的“附注”中还列出了当时译成英语和其他西方语言的“三言”译本，分析了这些译本的学术贡献，也指出了译文中的一些错误。范宁（Fan Ning）在《早期白话故事》（Early Vernacular Tale）中论述了明代白话小说的主题及特性，介绍了杨宪益、戴乃迭合译的《名妓的宝箱》（*The Courtesan's Jewel Box*）一书，强调了明代白话短篇小说具有同情孤儿、寡妇、妓女、农民、小商人、工匠、社会流浪汉等各种人物的倾向。[25]安妮·麦克拉伦（McLaren A. E.）[26]在《中国的荡妇：明代短篇小说集》（*The Chinese Femme Fatale: Stories from Ming Period*）中详尽介绍、分析了中国传统中“荡妇”形象的发展与变迁，以及中国传统文学中的女性形象，有助于西方读者更好地理解作品及作品所反映的中国传统文化和道德观念。美国汉学家西里尔·伯奇（Cyril Birch，中文名字“白之”）在20世纪翻译和研究话本小说方面成绩显著，他在1948年至1960年期间集中研究话本小说，发表过《冯梦龙与〈古今小说〉》（*Feng Meng-lung and the Ku-chin Hsiao-shuo*）、《〈古今小说〉考评》（*Ku-chin Hsiao-shuo: A Critical Examination*）（包括《古今小说》的译文）等论文。1958年，白之选译的《明代短篇小说选》（*Stories from a Ming Collection*）由伦敦博德莱·希德出版社出版。此书译有“三言”中的6篇故事，每篇译文前都有译者对原作内容的简介和短评，书前有译者导言，分析故事情节的设计和人物性格的刻画及这些故事在文学史上的作用等。“白之的评论颇有独到之处，译文也流畅可读，能传达原作风貌，颇得西方学者的好评。”[27] 王丽娜也认为，“伯奇译本流畅可读，生动有趣，能传达原著的风貌，西方学者有较高的评价”[25]。

世纪之交，“三言”迎来第一部英文全译本，即杨曙辉及其夫人杨韵琴合译的《古今小说》（*Story Old and New*）、《警世通言》（*Stories to Caution the World*）和《醒世恒言》（*Stories to Awaken the World*），分别于2000年、2005年和2009年由美国华盛顿大学出版社出版，填补了“三言”传播史上的一个空白。译者之一杨曙辉，美籍华人学者，美国贝茨大学中国文学教授。另一位译者杨韵琴，幼承庭训，攻读英文。

两位译者之所以选择翻译“三言”，是源于对“三言”的研究兴趣，对冯梦龙写作目的、文学技巧、语言风格的认同和喜爱，当然也出于对实际教学需要的体察，以及向美国读者介绍中国经典的热情。如傅雷所言：“如果译者不深刻地理解、体会与感受原作，绝不可能叫读者理解、体会与感受。”杨曙辉教授的博士学位论文题为 *Storytelling and Ventriloquism: The Voice of a Literatus in the Sanyan Collections*，比较研究了冯梦龙与英国小说先驱笛福（Daniel Defoe）；其专著 *Appropriation and Representation: Feng Menglong and the Chinese Vernacular Story* 于1998年由密执安大学中国研究中心出版，是目前为止关于冯梦龙和“三言”研究的唯一一部英文专著。他在译本 *Stories Old and New: A Ming Dynasty Collection* 近30页的前言中除了介绍原著作者冯梦龙的身世背景、个性特点外，还讨论了原著中眉批的重要性、小说两两配对的用意、“说话人”艺术手法的本质和价值，评价了冯梦龙的文学成就及“三言”对后世小说的影响，同时介绍了“三言”在西方的译介和研究概况。这些内容不但具有重要的学术价值，而且为读者提供了探寻翻译过程、翻译思想的线索。

陈陈在与王惠民合作翻译的《卖油郎独占花魁——明朝故事集》[28]（*The Oil Vendor and the Courtesan: Tales from the Ming Dynasty*）的前言中，介绍了他们翻译的初衷、目标读者、选取这些故事的原因、翻译过程中的一些感受及合作模式等，并建议有志于中国文学研究的学者应以中文原版为基础，因为好的文学翻译不应该是一字不差地逐字翻译。这部译著的末尾还列出了几位学者阅读译著手稿后的感受和评价。明尼苏达大学教授刘春桥说：“……他们（译者）极为恰当地翻译再现了原著故事那扣人心弦、简明扼要的叙事风格。它令汉学家和普通读者都兴奋不已，仿佛去到一个在时间和空间上都非常遥远的国度，开展一次神奇的旅行。”[28]附录 纽约大学教授安吉拉·兹图（Angela Zito）评价道："你即将打开一本精彩绝伦，具有丰富思想内涵'立体'书。生活在十七世纪的文人、僧侣、商人、童男处女，还有法官与你同处一室。你可以耳濡目染他们生活的方方面面，从他们穿着的丝绸服装到喧嚣的市井。这些翻译得干净利落的中国明朝故事将温文尔雅的世界性文化一一再现。"[28]附录 新泽西州拉马波学院的克利福德·彼得森（Clifford E. Peterson）教授评价道："这些令人形象深刻的译文及所选故事使所有读者——无论是初次接触这些作品的新人还是经验丰富的学者——都期待他们将来能翻译更多这样的故事。《卖油郎独占花魁》不仅开启了了解明朝（以及宋朝）时期中华文明的独特窗口，而且激发人们洞察那些时至今日仍经久不衰的主题和价值观。"[28]附录

四、"三言"对大运河文化建设的当代价值

在空运、陆路交通迅速发展的今天，京杭大运河在商贸运输方面虽不复当年盛况，但它作为融会中华文化的载体，被赋予了更多的文化价值。国家更是大力推进大运河文化带项目的建设，对内将运河沿岸传统文化有机结合，对外沟通海上丝绸之路，促进国内外优秀文化的融合。对"三言"中运河故事的梳理，对"三言"中大运河文化的研究，能够进一步丰富大运河文化的内涵，在文化宣传、旅游资源建设等方面对推进大运河文化建具有重要意义。

"文旅融合发展已是时代大趋势，打造以运河文化为主线的旅游景点，彰显旅游资源除休闲娱乐等功能以外的文化教育功能，而旅游资源也为文化体验提供条件。"[19] 设立与"三言"中运河故事相关的体验馆、展览馆，利用现代科技将运河故事场景化，使千年运河以全新的形式呈现，焕发出全新的生命力。同时，这类体验馆与当下流行的娱乐方式相近，能够成为承载运河记忆的魅力场所，吸引更多年轻人的目光。此外，对"三言"中运河故事的翻译研究能够扩充运河文化内涵，为当下文化旅游增添全新的文化体验。在大运河沿岸的古镇古城等旅游资源中，加入以大运河文化为内核的体验项目，如传统饮食的制作、展现民俗文化的节日策划项目等，则能进一步增强文化体验感。

当下，运河文化传承的主要方式仍为诗词歌赋、地方戏曲等传统文学艺术形式，传统形式可以借助现代技术来呈现，例如借助新媒体和互联网，将运河文化从线上推广开来，而译介与传播也是其中必不可少的环节。"三

言”中的运河故事也在文化传播中起到文化依托、文化载体的作用。可以将“三言”运河故事作为运河文化表现的形式与内容，将运河文化以大众所喜闻乐见的娱乐方式展现。如将“三言”运河故事舞台化、影视化，打造为运河文化宣传点，以具体形象加深大众的运河文化印象。舞台剧《遇见大运河》讲述大运河的故事，展现运河文化特色，让世界认识到了大运河的魅力。这一成功案例也佐证了时代化宣传的可行性。同时，充分利用社交媒体，加大对“三言”运河故事的宣传力度，使运河文化更加贴近民众生活。文化产业在推广发展运河文化的过程中产生的不仅仅是商业价值，更多的是为作为文化之源的中华传统文化注入新的活水，使这沧浪之水鲜活澎湃，滋养灌溉千秋万代，流淌得更广更远。

五、结语

“三言”从多角度、多层次展现了运河文化这朵农耕社会中开出的更具开放性、包容性和交流性的文化之花的风姿，而将“三言”与京杭大运河镇江段相结合的研究是对二者关系的一次系统梳理。追寻“三言”中所蕴含的运河文化及运河沿岸的民俗风情，有利于还原历史，挖掘运河文化对文学创作的滋养，同时也是响应国家大力挖掘和整理大运河文化遗产的有效尝试。本文以中国古典文学“三言”系列丛书为基础，以运河交通—运河商贸经济—运河市井、民俗及婚恋观念文化为线索，探求出“三言”与运河文化的关系，进一步厘清运河文化特征，站在新时代的起点上展望大运河新的历史使命。希望本文能为“三言”与大运河文化的相关研究提供新的思路和观点。

参考文献：

［1］李俞羫、郭圻. 习近平讲述的故事：好官冯梦龙.［EB/OL］.（2019-10-09）http：//www. xinhuanet. com/video/2019-10/09/c_ 1210305339. htm.

［2］凌濛初. 二刻拍案惊奇［M］. 北京：民主与建设出版社，2017.

［3］抱瓮老人. 今古奇观［M］. 上海：上海古籍出版社，2005.

［4］陈大康. 古代小说研究及方法［M］. 北京：中华书局，2006：95.

［5］郎娟娟. 从“三言二拍”看明代市民文学的特色［J］. 绵阳师范学院学报，2018，37（12）：99-103.

［6］苗菁."三言二拍"中的明代故事与京杭大运河［J］.明清小说研究，2018（1）：106-114.

［7］冯梦龙.喻世明言［M］.北京：中华书局，2009.

［8］冯梦龙.警世通言［M］.哈尔滨：北方文艺出版社，2013.

［9］冯梦龙.醒世明言［M］.北京：中国画报出版社，2013：40.

［10］冯梦龙.警世通言［M］.哈尔滨：北方文艺出版社，2013：125.

［11］凌濛初.初刻拍案惊奇［M］.哈尔滨：北方文艺出版社，2013.

［12］冯梦龙.喻世明言［M］.北京：中华书局，2009：285.

［13］蔡莹.略论"三言二拍"中的士妓关系［J］.文化与传播，2017：30-33.

［14］冯梦龙.喻世明言［M］.北京：中华书局，2009：232.

［15］冯梦龙.警世通言［M］.哈尔滨：北方文艺出版社，2013：294.

［16］冯梦龙.喻世明言［M］.北京：中华书局，2009：117.

［17］冯梦龙.警世通言［M］.哈尔滨：北方文艺出版社，2013：232.

［18］中共中央马克思恩格斯斯大林著作编译局.马克思恩格斯选集（第三卷）［M］.北京：人民出版社，1995.

［19］陈婷婷.今古奇观：中国文学走向世界最早的典范与启示［J］.安徽大学学报（哲学社会科学版），2013（4）：44.

［20］李新庭.明清传教士与冯梦龙"三言"在西方的传播［J］.福建师范大学学报（哲学社会科学版），2010（6）：64-76.

［21］宋柏年.中国古典文学在国外［M］.北京：北京语言学院出版社，1994.

［22］卫茂平.《今古奇观》在德国［J］.寻根，2008（3）：44-49.

［23］HOWEII E B. The Restitution of the Bride and Other Stories from the Chinese［M］. London：T. Werner Laurie Ltd.，1926.

［24］BISHOP J L. The Colloquial Short Story in China：A Study of the San-yen Collections［M］. Cambridge：Harvard University Press. 1956.

［25］王丽娜.中国古典小说戏曲名著在国外［M］.上海：学林出版社，1988：206.

［26］MCLAREN A E. The Chinese Femme Fatale：Stories from Ming Period

［M］. Sydney：Wild Peony Pty Ltd.，1994.

［27］马祖毅，任荣珍. 汉籍外译史（修订本）［M］. 武汉：湖北教育出版社，2003：261.

［28］WANG T，CHEN C. The Oil Vendor and the Courtesan：Tales from the Ming Dynasty［M］. New York：Welcome Rain Publishers，2007.

［29］侯兵，张慧. 基于区域协同视角的大运河文化旅游品牌体系构建研究——兼论“千年运河”文化旅游品牌建设思路［J］. 扬州大学学报（人文社会科学版），2019，23（5）：81-92.

价值意义传承

大运河文化带视域下的镇江旅游意象研究

沙春发* 杨 嫣* 董佳丽 龚圆圆

2014年6月22日，“中国大运河”项目在第38届世界遗产大会上入选世界文化遗产名录，成为中国第46个世界遗产项目。随着大运河申遗成功，运河文化的传承与发扬得到了国家和全社会的广泛关注。2017年6月，习近平总书记指出，“大运河是祖先留给我们的宝贵遗产，是流动的文化，要统筹保护好、传承好、利用好”[1]。2019年2月，中共中央办公厅、国务院办公厅出台的《大运河文化保护传承利用规划纲要》指出，要发挥镇江、扬州连通京杭大运河和长江的重要支点作用，促进区域间航运互通、旅游协作、人文交往。镇江市委、市政府认真贯彻落实习近平总书记重要指示精神和中央文件精神，大力推进大运河文化带建设。

旅游意象是个人对目的地持有的信仰、观念和印象的总和。[2] 旅游意象对于了解旅游者心理及旅游动机、评价和预测旅游者行为、帮助城市进行旅游定位及旅游宣传等具有重要意义。[3] 目前，镇江大运河文化传播主要存在内容主次不清、策略不明及城市特色缺乏等问题。本文通过文本挖掘、卡片分类等方法尝试建立有次序、有层级的旅游意象，打造镇江大运河文化旅游意象特色，并将之运用于设计实践。

一、大运河镇江段的起源和发展

镇江地处江苏中部，长江南岸。殷商时期，此处属于天下九州中的“扬州”。春秋时期，吴人名此地“朱方”。战国时期，楚人称之为“谷阳”。秦发三千囚徒凿通京岘山，得名“丹徒”。东吴孙权将都城由姑苏迁

* 沙春发，1982年生，江苏淮安人，博士，副教授，硕士生导师，主要研究方向为工业设计、消费者认知及偏好研究。杨嫣，1997年生，江苏常州人，硕士研究生，主要研究方向为传统文化传播、消费者认知研究。

至丹徒，筑“京城”，一名“铁瓮城”，又称“徐陵”“京口”“京江”。南朝北地士族迁居于此，置“南徐州”。隋唐改置“润州”，北宋徽宗政和年间，升润州为“镇江府”，此名称沿用至今。

堪称古城镇江“坐标”的大运河的开凿通航已有2200多年（表1）。镇江是中国最早开凿运河的地区之一，也是京杭大运河南段（即江南运河，北起江苏镇江，南至浙江杭州，隋炀帝时期形成）的通江口。[4] 先秦开凿的“徒阳运河”，又名“丹徒水道”，是江南运河北段通江河道的雏形，它将长江水系与太湖流域沟通起来，加强了中原与东南地区的联系。

表1　镇江大运河的发展脉络

朝代	大运河发展时期	发展特征
秦	肇始期	镇江境内第一条人工运河丹徒水道的开凿
三国至南北朝	发展期	汉末以降，南方经济快速发展，东吴政权在镇江定都，故又称为“京口”
隋唐宋	成熟期	隋炀帝修筑的江南运河成为我国东南地区的一条重要航道。治理后的江南运河“可通龙舟”，镇江成为漕运枢纽之一。唐代，江南运河镇江段水浅难以济运，润州刺史修治练湖，练湖成为江南运河北段稳定的水源补给地。两宋时期，由于江南运河的京口逐渐为泥沙淤塞，对江南运河进行了必要的疏浚
元明清	完备—衰落期	明政府设有专门机关管理运河事务，保证经常疏浚运河河道，修筑堤坝间堰

镇江是一座港口城市，曾有“银码头”之称，是长江下游重要的交通枢纽。长江和大运河在这里交汇，构成了国内最大的黄金十字水道，镇江成为“契合黄河流域与长江流域之锁联”[5]。溯长江而上直达芜湖、九江、武汉、重庆，下行300公里即出海通洋；沿运河南下经常州、无锡、苏州可抵杭嘉湖平原，北上过扬州、淮安则通冀鲁大地。[6] 这些历史的因缘际会，中西文化在这里碰撞和融合，促进了民族融合和中外文化沟通、交流，形成海纳百川、开放包容的城市性格。此外，舟楫之便、山水之胜、物产之丰吸引着不计其数的文人学者、富商巨贾、达官显宦来到镇江，使镇江形成了文化多元、人才荟萃的城市人文优势。

自中唐始，镇江便为漕运咽喉。宋元以后，镇江城市地位更加突出，成为南北要冲。史料记载，唐代以来，经过镇江的漕粮占全国50%以上，南宋时，镇江更是承担了全国近七成漕粮的中转重任。2009年在如意江南小区附近挖掘发现的宋元粮仓，就以实物遗址的形式证明了镇江历史上漕运的兴盛之况。历史上，古运河在镇江段的最早入江口是徒儿浦，后又先后有五处入江口，自西向东分别为大京口、小京口（新河口）、甘露口、丹徒口和谏壁口（越河口）。[5] 徒儿浦为秦始皇所废。民国初年，甘露口又淤塞。20 世纪 30 年代，大京口被填筑为路。其他三处至今仍通江。其中谏壁口在中华人民共和国成立后经多次浚治，已成为苏南运河的主要入江水道。

二、镇江大运河的现状研究

（一）镇江大运河的建设现状

目前，大运河镇江段主要包括大运河镇江城区段（全长 16.69 公里，西起平政桥，东至金港运河大桥北面与京杭大运河交汇，目前已不通航，也称为“古运河”）、丹徒闸外引河（全长 0.8 公里，丹徒闸至长江入江口）、大运河镇江至常州段（全长 42.61 公里，目前是大运河主航道）。市内有不承担航运职能的古运河 16.69 公里，起于长江入口平政桥，终于谏壁三岔口。现今的京杭大运河镇江段是江南运河中运量最大的河段，也是沟通运河南北的重要枢纽之一。大运河镇江段文化遗产目前主要包括水利工程遗产 45 处、聚落遗产 8 处，其他物质文化遗产 23 处（如丹阳市的万善塔与海会寺、京口区的梦溪园等），共计 76 处[7]。其中属于全国重点文物保护单位的有西津渡古街、宋元粮仓遗址、昭关石塔、镇江英国领事馆旧址、江河交汇处、虎踞桥、新河街、丹阳南朝陵墓石刻（陵口段）、丹阳葛城遗址等。另有省级、市级、县级文物保护单位若干，这些都是镇江打造大运河旅游城市名片的优势所在。

20 世纪 90 年代，镇江市委、市政府对古运河实施综合整治，并用十年的时间实施了古运河上段整治工程。2010 年起，对古运河中段进行综合整治，至 2013 年已完成中段周家河口—经十四路的河道整治。在上、中段部分完成整治之际，下段同时完成整治方案编制。古运河将形成“上段—古韵之河、中段—休闲之河、下段—生态之河”的三大特色河段。镇江市水利局相关人士表示，悠悠流淌千年的古运河，河道功能已发生根本转变，如今成为以文化娱乐、亲水休闲、旅游观光为主，兼具行洪、排涝等防汛任务，以及连通水体、调蓄水量的城市河道服务功能。现在，江苏正在实施苏南运河四级航道升三级航道工程，江南运河正向着现代化、生态化、信息化、航运高速化迈进。镇江市大运河文化带建设研究中心针对大力推进大运河国家文化公园镇江主城片区提出建议，主城区公园建设要充分展示江南运河镇江段的地域特色，以第一凸显唯一，以唯一彰显魅力，打造并叫响“江南运河第一渡”“江南运河第一闸”“江南运河第一关”“江南运河第一城”四个镇江大运河文化特色品牌。

（二）镇江大运河的研究现状

1. 镇江大运河的文献分析

使用 CiteSpace 对相关的研究论文进行关键词词频分析，查询镇江大运河学术研究现状，见表 2。由表 2 可知：一方面，镇江大运河文化研究的基础文献较少，镇江作为运河城市的独立研究不足；另一方面，研究较为分散，主要集中于遗产保护、旅游开发、文旅融合及地域文化的研究。总的来说，目前研究缺乏对镇江文化资源系统的梳理和分析，缺少对镇江城市特色的发掘和探讨。

表 2　镇江大运河相关论文关键词词频

序号	关键词	词频（次）
01	大运河	18
02	京杭大运河	13
03	镇江	11
04	江南运河	10
05	古运河	5
06	叙事设计	4
07	江苏段	4
08	大运河文化带建设	3
09	大运河文化带	3
10	京杭运河	3
11	遗产保护	2
12	城市特色	2
13	遗产廊道	2
14	纪念性空间	2
15	情感体验	2
16	京口闸遗址	2
17	景观设计	2

续表

序号	关键词	词频（次）
18	文化遗产	2
19	宋代	2
20	城市发展	2
21	大运河文化	2
22	保护策略	2
23	沿线城市	2
24	水利风景区	2
25	地域文化	2
26	镇江市	2
27	大运河经济带	1
28	南京都市圈	1
29	城市山林	1
30	聚落形态	1

2. 文本挖掘

采用网络文本挖掘法分析媒体推送的权威性较高的文章，分析镇江大运河在主流媒体、自媒体、旅游网站等中获得的关注情况。网络文本挖掘具有数据量大、不受主观认知和环境的限制的优势，通过该方法可以了解目前镇江大运河文化研究的热点及现状。

通过大数据挖掘技术获取与镇江大运河文化有关的微信公众号文章，共计 108 篇，人工筛除重复的、不相干的、内容过短的，以及社会新闻活动等内容，最终得到 36 篇文章，文本内容共计 90179 字。微信公众号主要包括文旅镇江、江苏政协、镇江市高等专科学校、运河网、京江晚报、金山网等镇江市政府部门、地方高校和相关主流媒体的公众平台。基于专家访谈、用户调研获取的基础知识，对文本内容进行去除停用词、二次分词、统计词频等处理，最终得到镇江大运河文化的词云图（图 1）。词云图涵盖了相关文化资源、镇江大运河特征，以及围绕其开展的主要工作。根据词云图可知，镇江大运河文化传承和保护工作的重点及未来发展的方向：西津渡、谏壁、京口闸等是镇江大运河文化建设中比较重要的文化资源；历史、文化、遗址、发展、保护是建设镇江大运河文化带需要紧紧围绕的关键词；长江、古运河、京杭大运河、江南运河皆为大运河镇江段的重要组成部分；长江入口、漕运、船舶为镇江大运河文化的主要意象。

图 1　镇江大运河文化词云图

三、大运河镇江段文化资源的整理和分类

（一）镇江大运河文化的基本内容

文化资源分类的前提和基础是深刻认识和把握分类对象的内涵及属性特征。因此，要对镇江大运河文化资源进行分类，必须理解和把握镇江大运河文化的内涵及属性特征。镇江是大运河与长江的交汇点，大运河镇江段最大的资源特色和文化价值表现为四个方面：第一，江河交汇——交融共生的交通枢纽战略要地。大运河镇江段位于京杭大运河与长江的交汇处，是江南运河的起点。自秦代以来，入江口历经五次变迁。凭借长江之险与大运河之利，镇江成为历史上重要的交通枢纽和战略要地，由此产生影响全国的漕运文化、津渡文化、军事文化和宗教文化等。第二，江南屋脊——江南运河济运工程的重要案例。大运河镇江段地势较高，特别是丹徒段，被誉为“江南运河屋脊”。历史上创造性地提出“埭”的水工方案，

并衍生出练湖、堰闸和京口澳闸等多种水工科技形式，现在又建设了谏壁水利枢纽。这些都在大运河的水运水利史上有着重要地位。第三，山水文化——山水人文情怀的杰出代表。镇江北部为长江，其余三面是连接起伏的丘陵，多变的地势造就了曲折的运河。镇江特有的山水文化吸引了众多文人墨客，留下了许多诗词歌赋和故事传说。第四，城河相依——运河沿线城镇聚落的发展推力。缘于不同朝代的不同发展需求，大运河镇江段在主河道两侧衍生出众多支系水网，持续推动了众多城镇聚落的形成和发展，相互伴生，共生共荣，形成了河与城联动发展的典范。

镇江大运河文化的种类多元、内容丰富，主要包括漕运文化、商贸文化、建筑文化、军事文化、山水文化、慈善文化、宗教文化、民俗文化等（表3），这些文化相互影响、交融。

表3　镇江大运河文化类型及其内涵

文化类型	形成原因	内涵
漕运文化	南粮北运，保证京师粮食安全，全国各地货物在镇江汇聚、流通	国家至上、顾全大局的爱国主义精神
商贸文化	明代南方的纸张通过大运河北运、名为“扣布”的棉布在镇江转运，南方的各种粮食作物、丝麻织品、茶叶、笔墨纸张、桐油、各色水果等北运，北方的红枣、蜜枣、柿饼、胡桃、芝麻、麻油等南运	开门迎客，公平买卖，守法经营，镇江人民恪守诚实守信的经营理念和修身准则
建筑文化	京杭大运河的开凿和运营，镇江的对外开埠，保存了最完整的租界、西洋建筑群、水工设施、明清建筑及寺庙	自然相融、南北交融、因地制宜、中西结合
军事文化	宋金之战、鸦片战争，镇江由于独特的地理位置成为历代的战略要地	镇江军民打击列强、英勇顽强的爱国精神
山水文化	“城市山林，大江风貌”，沿岸历史遗迹丰富	寄情山水的隐逸精神、乐善好施的民风
慈善文化	“镇江之民，一逢旱涝之灾，虽家近中人之产，无不捐赈”，南宋秣陵关总镇贡祖文冒死保护岳飞之子，京口救生会	大爱之城、乐善好施、急公好义、守望相助、和谐共处、追求大同
民俗文化	独具特色的传说故事、工艺技术、音乐歌曲等，有白娘子传说等民间故事，有乱针绣、扬中竹编、上党挑花、泥塑（太平泥叫叫）等传统工艺，有天鹅绒织造、镇江肴肉制作等传统技艺	勤劳智慧、真善美

镇江交通枢纽地位的确立始于隋朝。隋唐以后，运河被赋予了运输漕粮的使命。安史之乱后出现“当今赋出于天下，江南居十九”的局面，南粮北运成为定制，史称“漕运”[8]。“漕运”是指由国家直接管理并负责的一项通过水路把税粮等物运达京师或其他指定地方的重大工作[9]，是中国古代一个特有的经济现象。在漕粮运输基础上形成的漕运文化蕴含着国家至上、顾全大局的爱国主义精神实质，深刻影响了大运河沿岸人民的精神世界。镇江商业的兴起繁荣与大运河的开通运营紧密相关。“至明代，镇江府已成为全国 33 个重点城市之一”[10]，城中形成众多的街市，如大市、小市、米市、马市、菜市等。“镇江商业，在昔最著称者，为钱、木、绸布、江绸、江广为大业。”[11] 来自全国各地的商人寄居镇江经商。此外，由于“江河咽喉”“南北要津”“东南锁匙”的地理位置，镇江自古乃是兵家必争之地。从东晋时期“酒可饮、兵可用”的北府兵，到唐代设置的镇海军，再到宋代的镇江军驻地，各个朝代在镇江驻扎了庞大的精锐军队。扼守长江天险，东南安危系于此地。在镇江大运河上发生的多次重要战争，甚至直接影响中国历史的进程。第一次鸦片战争中的西门桥之战是一场惨烈之役，镇江军民在大运河畔顽强抵抗英国侵略者的入侵，气贯长虹。隋朝京杭大运河开通后，人们从江南运河到邗沟必须渡过波涛汹涌的长江。由于渡船条件有限，兼之天气多变，渡江之人每每遇险，丧失钱财甚至丢掉性命。乐善好施、急公好义的镇江人民组织了京口救生会，义务救助遇险的行人。京口救生会的历史可追溯到南宋乾道年间（1165—1173），是带有慈善性质的水上安全救助机构，是“世界上最早的专业人命救助机构”[12]。

大运河镇江段现存大量航道、水利工程、航运相关建筑设施等不可移动文物。在京杭大运河开凿和运营过程中，人类创造的具有历史、艺术和科学价值的水利工程建筑物分为七类：堤、坝、闸（包括水闸、船闸、节制闸）、桥梁、涵洞、码头（含渡口）、水利枢纽等。除此以外，大运河沿岸也保留了其他一些历史遗迹，如唐宋以来的青石街道、元明的石塔、晚清的楼阁、民国的租界建筑。

镇江具有独特的地理位置、便利的交通条件、乐善好施的民风，在漫长的历史演化过程中，镇江人民创造出独具特色的传说故事、工艺技术、音乐歌曲等。历代文化名人与镇江结下不解之缘，留下传诵千古的不朽名篇。唐代的李白、李绅、杜牧，宋代的王安石、苏东坡、范仲淹、辛弃疾、陆游、文天祥，明代的杨一清、顾炎武、唐寅，清代的笪重光、张玉书、郑板桥、林则徐、龚自珍、魏源等，都曾游历镇江或在镇江为官，留下了脍炙人口的名篇佳作，增加了这座文化之都的历史积淀。

（二）镇江大运河文化资源的分类

对于文化资源的概念，许多学者都提出了自己的观点。孙继琼将文化资源定义为人们在文化生产和文化活动中所利用的，能为其带来收益并能够促进文化生产和文化经济发展的各种资源综合。[13] 陈炎将文化资源看作是文化的同义词，提出文化也是资源。[14] 对于文化资源的分类，虽然目前学术研究领域尚无定论，但是大部分学者都注意到了文化资源中的物质层面（具象）和精神层面（抽象）。运河的无形文化由人们在社会实践和意识活动中长期孕育出来的价值观、审美情趣、思维方式等因素构成。[15] 黄银花、赵仕奇把运河文化分为显型的和隐型的两种，大运河文化广场、清江浦、码头、船厂、漕运总督等是运河的显型文化[16]。刘玉平提出城市建筑是运河文化研究的重要内容，并且进一步阐述民俗文化、饮食文化、民间工艺、文学艺术等均是运河文化研究的重要内容[17]。镇江大运河文化遗存众多，需要更加科学及合理的分类方式。

本文试图通过主题分类的方法对镇江大运河相关的文化资源进行整理和分类。首先，将图 1 中获取的和镇江大运河文化相关的词汇进行初步整理和筛选（表 4），获得词频排名前 70 的主题词；然后，邀请 20 个被试者（包括专家及镇江本地人）对这 70 个主题词进行卡片分类归纳，使用 Optimal Workshop 采集卡片分类的结果，作为镇江大运河文化分类的提供依据。

表 4　镇江大运河文化相关词汇（部分）

关键词	词频（次）	频率
漕运	56	0. 29%
船舶	55	0. 29%
码头	39	0. 20%
河道	39	0. 20%
漕粮	34	0. 18%
航道	31	0. 16%
水利	28	0. 15%
旅游	26	0. 13%

续表

关键词	词频（次）	频率
生态	25	0. 13%
建筑	24	0. 12%
海关	24	0. 12%
船闸	23	0. 12%
渡口	21	0. 11%
河段	20	0. 10%
地理位置	20	0. 10%
军事	19	0. 10%
镇江菜	18	0. 09%
江河	15	0. 08%
粮食	14	0. 07%
街区	14	0. 07%
古街	14	0. 07%
饮食	13	0. 07%
货物	13	0. 07%
港口	13	0. 07%
航行	12	0. 06%
漕河	12	0. 06%
漕船	12	0. 06%
文物	11	0. 06%
街道	11	0. 06%
古城	11	0. 06%

根据上述研究结果，最终将镇江大运河文化资源划分为四大类（图 2），其中，城市山水中包含了河流生态、地形位置、旅游风景、城镇聚落、桥梁道路等，民俗文学中包含了饮食风味、文人墨客、诗词歌赋、传说典故、文物古迹、宗教信仰、民间工艺等，战争历史中包含了军粮军队、抗战英雄、租界条约、朝代君王、纪念碑、纪念馆等，漕运商贸中包含了水工设施、粮仓码头、通商口岸、海关贸易等。

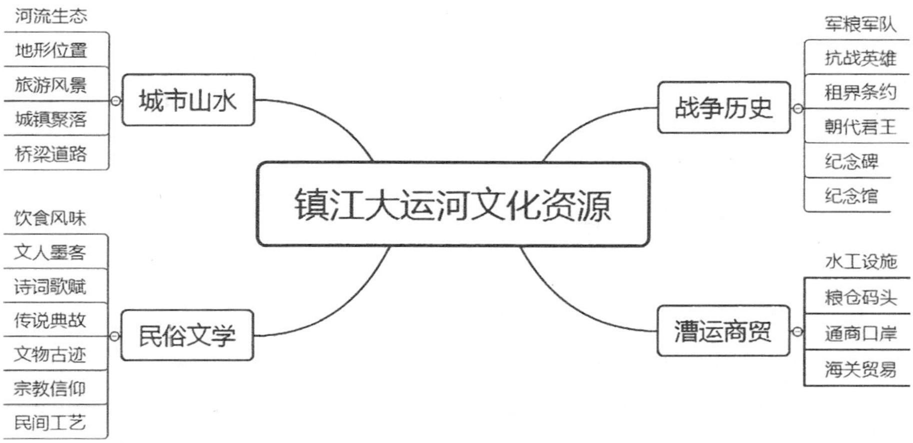

图 2　镇江大运河文化资源分类

四、镇江旅游意象的获取

（一）旅游意象的研究方法

本文对镇江大运河文化资源进行整理的同时，以内容分析法（content analysis）为主要研究方法，基于用户研究挖掘相关文化及旅游意象。内容分析法是根据所选取文献内容进行客观、系统定量描述的研究方法[18]，在旅游目的地形象及游客感知等问题的研究中受到不少学者的认可和采纳，其合理性、有效性得到了验证。与调查问卷等相比，网络文本内容更加丰富，获取途径更加便捷，文本内容大多为游客自身真情实感，干扰因素较少，能更加真实地反映游客感受。本文通过对网络文本的内容进行分析，将所收集的不系统的文本转化为系统的数据资料，采用“集搜客”“结巴分词”等软件对所选文本进行分词，并进行词频分析、情感分析等，将定量与定性研究相结合，提高研究结果的可靠性。

（二）数据来源及获取

目前，携程旅行网是国内访问量最大的在线旅游经营商。携程旅行网成功整合了高科技产业与传统旅游行业，向超过 9000 万会员提供集酒店预订、机票预订、度假预订、商旅管理、特惠商户及旅游资讯在内的全方位旅行服务。首先，本文笔者以“镇江”为关键词搜索携程旅行网的“旅游攻略”模块，得到 2449 篇近一年的旅游者游记。然后，保留浏览量超过

4000人次的有关镇江的游记，共242篇。浏览量高可以保证游记内容的可靠性、可参考性。最后，手动去除出现不相干城市、文字内容过少的文章，筛选掉和镇江无关的内容、无意义的内容，获得有效文章94篇，共369525个字。

五、旅游意象的获取结果分析

（一）整体意象评估和传播策略定位

本文中，旅游意象的评估主要指文化资源普及度的评估，评估依据为词频。由于文化具有有形和无形之分，所以对旅游意象进行整理时，将意象分为具象的认知意象及抽象的感性意象。选取网络文本词频前200的意象词汇，根据上文文化资源的整理，将具象的认知意象词汇归纳到四种文化类型下（表5至表8）。若描述某种文化资源的意象词汇越多，则证明该文化的普及度越高。

表5　认知意象词汇（城市山水）

意象词汇	词频（次）	频率
焦山	913	1.10%
金山	808	0.98%
北固山	512	0.62%
茅山	492	0.59%
古街	466	0.56%
金山寺	399	0.48%
南山	268	0.32%
建筑	241	0.29%
景点	231	0.28%
火车站	181	0.22%
石塔	145	0.18%
甘露禅寺	124	0.15%
三山	122	0.15%
风景	111	0.13%
寺庙	98	0.12%
酒楼	97	0.12%

续表

意象词汇	词频（次）	频率
定慧寺	96	0.12%
昭关	85	0.10%
句容	82	0.10%
江山	76	0.09%

表 6　认知意象词汇（民俗文学）

意象词汇	词频（次）	频率
锅盖	386	0.47%
博物馆	323	0.39%
美食	135	0.16%
味道	109	0.13%
书法	92	0.11%
碑林	90	0.11%
刘备	90	0.11%
法海	77	0.09%
红木	77	0.09%
香醋	73	0.09%
面馆	72	0.09%
乾隆	71	0.09%
米芾	70	0.08%
肴肉	70	0.08%
石刻	66	0.08%
白娘子	62	0.07%
水漫金山	59	0.07%
道教	58	0.07%
面条	57	0.07%
汤包	55	0.07%
火锅	53	0.06%

表 7　认知意象词汇（战争历史）

意象词汇	词频（次）	频率
三国	127	0. 15%
瓜洲	88	0. 11%
炮台	81	0. 10%
纪念碑	67	0. 08%
东吴	66	0. 08%
皇帝	65	0. 08%
新四军	62	0. 07%
唐代	56	0. 07%
清代	53	0. 06%
宋代	52	0. 06%
明清	51	0. 06%
六朝	45	0. 05%
纪念馆	42	0. 05%
东晋	42	0. 05%
元代	36	0. 04%
乾隆皇帝	36	0. 04%
胜利	35	0. 04%

表 8　认知意象词汇（漕运商贸）

意象词汇	词频（次）	频率
津渡	1049	1. 27%
长江	269	0. 32%
江南	219	0. 26%
古渡	163	0. 20%
码头	122	0. 15%
渡口	100	0. 12%
京口	72	0. 09%
救生	52	0. 06%
渡亭	36	0. 04%

根据研究结果，可以发现游客认知的镇江意象多为城市山水类，对镇江的漕运商贸则了解得比较少（图3）；整理所有抽象感性意象词汇（表9），可以发现游客对镇江的整体感受是积极正面的，对饮食文化和建筑文化的评价较多。本文最终选择对城市山水文化进行更进一步的挖掘和分析。

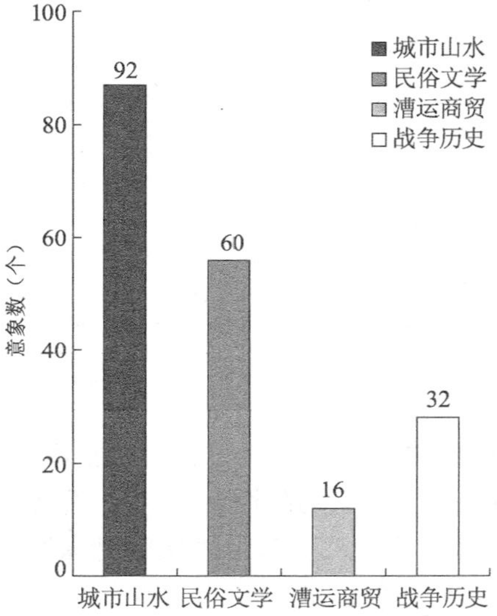

图3　镇江文化资源意象认知排序

表9　感性意象词汇

意象词汇	词频（次）	频率
不错	151	0.18%
天下第一	92	0.11%
好吃	47	0.06%
天然	44	0.05%
精致	39	0.05%
古色古香	37	0.04%
完好	36	0.04%
美丽	34	0.04%
美味	34	0.04%
鲜美	33	0.04%
古朴	32	0.04%

续表

意象词汇	词频（次）	频率
便宜	31	0.04%
安静	31	0.04%
遗憾	31	0.04%
清新	31	0.04%
神奇	29	0.04%
壮观	28	0.03%
典雅	27	0.03%
文艺	27	0.03%
舒服	26	0.03%

（二）认知意象词汇解读和分析

根据上述研究成果，抽取与大运河文化息息相关的城市山水文化主题认知意象词汇（图4）。基于词频排序选择24个意象词汇，分别对这24个认知意象词汇进行解读（表10）。焦山风景区是国家AAAAA级旅游景区，系“镇江三山”（另两个是金山和北固山）名胜之一，以山水天成、古朴幽雅闻名于世。其碧波环抱、林木蓊郁、绿草如茵、满山苍翠，宛然碧玉浮江，是万里长江中唯一四面环水的游览岛屿，正所谓“万川东注，一岛中立”，有江南“水上公园”之喻，被誉为“江中浮玉”。山高70.7米，周长2000余米，因东汉焦光隐居山中而得名。身临其境，确有“砥柱中流”之感，好似登上普陀仙岛。焦山行宫是清乾隆皇帝南巡时下榻最多的地方。《焦山志》载，乾隆皇帝十分喜爱焦山的山水，他六下江南，八上焦山，五次入住焦山，并留下大量的诗词楹联匾额。据史书记载，焦山行宫于乾隆二十六年（1761）建成，有焦山行宫、东行宫、上行宫三个部分，因战火先后被毁。现焦山行宫是在自然庵和五圣庵旧址上改建而成的，为典型的江南小庭院，有船亭、北极阁、黄叶楼、梅花楼、画禅山房、文殊阁、梦焦山仙馆、观澜阁等建筑，空间布局独特，层次富于变化，为典型的江南民居式建筑群。

图 4　镇江城市山水意象词汇词云图

表 10　城市山水意象词汇解读

意象词汇	文化属性	词汇解读
焦山、定慧寺、大雄宝殿、万佛塔、行宫	山水文化	镇江三山、乾隆南巡、江中浮玉、碑铭石刻
金山、金山寺、法海洞、慈寿塔	山水文化、民俗文化	镇江三山、《白蛇传》、水漫金山、金山寺、江天禅寺
北固山、北固楼、甘露禅寺	山水文化	镇江三山、刘备招亲、铁翁城、三国遗迹、多景楼、甘露寺
茅山、宝华山	山水文化、宗教文化	破冈渎、道教文化、道教第一福地
南山、竹林、栈道	山水文化	城市山林、招隐寺
古街、飞檐、云台阁	商贸文化	西津渡古街
昭关石塔	建筑文化、宗教文化	西津渡、藏传佛教
酒楼	饮食文化、诗词文化	老字号宴春酒楼、水晶肴肉、杜牧“绿水桥边多酒楼”
瘗鹤铭	诗词文化	大字之祖、镇江焦山江心岛、旷世奇碑
云台山	山水文化、军事文化	西津渡、鸦片战争、租界、英国领事馆

金山寺是一座始建于东晋明帝时期的古寺，有1600多年历史，金山寺所在的金山，原本是长江中的一座小岛，到了清朝因为泥沙淤积，慢慢与陆地连在了一起。《白蛇传》中水漫金山的故事就发生在这里。金山寺依山而建，从山脚到山顶，殿宇楼堂幢幢相衔，阶梯成叠，长廊蜿蜒，台阁相接，把整个山密密地包裹起来。远望金山寺，只见寺庙不见山，故有“金山寺裹山”之称。金山寺的地位崇高，清朝时期与普陀寺、文殊寺、大明寺并列为中国的四大名寺。慈寿塔位于金山的西北峰，始建于1400多年前的齐梁，宋哲宗元符末年，宰相曾布在金山寺超荐其母，在南北半山各建一塔，一名“荐慈塔”，另一名“荐寿塔”。明初，双塔倒塌。光绪年间重建现塔，适逢慈禧60寿辰，取名“慈寿塔”。此塔玲珑、秀丽、挺拔，为砖木结构，八面七级，内有旋式木梯，外有栏杆相倚，面面有景，层层风光各异。游客登塔凭栏眺望，江天市廛，尽收眼底。

北固山有“京口第一山”之称，因横枕大江、石壁嵯峨、山势险固而得名。这里有鲁肃、太史慈的墓地，有传说中刘备招亲的甘露寺等历史遗迹。北固山的南面就是三国时孙权所建的铁瓮城的城墙。以险峻著称的北固山，因三国故事而名扬千古。山上亭台楼阁、山石涧道，无不与三国时期孙刘联姻等历史传说有关，成为游人寻访三国遗迹的向往之地。

破冈渎是东吴政权在镇江茅山丘陵地带开凿的一条人工航道。位于句容南部，为东西走向，西通秦淮水系，东入延陵、云阳，与丹徒水道相通，因为凿山劈岭而成，故称“破冈渎”。考虑到漕运、军运、商运等都要经常穿越战区和防区，比较危险，而且当时京口、广陵间江面广阔，京口至建业须顶流溯江航行，潮高浪急，航船安全有虞，孙吴定都建业后不久，就着手开凿了破冈渎，从内地沟通太湖和秦淮河。破冈渎翻山越岭，横亘道教圣地茅山。

西津渡古街全长1000多米，始建于六朝，历经千年历史，三国时称“蒜山渡”，唐时名“金陵渡”，宋代以后才改称“西津渡”。西津渡地处长江与京杭大运河的交汇点，从三国起就是交通枢纽，南来北往的人很多，西津渡因渡而生，傍水而兴。这里商铺林立，繁盛一时。江南的粮食、丝绸、特产都要从西津渡装载上船向四方输送。往来西津渡的身影中，既有全国各地的商旅百姓，也不乏来自异域外邦的使者、商人。他们带来的不仅仅是珍奇货品，也把各自的文化风俗传入镇江，西津渡由此成为一个多元文明的交汇之地。昭关石塔位于西津渡古街的最高点和正中央，是我国唯一现存的年代最久的过街石塔。石塔通体呈灰白色，高约

5 米，全部用青石雕刻而成。昭关石塔的形制为覆钵式，是藏传佛教喇嘛塔典型的建造式样。据考证，昭关石塔建成的时间是在元代，大约公元 1311 年，那时的西津渡毗邻长江与大运河，是元朝的交通枢纽，也是富庶江南的缩影。

云台山，即古蒜山，被诸多重要的历史遗存所环绕。山北麓是西津渡，东北麓曾为英租界，东麓向南沿线则公所、商会、教堂密布，是中国近代邮电业的发源地之一。古时的金陵渡紧靠着军事要塞云台山，现在被称为西津渡街。第二次鸦片战争后的 1865 年，清政府把云台山下沿江一带划为英租界，并修建了英国领事馆。

通过研究可以发现，山水文化几乎能够涵盖镇江全部范围的文化遗产资源，而且从历史的角度来说，其对于大运河文化的塑造及补充也是功不可没的。从文化内涵上来说，从古到今，镇江最显著的地标建筑和文化标志大都来源于山水。这在唐诗、宋词、明清小说中也有体现，如唐诗中李白的“丹阳北固是吴关，画出楼台云水间”，王湾的“潮平两岸阔，风正一帆悬”；宋词中辛弃疾的“何处望神州，满眼风光北固楼”，陈亮的“一水横陈，连冈三面，做出争雄势”；明清小说中的刘备招亲和水漫金山寺。日本画家雪舟的《唐土胜境图》，最核心的画面就是北固山。那时的北固山，山水相辉，楼台相映，山城相连，一派繁荣富丽景象。

从文化传统上来说，镇江处在吴楚文化、南北方文化、海洋文化与运河文化的交汇点上，港口经济非常发达，这使得镇江人务实、开放、开明，包容性特别强。[19] 镇江是历史悠久的文化古城，出现了祖冲之、沈括、葛洪等一批彪炳史册的伟大科技巨匠，出现了齐澣、王仁堪、刘鹗等一批忧国忧民的干才。镇江这座城市是从北固起山起航的，因港而兴。山水文化哺育了镇江人，练就了镇江人的民风禀性，造就了丰富多元的大运河文化，围绕其展开的旅游意象和文化资源也是最具有代表性和城市特色的文化元素。

六、运程 App 设计实践

从文本挖掘的结果来看，镇江的城市山水哺育了镇江的大运河文化，串联起了星罗棋布的文化遗产，同时吸引了众多的文人墨客，积淀了深厚的文化底蕴。所以，在开展设计实践时以书生进京赶考为出发点，以地标建筑和名胜古迹为意象元素，以文化 App 为形式开展传播设计，将大运河文化中的城市山水意象和文化内涵融入移动 App 文创设计中。一方面，吸引全社会关注大运河文化带的建设；另一方面，提升城市旅游形象的品牌传播效果，提升移动端旅游产品的审美性和文化性。App 的名字叫运程，代表运河的旅程，目前还处于研发阶段。

运程 App 界面以地图为主线（图 5）：用户由地图走进运河，点击地图上的小板块，可以深入了解运河各个段落；各个段落有代表遗迹古建筑及一些特色的地方小吃，有详细的文字介绍及互动视频，可以帮助用户深入地了解运河文化。

图 5　运程 App 界面展示

运程 App 以书生进京赶考节点为时间轴创建互动线：用户通过 App 可学习运河周边建筑、食物等相关知识；通过参加科举考试获得积分，积攒的积分可以用来提升自己的官职；设有用户排行榜，可以激发用户的激情，以更好地了解运河文化。

运程 App 以《乾隆南巡图》的色彩为配色依据：《乾隆南巡图》展现了清乾隆时期运河两岸的繁盛景象，故以其主要色调体现地方特色、时代特色。提取《乾隆南巡图》中米白色、粉色为 App 设计主色，配以苹方字体。米白色给人一种宣纸的感觉，就像是古人写诗一般，粉色给人柔和典雅的感觉。

期待以上研究为镇江大运河文化旅游提供一定的参考价值。

参考文献：

［1］李广春. 让大运河文化活起来［J］. 红旗文稿，2019（8）：29-31.

［2］白凯. 旅游目的地意象定位研究述评：基于心理学视角的分析［J］. 旅游科学，2009，23（2）：9-15.

［3］孟奕爽，邓森文，徐佳. 城市旅游意象研究综述［J］. 湖南财政经济学院学报，2018（4）：113-118.

［4］钱云. 复兴嘉兴的运河文化与船文化［J］. 决策咨询，2006，17（6）：52-54.

［5］陈潜志. 论镇江市文化产业资源开发与利用：以运河文化为例［J］. 现代商贸工业，2010，22（9）：89-90.

［6］蔡晓伟，裴伟. 发挥运河文化功能发展镇江旅游业［J］. 镇江高专学报，2004，17（2）：22-25.

［7］钱兴. 大运河镇江城区段沿岸文化资源提炼与旅游品牌建设研究［J］. 镇江高专学报，2020，33（1）：7.

［8］钱永波. 镇江：在江河交汇处升起［M］. 南京：江苏人民出版社，1998.

［9］黄瑞国，黄婕. 京杭大运河的妈祖文化［J］. 妈祖文化研究，2018，5（1）：64-71.

［10］张小庆，张金池. 京杭大运河江南河段沿线城市的形成与变迁［J］. 南京林业大学学报（人文社会科学版），2010，10（2）：50-56.

［11］镇江历史文化名城研究会. 民国江苏省会镇江研究［M］. 镇江：江苏大学出版社，2010.

［12］镇江市历史文化名城研究会. 镇江历史文化大辞典（上）［M］. 镇江：江苏大学出版社，2013.

［13］孙继琼. 欠发达地区实现文化资源向文化资本转变的问题及对策分析特区经济［J］. 2005（4）：57.

［14］陈炎. 文化资源论［J］. 天津社会科学，2006（1）：92-95.

［15］吕庆华. 文化资源的产业开发的文化资本理论基础［J］. 生产力研究. 2006（9）：183-185.

［16］黄银花，赵仕奇. 从运河文化到淮安精神［J］. 文学教育（中），2010（11）：45-46.

［17］刘玉平. 济宁运河文化论纲［J］. 济宁学院学报，2001，22（2）：1-6.

［18］姜舒雅. 基于网络内容分析法的杭州旅游目的地感知形象及其提升策略研究［D］. 杭州：浙江工商大学，2015.

［19］黄蔓菁，朱珠. 重展“文化长廊”风采，打造富有镇江特色的运河文化线路［J］. 国土与自然资源研究，2019（3）：81-85.

文化交流视域下大运河江苏段饮食生活研究

——以唐宋时期为例

韩　荣*　吴菁航*　王格佳*

一、绪论

（一）研究背景

"水者何也？万物之本原也，诸生之宗室也，美恶、贤不肖、愚俊之所产也。"（《管子·水地篇》）"橘生淮南则为橘，生于淮北则为枳，叶徒相似，其实味不同。所以然者何？水土异也。"（《晏子春秋·杂下之十》）"江海所以能为百谷王者，以其善下之，故能为百谷王。"（《道德经·第六十六章》）江河之水自古悠悠，镌刻了华夏儿女的多样品格，孕育了华夏文明的博大精深。

2014 年 6 月，中国大运河被列入世界文化遗产名录，运河保护进入了"后申遗时代"。如果把世界遗产的申报认为是基于"物质保护"的普遍价值观，那么"后申遗时代"对于运河文化的保护则彰显的是对于"人类文化价值"的认可①。因此，对于大运河文化的研究，需持严谨、科学、尊重的态度。饮食文化作为与运河关系最为密切的船民日常生活中最重要的一环，是大运河文化带建设进程中不可或缺的一部分，且具有较大的研究价值。

中国大运河是世界上开凿时间最早、里程最长、规模最大的运河。这条以人工之力开凿的水系，贯通南北，绵延 1797 公里，哺育了 35 座城市，是人类利用、改造江河湖泊的典型，更是中华民族的伟大创造。大运河构

---

* 韩荣，文学博士，博士后，教授，从事中国传统设计理论研究。吴菁航，助教，艺术硕士，从事古代传统器具设计研究。王格佳，科研助理，美术学硕士，从事古代传统器具设计研究。

① 刘朝晖：《运河船民的文化亲密性与活态传承实践》，《江南大学学报（人文社会科学版）》2020 年第 1 期。

筑了中华大地上错综复杂的水路命脉，是中国南北经济文化往来的主干道，同时也是中华文明的重要标志。历史上，大运河是沟通南北经济的一条大动脉，唐宋时期河道之上舟来船往，十分繁忙，大运河从这一时期开始发挥出沟通南北经济和连接京杭两地的重要作用，使全国范围内各个地区、不同物质产地之间都产生了紧密联系，其影响远不止于此，大运河沿岸地区的生态文明和人文环境也都由此发生了重大变化。

本文将以大运河江苏段的饮食文化思考为切入点，通过对其进行分析，找出大运河饮食文化的线性关系，进而探索大运河饮食文化的多元性。本文的研究既可践行“后申遗时代”运河遗产“活态文化”保护实践，更是大运河文化带建设的历史使命和政治责任。因此，我们不但要把这种饮食文化纳入当代大运河文化带建设的热潮里，更要鼓励、激励和创造性地发挥它对运河遗产保护和运河文化传承的引领作用。

（二）研究范围

本文研究的时空范围为唐宋时期的大运河江苏段区域，研究对象则是该地区独特的饮食生活风貌，包括特殊食材、烹饪手法、饮食习惯等。基于此，首先要明确大运河江苏段区域的地理范畴。

1. 大运河江苏段区域

运河区域实际上是有着独特文化现象的特殊区域，不仅仅是一个地理名词，而是以广泛的文化领域为研究对象①，也就是说，讨论这一区域的地理特征、自然环境、文化属性等都是从文化领域这一点出发的，包括人类的生活习惯、饮食行为等，诸多自然环境塑造了这一区域的运河文化，而运河文化又反作用于这一区域的人文与自然。“区域”一词本意为“土地的界划”，“咨其风土，考其区域”（陈康祺：《郎潜纪闻》卷三）。通常，区域的划分是十分明确的，但是由于历史的发展与融合，区域之间的界限逐渐模糊，地理变迁、民众迁徙，只留下大致的范围。时间虽改变了古代运河在今天的研究中地域划分的精确性，但这种模糊的“区域”恰恰转化为深入人心的文化符号，成为当今文化界限的标志，并在人们的脑海中留下深刻印记，以至于直到今天人们仍以这种模糊的地域界限来划分运河流域的饮食文化类型。虽然由于运河流域不同的地理环境，饮食文化呈现出丰富多样的状态，但通常可分为三个主要饮食文化领域，也就是运河上游的京、津二市，中游的冀、鲁两省，以及运河下游的苏、浙两省。

---

① 姚伟钧：《长江流域的地理环境与饮食文化》，《中国文化研究》2002 年第 1 期。

大运河江苏段历来是大运河的核心地段，1797 公里的大运河，江苏段占 690 公里，约占总长度的 2/5，流经扬州、镇江、常州、无锡等 8 个地级市①。纵观大运河江苏段，列入世界文化遗产名录的面积约占全国的 1/2、遗产点段 35 个，数量居全国第一。作为大运河沿线保存状况最好和利用率最高的河段，直至今天，大运河江苏段仍是黄金水道，为南北物资往来提供巨大的支撑作用。

唐宋时期，大运河漕运兴盛，运河沿岸的杭州、苏州、扬州和淮安依托运河成为当时的大都市，时有“南有苏杭、北有淮扬”之说②，其中三个城市都在江苏区域内。

苏州段大运河始凿于春秋末期，隋唐以后苏州城内来往商户络绎不绝，苏州因大运河而成为万商云集的繁华之地，至明清，苏州成为东南部的中心地区，政治、经济、文化都交汇于此，空前繁荣。唐伯虎《姑苏杂咏》中写道：“长洲茂苑古通津，风土清嘉百姓驯。小巷十家三酒店，豪门五日一尝新。市河到处堪摇橹，街巷通宵不绝人。四百万粮充岁办，供输和出似吴民。”大意为：苏州自古就是四通八达的津渡，这里风物绝佳、民风淳朴。这里人民富足、交通便利、商业繁荣，每年向朝廷交粮四百万石，好似天下所有的赋税都出自这个地方。唐伯虎《阊门即事》中“五更市贾何曾绝，四远方言总不同”两句也反映了当时苏州的繁华景象。这些都是对苏州商业发达的极好写照，而这一切均由大运河而生。

千里运河，万里长江，扬州是交汇点之一，同时它也是整个大运河的发端，历经汉代的富足，唐代的鼎盛，清代的辉煌，大运河给扬州添上了浓墨重彩的一笔③。杜牧《扬州三首》写道：“炀帝雷塘土，迷藏有旧楼。谁家唱水调，明月满扬州。”“天下三分明月夜，二分无赖是扬州。”“腰缠十万贯，骑鹤上扬州。”生动反映出扬州古城的繁华胜景。到宋元时代，运河的作用更为广泛，除了互通南北经济外，还有许多外国人由运河来到扬州从事商业活动等，各大商铺门庭若市，商贾往来而不绝，扬州由此成为中国盐运和漕运的中枢，也是当时全世界十大城市之一。

白居易在《长相思》中说“汴水流，泗水流，流到瓜洲古渡头”，讲的是距离徐州市区不到 20 公里、被称为京杭大运河江苏段“北大门”的蔺家坝。以徐州为中心，大运河在这里构成了北至齐鲁、南达江淮、西通中原、

① 金建明：《关于加强大运河利用和保护的思考》，《江苏水利》2006 年第 10 期。

② 孙炜：《京杭大运河的保护和“申遗”》，《纵横》2006 年第 7 期。

③ 孙炜：《京杭大运河的保护和“申遗”》，《纵横》2006 年第 7 期。

东入大海的水路交通网络。《松窗梦语》中有一段这样的描述："至黄池，则大河漫衍，莫辨远近，泛舟终日，始抵太平。登采石矶，诣龙江关，入金陵，即古建业，高祖昔定鼎于此。"由此可见，大运河江苏段自古以来就是交通运输的重要渠道，大大发挥了其原始功能。

2. "运河饮食文化"概念的界定

《运河饮食文化的历史成就与现代风貌》① 一文提出了"运河饮食文化"这一概念，"不同地区的饮食在某一地域环境中相互交流、吸纳和融合，形成了来自地域但又不完全等同于地域的独特的运河饮食风格"，强调了在交通运输不甚发达的时代，由大运河连接起的各个地区饮食模式的改变。这种变化因运河而提炼、被运河所整合，随后跟随运河输向各地。

饮食文化的概念相当宽泛，《中国饮食研究学科化的新尝试——〈食学概论〉评介》② 中指出它至少涵盖了食生产、食生活、食思想、食秩序四个方面，包括时代技术、地理经济、民族宗教、饮食器具、消费等级、民风民俗等多种角度，展示出不同的文化品位，体现出不同的使用价值，异彩纷呈。

本文着重讨论唐宋时期由于运输业繁荣聚集在大运河江苏段流域的多种食材，交往频繁的餐饮服务，多样化的饮食风味，不同的社会阶层不同的饮食观念的变化，饮食意趣的不同，等等，主要强调由运河而引起的物质交换、文化交流、观念互融、风俗影响下的饮食文化变迁。饮食文化是江苏运河文化的重要组成部分，也是唐宋时期江苏段运河区域美丽生活画卷的一抹重彩，时移世异，千百年沉淀过后，饮食文化已经融入当地人的日常生活中，形成一种特殊的文化符号。

（三）研究意义与创新点

1. 研究意义

（1）文化传播需要。

中国大运河申遗成功，运河沿线的城市有了强烈诉求，要想在现有基础上把大运河建设得更加美好，迫切需要关于大运河文化的研究来引导运河沿线城市更好地传承、利用、保护好大运河这个重要的历史文化资源。关于长江、黄河流域，已形成较为具体的饮食文化研究体系，但针对这条

---

① 王赛时：《运河饮食文化的历史成就与现代风貌》，《扬州大学烹饪学报》2011 年第 2 期。

② 姚伟钧、罗秋雨：《中国饮食研究学科化的新尝试——〈食学概论〉评介》，《商业经济研究》2015 年 5 期。

在我国古代发挥了重要作用的人工河流域的饮食文化研究体系尚未成熟，而且大运河作为一条人有意识开发的河流，实则承载了更多文化交流。大运河江苏段的文化资源开发正处于起步阶段，对饮食文化的研究可以实现资源整合，提高大众对于饮食文化的认识，进一步保护好、传承好、利用好大运河文化。因此，从文化传播视域下研究大运河江苏段饮食生活很有必要，且有很大的挖掘空间。

（2）国家建设需要。

大运河是中华文明的重要标志，研究运河文化，有利于增强文化自信。文化自信要落实到具体的载体上去，如果我们把大运河这张中华民族传统优秀文化的亮丽名片擦亮，大家的文化自信感就油然而生。①

（3）社会生活需要。

饮食文化作为运河文化的一部分，涵盖了社会生活中的方方面面，本文研究唐宋时期大运河江苏段区域的饮食生活，对研究该区域社会经济史、生活史、文化史都有借鉴作用，对于完整认识古代大运河流域内的社会生活有开拓意义和学术价值。大运河贯通南北，促进了各地饮食素材、烹饪方法、风俗习惯等的融会交流，对江苏地区的饮食习惯也产生了深刻影响，极大丰富了该地区人民的饮食生活。

2. 研究创新点

文化史、社会生活史是当前历史研究的热点方向，基于文化交流视域下的大运河江苏段饮食生活研究把握了历史研究动态，具有一定前沿性。同时，史学界在对运河文化进行研究时较少关注到饮食生活这一领域。本文将对大运河江苏段饮食生活进行系统论述与分析，为运河沿线的饮食文化研究提供借鉴，同时对古代社会生活研究提供新角度，具有创新性。

（四）国内外研究述评

从运河船民文化方面看，国外研究主要集中在对苏伊士运河和巴拿马运河的船民生活研究上（如 John Frank Stevens：*Panama Canal Mastermind and Pioneering Railroad Pathfinder*），未见对大运河船民文化的专门研究。国内对中国运河船民文化的研究主要体现在：第一，众多学者多从地理学、社会学、民俗学等角度对船民自身的文化个性进行研究，主要表现历史和现实维度下运河船民日常生活的样态，运河船民的水环境文化与生存性智

① 中共中央办公厅、国务院办公厅：《大运河文化保护传承利用规划纲要》，《城市规划通讯》2019 年第 10 期。

慧，以及运河船民的遗产认知和保护实践。①② 第二，在“后申遗时代”的大运河文化带建设过程中，亟待深入挖掘、凝练和保护包括运河船民在内的运河人群共同体及其“运河性”的生活方式。对与运河关系最为密切的船民及其生存环境的保护，是运河文化带建设不可或缺的一部分，它既可践行“后申遗时代”运河遗产“活态文化”保护实践，更是“大运河文化带”建设的历史使命和政治责任。③

从饮食文化方面看，大运河与饮食文化关系十分密切，饮食文化在运河沿线城市孕育生长，再因运河而传播交流，使运河沿线城市的饮食文化相互影响，互有传承，形成了以运河为纽带的一条饮食文化脉络。国内关于大运河饮食文化的研究主要体现在两方面：第一，众多学者在旅游学、社会学等方面进行了研究，但是关于专门针对大运河江苏段的饮食文化的研究较少④⑤；第二，从 2019 年扬州成功入选“世界美食之都”这个案例可以看出，大运河江苏段的饮食文化是中华饮食文化的重要组成部分，更是一笔珍贵的财富⑥。

（五）研究思路与方法

研究基本思路与方法如图 1 所示。

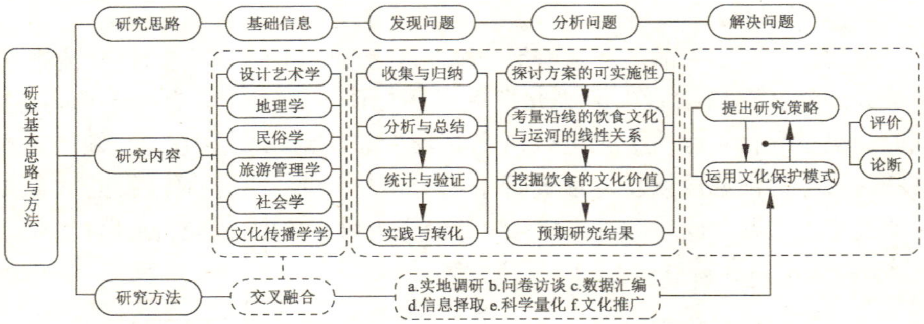

图 1　研究基本思路与方法

---

① 得努尔汗·亚生：《当代运河船民的社会流动研究》，硕士学位论文，浙江大学，2018。

② 侯仰军：《留下的不只是乡愁——读〈运河记忆——嘉兴船民生活口述实录〉》，《中国图书评论》2019 年第 6 期。

③ 刘朝晖：《运河船民的文化亲密性与活态传承实践》，《江南大学学报（人文社会科学版）》2020 年第 1 期。

④ 周嘉：《运河城市的饮食文化考论——以山东临清为例》，《美食研究》2017 年第 4 期。

⑤ 李芳菲：《明清山水运河区域饮食生活变迁》，硕士学位论文，华中师范大学，2015。

⑥ 姜跃岭：《大运河与饮食文化》，《新阅读》，2020 年第 2 期。

1. 研究思路

文化交流视域下大运河江苏段饮食生活研究从两个角度进行。

（1）饮食文化的可研究性。

一个民族的传统饮食文化反映其历史内涵，我国历来有“礼乐文化始于食”“民以食为天”的观念，不同地区经过千百年的沉淀发展，形成了各具特色的饮食生活，由于生活方式的不同，运河流域船上人家的饮食生活与传统饮食更是不尽相同。

（2）饮食生活考略。

第一，生态与社会环境。先明确大运河江苏段区域包含的大致范围，再进行运河文献的资料搜集、整理与应用，其中包括古人关于运河的著作，正史、类书、方志等，了解该区域的生态环境、社会状况。第二，饮食文化变迁。根据掌握的资料分析运河在文化交流中起到的作用，地域文化是在长期的历史积淀和社会实践中创造的物质财富与精神财富的总和，不同地域的饮食文化通过运河相互交融，形成了开放、兼容、多元的运河文化。第三，区域饮食文化特点。唐宋时期大运河江苏段饮食生活的形成有多方面原因，这一地区本身的资源条件是文化构成的主要动因，包含农作物种类、水源条件，日积月累形成的饮食习惯、地域风情等，而日益密切的文化交流是影响其形成独特文化的外部因素，包含江苏运河的水运条件及其所影响的商品经济状况、社会风气等。

最终，在研究结论的基础上进行文化创意设计实践：大运河作为贯穿中国东部的伟大工程，历史悠久、文化积淀深厚，受其影响所形成独特的文化更是源远流长，因此结合大运河文化带建设的背景，创新传统文化类产品的设计思路，挖掘运河文化的深层内涵，拓宽运河文化的传播渠道，为饮食文化的当代传播增添活力。通过问卷调查了解大众对于传统饮食文化的感知评价及对其开发的期待，结合分析结果提出文化创意产品设计策略。

2. 研究方法

（1）跨学科法。

结合跨学科方法和理论，有利于对问题进行综合分析，这些学科包括社会学、历史学、考古学等，归纳各学科中的理论，批判继承地溯源真正的古代社会生活。

（2）文献资料法。

整理现有关于大运河江苏段饮食生活研究的文献资料，以及其他水域饮食文化的现有研究成果，整理国内外学者的理论，梳理本文的内容和框架等，根据思路，总结大运河江苏段饮食生活特点，得出结论。

（3）实地调查法。

对大运河江苏段沿岸居民进行访谈及问卷调查，在实际调研工作中收集一手资料，确保研究内容的真实性、有效性、科学性，依据收集到的资料和数据，更好地对沿岸饮食文化进行研究。

（4）数据分析法。

对收集来的数据进行整理，梳理得出大众偏好，归纳出结论，得出行之有效的饮食文化产品开发的思路和促进运河文化传播的策略，归纳出有效的开发原则。

二、大运河江苏段区域饮食生活的变迁

（一）大运河江苏段区域的生态与社会环境

大运河江苏段区域地势平坦开阔，土地肥沃，一条运河串联起了江苏诸多“人间天堂”般的城市，这些城市从古至今都是美丽富饶的代名词。实际上，南方运河沿线上的诸多城市，自身饮食风俗在发展演变过程中也深受运河的影响。

1. 江苏地区的生态环境

苏、浙两地的生态环境大体类似，江苏太湖与运河水网交错，整个地区地势平坦，以平原和丘陵为主，不仅土地肥沃，且气候适宜，这种地理环境非常适宜稻谷生长。从竺可桢《中国近五千年来气候变迁的初步研究》一文可知，古时苏杭地区的气温高于现在大约2摄氏度，接近现在的珠江流域的温度，也就是说当时的气候给江苏地区的水稻生长提供了良好的条件。①

2. 大运河江苏段的社会环境

东汉袁康、吴平的《越绝书·吴地传》记载：“吴古故水道，出平门，上郭池，入渎，出巢湖，上历地，过梅亭，入杨湖，出渔浦，入大江，奏广陵。”表明在春秋吴国时已有水道通广陵。该书还记载：“秦始皇造道陵南，可通陵道……治陵水道到钱唐，越地，通浙江。”这大概是今苏州以南运河的雏形。对于江苏地区运河开于何时，许多史学研究者都提出了自己

① 竺可桢：《中国近五千年来气候变迁的初步研究》，《考古学报》1972年第1期。

的看法，多数学者倾向于隋炀帝开凿之前就已存在雏形，是否在隋朝江南运河开凿后立即通船，这一点还有待考证。可以肯定的是，至唐代江南运河已基本形成现在的格局并全线通航。

隋唐以后，经济重心南移，南方的水稻生产得到了极大发展，作为南方主食的水稻品种也相应丰富起来。宋代以前，有关水稻品种的专门记载很少，主要是晋代郭义恭《广志》的记载，“有虎掌稻、紫芒稻、赤芒稻、白米稻。南方有蝉鸣稻，七月熟。有盖下白稻，正月种，五月获；获讫，其茎根复生，九月熟。青芋稻，六月熟；累子稻，白汉稻，七月熟；此三稻，大而且长，米半寸，出益州。粳有乌粳、黑穬、青函、白夏之名”，以及北魏贾思勰《齐民要术》的记录，“今世有黄瓮稻、黄陆稻、青稗稻、豫章青稻、尾紫稻、青杖稻、飞蜻稻、赤甲稻、乌陵稻、大香稻、小香稻、白地稻；菰灰稻，一年再熟。有雉稻，雉稻米，一名糯米，俗云“乱米”，非也。有九稆秫、雉目秫、大黄秫、棠秫、马牙秫、长江秫、惠成秫、黄般秫、方满秫、虎皮秫、荟柰秫，皆米也”，两书一共记载了近四十个稻种。到明清时，江苏、浙江两省的稻种已达到一千多个，稻谷种类的增多、原材料的丰富，使江苏地区的饮食文化日渐成熟。

（二）饮食文化的繁荣

大运河江苏段地区作为南北交通的咽喉地带，工商业发达，人口众多，就饮食方面来说，种类与数量都十分丰富。可以说，运河赋予了这一区域饮食生活的独特性，使这一区域的饮食文化既多元又包容（表1）。

表1　区域特色美食

季节与名称	品种	上市时限	落令时限
春　春饼	酒酿饼	正月初五	三月底
	雪饼	二月初一	三月二十日
	闵饼	清明前三天	立夏
夏　夏糕	绿豆糕	四月初十	七月二十日
	薄荷糕	五月初一	六月底
	五色大方糕	五月端午前	夏至
秋　秋酥	酥皮荤月饼	八月初八	九月初十
	酥皮素月饼	八月初十	九月初
	巧酥	七月初一	七月底

续表

季节与名称	品种	上市时限	落令时限
冬　冬糖	黑切糖	八月二十	明年三月十五
	寸金糖	立冬	明年正月底
	芝麻交切片糖	立冬	明年二月底

1. 饮食种类丰富

（1）主食。

江苏地处亚热带，日照相对充足，年降水量丰富，这样的气候条件，加之运河水系的滋养，为许多作物提供了良好的生长条件，从而保证了江南地区农业生产的良好发展，使其有着“人间天堂”的美誉。前文中我们也提到了江苏地区的水稻生产在唐宋时期得到极大发展，稻谷脱壳后被用来制作各种美食，别具特色。在长江下游的饮食生活中，自古以来，糕点都占有十分重要的地位。宋人周密的《武林旧事》中，就收录了南宋临安市场上出售的“糖糕”“蜜糕”“糍糕”“雪糕”“花糕”“乳糕”“重阳糕”等近19个品种。苏州糕点中，最为人称道的是苏式船点，苏式船点的制作工艺精巧细致，风格清丽典雅，不仅仅是食物，更像是一件艺术品，创作品种众多，鸟兽虫鱼、花卉瓜果、山水风景、人物形象，都可以成为苏式船点的表现形式，且都惟妙惟肖，栩栩如生。馅料有玫瑰、薄荷、豆沙等诸多选择，味道鲜美，不仅给人物质上的满足，还给人精神上的享受，充分显示了江苏饮食特有的文化特征。

小麦在南宋时期的江苏得到了广泛种植，除了直接作为麦饭食用外，还作为原料制作成很多面食。南宋时期，馒头在江苏很常见，属于南北饮食文化融合的典型产品，江苏馒头的样式较为丰富。此外，“平江城北民周氏，本以货麸麵为生业”①。可见，包子、面条等面食已作为主食，出现在宋代江苏人的饮食中。

（2）副食。

江苏饮食品类的发展不仅体现在主食上，也体现在居民饮食生活中的副食种类上，丰富的肉类、蔬菜、水果等品种也是典型的代表。江苏的肉类品种随运河的流通而逐渐增多，有猪、牛、羊和鸡，另外，为获得更为丰富的肉类品种，江苏人开始广泛饲养动物。加之江南地区为水乡之地，

① 洪迈：《夷坚三志己》卷七《周麸麵》，中华书局，1981，第1357页。

大运河自上而下贯通，水系密布，水产丰富，地理环境决定了“鱼米之乡”生态环境，饭稻羹鱼是江苏地区最基本的膳食。①

宋代，江苏地区对于水果的需求量较大，水果的种类众多，梨、葡萄、苹果、枇杷、柑橘等都是常见的品种，《重修琴川志》载有“梅”“石榴”“枇杷”“藕”“杏”“桃”“梨”等25种水果，其中不乏产自北方的水果。

（3）饮品。

江苏美食影响着周边许多城市和居民，在江苏食品市场中，除了米面等主食和精致副食外，饮品也名扬天下。酒与茶还有各类汤饮，都是江苏常见的饮品，品种繁多，滋味各异，涵盖范围广泛。

江苏的酒文化自宋代以来就非常深厚，这得益于江苏发达的农业生产和丰富的粮食诸备。粮食储备多，便可用来酿酒，饮酒之人增多，酿酒技术也随之提升。这一时期还出现了许多酿酒诗文，例如苏轼的《东坡酒经》。《宋平江城坊考》中记载的宋代江苏地区与酒生产相关的街巷名就包括有酒务、大酒巷、四酒务巷等，这在一定程度上反映了宋代江苏酿酒业的发达。

除了酒之外，茶也是唐宋时期江苏地区各阶层都喜好的饮品，并长期存在着品茶、斗茶等风俗，江苏人爱饮茶，觉得喝茶是一种享受。实际上，从古至今的中国人都保留着饮茶的习俗，但江苏人喝茶又有自己的文化特色。

2. 餐饮服务业的兴起

餐饮业在我国历史悠久，从奴隶社会开始，已经成为社会经济生活中的重要产业。自唐宋以来，随着经济的发展、坊市制的废除，各大城市的餐饮店铺遍布大街小巷。作为我国饮食文化发展最为快速的阶段，唐宋时期百姓的饮食生活极为丰富。北宋时期的东京（今河南开封），一派繁华景象，街道边酒楼林立，通常服务于达官贵人，还有各种路边摊，充满了市井之风，这也成了北宋市场繁华的标志。这些酒楼与路边摊的食品各有特色，南北风味应有尽有，《东京梦华录》记载：“北食则矾楼前李四家……南食则寺桥金家。”宋室南渡之后，临安城取代东京成为当时最繁荣的城市。江苏省运河沿岸城市的市井生活也呈现出一派欣欣向荣的景象，大街小巷、廊桥侧坊酒肆林立，热闹非凡。

---

① 曾天：《宋代苏州居民日常生活研究——以衣食住行为中心》，硕士学位论文，四川师范大学，2018.

（三）饮食观念与社会风尚

1. 饮食风味的多元化

大运河的连通使南北饮食互通有无，唐宋之时，人们开始注重平衡饮食，经济的繁荣使得人们在饮食生活中融入了更多的休闲元素。经过长时间的积累，饮食生活中逐渐形成了一个稳定的结构，主食以粮食为主，副食以菜肴为主，此外还有酒、茶等饮料作为生活的调味品。

这一时期，中国经济重心南移，江苏成为中国最繁荣的地区之一。在这样的历史条件下，江苏地区饮食文化因地域差异分为不同风味，不同地域的菜系，虽然有相似之处，但又各具特色，自成一派。以扬州与苏州为例，扬州是中国盐运和漕运的中枢，商贾云集、群贤毕至，是当时全世界超过五十万人口的十大城市之一。加上扬州在地理位置上为南北交通之要冲，饮食口味上也就容易融合南北特色，吸收北咸南甜的特点，逐渐形成自己“咸甜适中”的风格，而苏州相对受北方影响较小，所以“趋甜”的特色也就保留下来了，所谓“一江之隔味不同”便是如此。

2. 不同阶层的饮食生活

运河的便利使运河两岸聚集了众多的群体，不同的群体形成了不同饮食习惯，虽然有各自的风味、格局，但都在为运河饮食文化增光添彩。

（1）士大夫阶层的饮食。

在隋唐以前，江苏地区的食物基本风格简单。隋唐时期，运河连接起了东南地区与中原地区，从那时起直到元代，江苏的饮食呈现出既受到中原饮食的影响又拥有自身特色的精致风格。

南宋定都临安后，商品经济不断繁荣，对于世家大族、豪门权贵来说，饮食已经不单单是生存所需，士大夫阶层的饮食生活日渐丰富，特别是副食，除了传统的牛羊肉，发达的水运带来了海鲜等多种食材。《西湖游览志余》记载：“花炊鹌子、鹌子羹、沙鱼脍、炒沙鱼衬汤等百余种。”以上皆展现出唐宋时期士大夫阶层饮食极尽奢华，重视搭配，这样奢华的饮食生活是空前的，开了奢华的饮食风气之先河。

（2）市民阶层的饮食。

唐宋时期，普通百姓在饮食中也同样增加了副食的消费，注重饮食平衡。猪肉由于产量较大，经济实惠，成为普通百姓最常食用的肉类，也是江苏地区消费范围最广的大众肉食。除此之外，因水系密布，运河畅通，运河沿岸百姓还从水中捞捕水产作为肉食补充，鱼、蟹、虾等是百姓们的时令珍品。范成大诗曰：“桑下春蔬绿满畦，菘心青嫩芥苔肥。溪头洗择店头卖，日暮裹盐沽酒归。”可以看出范成大笔下的普通百姓的日常生活中，各种蔬菜品类丰富，副食种类较齐全。

唐宋时期饮食产业的繁荣，极大丰富了江苏饮食文化。大众百姓的日常饮食生活也注重均衡搭配，尤其是在宴会的布置和待客上。除了主食、副食之外，水果也必不可少，并开始实行三餐制。由此可见，唐宋时期，平民百姓与达官贵族在饮食结构上并没有太大的差异。不同的是，百姓是在解决温饱的基础上逐渐寻找饮食的乐趣，权贵则更注重食物的味道和质量，以从饮食上彰显身份地位的认可。

三、大运河江苏段区域饮食生活的特点与影响

（一）大运河江苏段区域饮食生活的特点

唐宋时期，种种原因促使江苏大运河区域的饮食文化和饮食生活发生了变化，这种变化是诸多因素共同作用之下的结果。内部因素如农作物的种植，饮食习惯等也提供了变化的可能性；外部因素则对变化起到推动促进作用，主要有江苏运河的便利条件、商品经济的影响、社会风气的裂变、国家政策等。唐宋时期，在内外因素的共同作用下，大运河江苏段区域的饮食和生活变化呈现出独特的规律和特点。

1. 地域上兼收并蓄

唐宋时期，江苏运河通畅，以运河为轴线形成了密集的水陆交通网，带动了大运河江苏段区域扬州、镇江、苏州一带与外界的交流沟通，这为该区域与周边地区在物质层面的饮食生活交流和精神层面的文化交流提供了必要的条件，使大运河江苏段区域的饮食文化不断与其他地区的饮食文化融合，呈现出多样化的变化特征。

从物质层面来看，交通的便利丰富了江苏运河区域的食材市场。由运河而带来的水运繁荣，使这一地区成为人流、物流集散地，城内城外，店肆酒楼鳞次栉比，市不以夜息。由各地汇集于此的商贾，由于饮食习惯的不同，来江苏时也自带了厨师，不同地区的餐饮经营者在这里谋生，带来了不同地区的饮食文化特色，形成了独特的烹饪技巧和完整的烹饪体系，口味上也形成了“鲜咸适中，南北适宜”的特色。各地的饮食生活原料通过运河纷纷汇集而来，例如茶，已经成为运河沿岸地区人们离不开的饮品。此外，还有各种新颖的饮食器具，如北方的金银器皿等。这些特色产品或经大运河江苏段沿线的城镇运往各地，或运抵当地市场，满足人们的日常

饮食生活需求。

2. 时代的特征性

唐代淮、扬地区的繁荣具有时代的特征性，这一地区的繁荣准确来说始于安史之乱。安史之乱期间，许多中原和关中的大家族为避难不断南迁，到江苏后，给江苏地区带来了极大的繁荣，这种繁荣一直持续到唐朝末期。《入唐求法巡礼行记》说："街店之内，百种饭食，异常弥满。"① 可见不同地区的人聚集在这里，大大丰富了江苏地区的饮食生活。

唐宋时期，因大运河便利的交通条件和社会经济的繁荣，江苏的饮食生活十分繁荣。另外，生产力的迅速进步，特别是一些生产技术的更新，促进了该时期农业生产和农产品加工的发展。先进的技术条件使唐宋时期人们的饮食生活有了很大的改善，基本物质生活更加丰富。

（二）大运河江苏段区域饮食生活的影响

隋代大运河的开通，使江苏大运河沿线城市成为东南地区重要的商埠。中外客商云集于此，各地饮食文化也在此碰撞融合。可以说，江苏地区的菜系于隋唐始盛，元代以后，大运河贯通南北，江苏作为东南地区经济中心的地位已经稳定。此外，元、明、清三个朝代较少有长期的战争，人员稳定性强，文化具有极强的延续性，江苏菜系的整体风格逐渐形成并趋于成熟。

近年来，许多地区都在挖掘运河文化资源，突出运河饮食的特色，不同地方的文化定位各不相同，效果也不尽相同。在大运河江苏段沿线城市中，扬州在点心和小吃上大放异彩，不断推陈出新、丰富餐饮品类。无锡则恢复了"江南船宴"，不仅保留了民间"咸出头、甜收口"的传统烹饪方法，而且将一些地方传统名菜加入船宴行列，不断开发、创新、丰富船宴故事。过去，宿迁古城的繁荣依赖于运河的畅通。时至今日，宿迁古城的古街巷、文物、饮食习惯依然承载着古运河的文化烙印。为顺应运河文化发展的新趋势，宿迁也在大力开发大运河旅游带，以体现宿迁运河文化的历史痕迹。淮安以运河与淮河为依托，发展苏北腹地的饮食文化。众多的淮上佳肴和风味名吃汇集于此处，淮安餐饮以运河文化为传播点向外宣传，不断向外扩大大运河江苏段饮食文化的影响力。

---

① 圆仁：《入唐求法巡礼行记》，转引自师敏《圆仁入唐求法及其对日本文化的影响》，陕西人民出版社，2016，第101页。

四、大运河江苏段饮食器具设计思考

笔者对于大运河文化资源的再利用遵循如图 3 所示的思路。

江苏地方菜淮扬菜与苏锡菜、徐海菜等组成苏菜系，苏菜风格清新雅丽，在烹调技艺上，多用蒸、炖之法。蒸是江苏人烹饪菜肴最常用的方式之一，从秦汉时期开始，吴人便善制蒸鱼。苏式糕点作为传统特色糕点，品种甚多。历代文人墨客在赞美姑苏江南的风光时，也不吝啬对精致的苏式糕点的赞美。与运河文化息息相关的船点是苏式糕点的重要组成部分。苏式糕点的烹饪手法便是以蒸为主。蒸制炊具的出现，改变了以火直接加热食物的原始制作方式，丰富了食物加工的方式，也书写了饮食文化中的重要篇章。

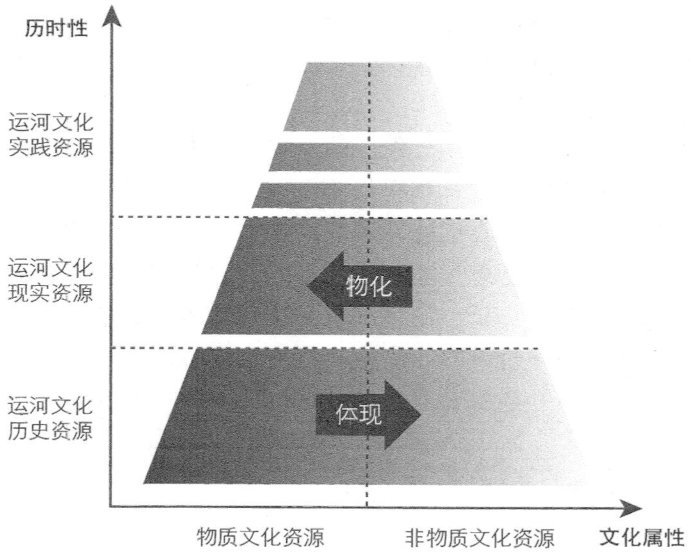

图 3　大运河文化资源再利用

（一）饮食器具设计背景

随着生活水平的不断提高，人们对物质的需求相对减少，而对文化和精神层面的需求则不断增加。大运河作为一条人有意识开发的河流，实则承载了更多文化交流的作用。为了满足现代人文化精神的需求，对运河文化发掘并进行创造性的现实转换就显得十分必要。

创意和设计源于文化又高于文化，通过设计师对文化资源的把握和创造，能够让用户有效地将新事物与熟悉事物进行时间和空间上的连接，深厚的传统文化资源与丰富的设计内涵，可以提高创意设计的附加值。运河文化与创意设计的融合，不仅可以凸显文化创意产品设计的精神与品位，也可以提高产品的市场竞争力，实现文化价值与实用价值的有机统一。

（二）设计因子提取

1. 饮食器具造型特征分析

消费者总是在第一时间通过视觉捕捉事物的形态特点，并通过对象与对象间的特征关系比较以区分不同物体，因此从视觉化角度进行特征分析是获得事物形态构成要素的关键。① 如通过器形资料的收集整理，可以得知蒸笼（图 4）的造型自古以来并没有大的变化，器物本体为规则筒体，底盘多由竹片拼接，可以沥水，可以层叠摆放。部分蒸笼两侧有附耳，便于从热锅上取下。顶层蒸笼上有竹制的盖子。另外，可通过改变直径将蒸笼制成多种规格，以满足不同的需求。蒸笼盖子微微鼓起，这样的形式可以容纳更多的食物，也可以增加上层笼屉的蒸汽量，充分利用笼屉内的热量。

2. 材质特征分析

以运河文化的炊具为研究对象，首先收集样本。从运河内在文化属性和炊具的外在视觉特征出发，查阅相关文献，并根据资料对收集到的炊具材质图片进行分类。其次收集感性词汇，这些词汇主要来源于对不同材质炊具特征的描述，筛选意思过于相近的词汇，并构建反义词汇组。最后采用语义差异法进行定量分析，构建五点心理评价表，对抽取的样本轮廓进行潜在用户群体感知评价，即通过感知尺度获取不同材质炊具的用户感知评价，最终确定的风格特征描述的词汇为：传统的、稳定的、庄重的、优雅的、和谐的。

（三）设计应用

根据上述分析结果，在炊具形态大致相同时，器身为竹编材质的，用户感知多为“雅致的”“传统的”，结合分析结果在保持功能的基础上进行创新设计，开发一款具有文化内涵的电蒸锅，设计结果如图 5 所示。可以看出，设计方案与风格特征语汇的描述较为符合，且同时具备实用性与创新性。

“相识・乡食”电蒸锅造型设计，基于用户体验三层次，从本能层、组

---

① 金心、陈满儒、王伟伟：《基于感知分析的传统文化设计因子提取研究》，《包装工程》2015 年第 6 期。

织层和反思层三方面体现江苏地区饮食文化。本能层设计，应用城市生活中已经少见的竹编笼屉造型，材质选择白陶、竹编和木材；组织层设计，蒸制技术出现于种植水稻较早的江南一带，运河沿线城市的日常饮食中，蒸食占据了重要地位，电蒸锅层层堆叠，唤起行为的熟悉感；反思层设计，完成一系列操作体验，造型、材质、使用方式都能唤起旧时劳动的记忆，从文化、经历等深层去理解记忆那些早已远去的生活，从而提升整个产品的用户体验。

图 4　“相识 · 乡食”的 CMF 研究与设计构思

图 5　“相识 · 乡食”电蒸锅设计

五、结语

在大运河带来的便利下，江苏逐渐形成具有地方特色的饮食文化，并不断蓬勃发展。

食物是人类生活的必需品，而对饮食的选择揭示了食物与各种文化、思想及其影响力的社会联系，以及政治经济力量的重要作用。菜肴、茶饮都是社会结构中不同阶层“表达”自己的方式①，“攫取食物原是基本生理需求，却由于人类使它变成某种象征，赋予它太多的意涵，以至于山不再是山”②。

本文对大运河江苏段饮食生活进行了研究，结合相关学科的理论，以大运河江苏段的饮食文化思考为切入点，通过对其进行分析，找出大运河江苏段饮食文化的线性关系，进而探索这一区域饮食文化的多元性。从研究的范围看，本项目主要集中于大运河江苏段区域唐宋时期的饮食生活；从研究的深度看，项目总结了运河所带来的物质交流与文化传播结果，并结合唐宋时期的时代背景进行分析，从用户角度出发进行设计实践，以期为运河美食文化研究提供一些参考与启示。

参考文献：

[1] 安作璋．中国运河文化史［M］．济南：山东教育出版社，2001.

[2] 傅崇兰．中国运河城市发展史［M］．成都：四川人民出版社，1985.

[3] 史念海．中国的运河［M］．重庆：重庆史学书局，1994.

[4] 刘广伟、张振楣．食学概论［M］．北京：华夏出版社，2013.

[5] 姚汉源．京杭运河史［M］，北京：中国水利水电出版社，1997.

[6] 董文虎．京杭大运河的历史与未来［M］．北京：社会科学文献出版社，2008.

[7] 高阳．古今食事［M］．北京：华夏出版社，2007.

[8] 汪圣铎．宋代社会生活研究［M］．北京：人民出版社，2007.

[9] 陈伟明．唐宋饮食文化发展史［M］．台北：台湾学生书局，1995.

[10] 季羡林．文化交流的轨迹：中华蔗糖史［M］．北京：经济日报出版社，1997.

[11] 姚伟钧．吴地饮食文化研究：兼与扬州饮食文化之比较［J］．扬州大学烹饪学报，2012，29（4）：5-9.

[12] 王赛时．运河饮食文化的历史成就与现代风貌［J］．扬州大学烹

① 周嘉：《运河城市的饮食文化考论——以山东临清为例》，《美食研究》2017 年第 4 期。

② 西敏司：《饮食人类学——漫话餐桌上的权力和影响力》，林为正译，电子工业出版社，2015，第 6 页。

饪学报，2011，28（2）：1-8.

［13］王建中．淮安饮食文化史略［J］．扬州大学烹饪学报，2005（2）：19-23.

［14］姚伟钧．长江流域的地理环境与饮食文化［J］．中国文化研究，2002（1）：131-140.

［15］《运河文化研究》课题组，山东大学传统文化研究所．运河文化论纲［J］．山东大学学报（哲学社会科学版），1997（1）：70-73.

［16］姚伟钧．饮食生活的演变与社会转型［J］．探索与争鸣，1996（4）：28-29.

［17］曾雄生．江西水稻品种的起源及早期发展的历史［J］．农业考古，1990（1）：166-171.

［18］周爱东．略论扬州饮食史的分期［J］．扬州大学烹饪学报，2013，30（2）：6-11.

［19］王艳，辛雪莉．南宋江南地区饮食文化初探［J］．晋中学院学报，2009，26（4）：94-97.

［20］凌松．《儒林外史》与江南饮食习俗［J］．扬州大学烹饪学报，2009，26（2）：16-20.

［21］姜跃岭．大运河与饮食文化［J］．新阅读，2020（2）：36-39.

［22］谭徐明．衍生于运河文化的淮扬美食［J］．中国三峡建设，2007（6）：76-81.

［23］徐悠然，袁雨，姚清儿，等．大运河江苏段饮食文化旅游开发现状［J］．合作经济与科技，2019（23）：40-41.

［24］郑民德，岳广燕．运河文化建设中的饮食文化研究——以清末山东聊城县为例［J］．聊城大学学报（社会科学版），2018（6）：1-6.

［25］周嘉．运河城市的饮食文化考论：以山东临清为例［J］．美食研究，2017，34（4）：15-18.

［26］姚伟钧．宋代开封饮食生活的历史考察［J］．中南民族学院学报（人文社会科学版），1995（4）：58-61.

［27］俞佳奇，孙旭红．镇江运河文化研究综述［J］．高校社科动态，2016（3）：35-40.

［28］姚伟钧，罗秋雨．中国饮食研究学科化的新尝试：《食学概论》评介［J］．商业经济研究，2015（5）：50-51.

［29］奚如谷，王敦，张舒然．食之戏：宋元演剧与食物的“假扮”美

学［J］．文化遗产，2013（1）：2-12，157.

［30］马雷．唐宋时期的江南运河对农田水利的影响研究［D］．上海：复旦大学，2008.

［31］陈玉红．大运河文化带河北段饮食文化旅游资源分析与开发对策［D］．石家庄：河北师范大学，2019.

［32］陈晶．南宋岁时节日器物研究［D］．北京：中国美术学院，2019.

［33］石碧莹．理学视域下宋代饮茶器具创新设计［D］．南昌：南昌大学，2016.

［34］付婷．隋唐饮食文化研究［D］．西安：陕西师范大学，2015.

［35］杨吉超．京杭运河与明清临清地区社会风俗变化研究［D］．上海：复旦大学，2014.

［36］陆琬青．传统炊饮竹器设计特色及在现代的传承与创新［D］．无锡：江南大学，2012.

［37］杨丽东．中晚明江南士人饮食养生研究［D］．广州：暨南大学，2010.

［38］曾天．宋代苏州居民日常生活研究［D］．成都：四川师范大学，2018.

［39］霍艳虹．基于“文化基因”视角的京杭大运河水文化遗产保护研究［D］．天津：天津大学，2017.

京杭大运河镇江徒阳段沿线民居生态环境治理研究*

李　晓**　朱彦榕

一、大运河沿线民居生态环境治理的必要性

1. 顶层设计的政策导向

自2014年中国大运河成功申遗以来，大运河沿线民居生态环境的可持续发展逐步成为大运河景观带、生态带、文化带、旅游带建设的重要组成部分。2019年2月，中共中央办公厅、国务院办公厅印发《大运河文化保护传承利用规划纲要》，提出利用密布的河道水系构筑大运河绿色生态带，要推动大运河沿线生态保护和环境治理工作，协同促进生产空间集约高效、生活空间宜居适度、生态空间山清水秀。从国家到地方，都在不断加强对大运河沿线的生态化治理与研究。各级政府也出台多项文件，旨在强调沿河人居环境建设对大运河文化遗产保护的重要性。

镇江作为京杭大运河与长江交汇隘口的重要节点，具有得天独厚的航运交通区位优势。镇江市政府已经意识到抢抓大运河这一文化遗产复活的历史机遇，积极响应习近平总书记提出的“绿水青山就是金山银山”的科学论断，不断加强对大运河镇江段沿线民居生态环境的治理保护工作，不断提升镇江的运河文化带、乡村环境、生态环境的建设质量，为大运河生态环境可持续发展提供政策支持和物质保障。

2. 沿线民居环境建设面临的客观问题

大运河沿线民居不仅凝结着各个乡村的文化基因，而且不同于其他类型的乡村，它们是大运河历史发展的集中展现，具有独特的水乡特色和运河风情。但是，在当前乡村建设和大运河文化带、景观带、生态带建设的

* 2020年镇江市社科应用大运河文化带建设研究专项立项课题（2020DYL07）。

** 李晓，1981年生，江苏大学副教授，硕士生导师，研究方向为环境设计方法与理论。

热潮中，诸多原有民居传统建筑被“替代”或“更新”，乡村生态环境和文化观念也日益受到现代城市价值观的冲击，出现统一求快、标准单一的规划方式，忽视了大运河历史传统和地域文化风貌，造成了“千村一面”“表面美化”等客观问题。这些问题的出现，说明乡村环境建设未能充分保护乡村的历史文化、生态环境、传统风貌，甚至可能对乡村风貌或生态环境造成难以修复的影响。

大运河沿线民居生态环境出现的问题，需要我们从文化的角度出发，结合自然理论、运河学理论、生态学理论，对建筑及景观进行重新诠释，在新形势下确定契合的设计导向与策略，定位与大运河文化相辅相成的沿河民居建筑环境。

二、京杭大运河镇江徒阳段沿线民居环境现状分析

1. 京杭大运河镇江徒阳段沿线民居空间分布现状

京杭大运河位于镇江谏壁西侧，自谏壁闸口至丹（阳）武（进）交界处全长 42.74 公里河段①（交通部门第二次全国内河航道普查数据），是镇江运河文化带、景观带、旅游带建设的关键所在。本文拟选取大运河镇江丹徒—镇江丹阳段（简称“徒阳段”），该河段在历史上具有重要的政治、经济、军事地位，现今的丹徒入江口、丹徒横闸及丹徒古镇、古街未曾改道、移位，见证了 2200 多年的历史。

据调查发现，京杭大运河徒阳段沿线还有近 70 个乡村生态环境亟待改善（表 1），其中包括具有历史价值的王家花园、黄家小院等民居建筑遗址，以及张官渡、晓星等典型运河历史文化乡村②。

表 1　京杭大运河镇江徒阳段沿线村庄各类建筑汇总表

	公园	村庄	寺庙古迹	港口码头	桥梁
京口区	谏壁公园	癞元墩、渔业新村、焦湾村、晓村、龙咀村、江东纪、龙嘴村、潘家村、月湖村、王家、四草圩、五草圩、东陶村、西陶村、马家村	太平庵、王家花园	谏壁船闸	谏壁大桥、金港运河大桥

① 镇江市史志办公室、镇江市地方志编纂委员会：《镇江市志》，方志出版社，2014 年，第 349-378 页。

② 宋九成、吴欣：《运河岸边的乡村》，中国社会出版社，2017 年，第 130 页。

续表

	公园	村庄	寺庙古迹	港口码头	桥梁
丹徒区	辛丰农民健身公园、人民沟（山峰）	庄前跳、金涵口、姜家庄、前湖田、后湖田、麻村、辛丰村、小岛、夏家村、晏家村、尹家窑、后小辛村、湾沟村、金家坟、蒋家村、山里、罗家村、新丰村、刘家村、前晓星村、徐家村	三郎庙（法正禅寺）、真武庵、辛王庙、大圣寺、莲花庵、镇江青龙寺、于氏宗祠、桓氏分祠、清净禅寺、牛郎庙	永和仓储码头、百瑞吉仓储码头、镇江鑫达码头	大运河桥、辛丰公路南桥、京杭大运河桥、丹阳大桥
丹阳区	万善公园、人民公园	张官渡、第八分厂、胡家村、石羊蒋家、第三分厂、郭家、丁家村、西王村、甘贺村、石城村、缪马村、黄坡村、河头村、青阳浦、大钱村、费甲、大陈甲、殷家庄、基庄村、生甲、倪家村、上栅口、下栅口、东黄村、后洪村、戴家村、河南村、河北村、朱家庄、河园里	七里庙、海慧寺、黄家小院	新港码头、丹阳货场京杭运河港口	丹阳大桥、北二环大桥、人民大桥、云阳大桥、南二环大桥、陵口大桥、吕城桥、吕东大桥

京杭大运河奔腾入境而南下，长江则经北部向东流，京杭大运河镇江徒阳段沿线区域为有山有谷、有丘有圩、有洲有湖的地形地貌，同时受气候环境的影响，民居依水而建，逐步形成以水域为中心并向四周延展的布局形式（图 1），也有带形、斑块形、矩形（图 2）、扇形等不同的布局形式。京杭大运河镇江徒阳段沿线民居布局较为紧凑，沿线乡村较多，治理成本较高。

图 1　以水域为中心并向四周延展的布局形式典型代表：费甲

图 2　矩形布局形式典型代表：下栅口

2. 京杭大运河镇江徒阳段沿线民居建筑环境现状

京杭大运河镇江徒阳段沿线民居建筑主要以镇江传统民居建筑为典型，包含三合院及其他合院建筑的原型。镇江传统三合院建筑以天井为核心，坐北朝南，为避免强烈的日照，天井的空间东西横长、南北纵深较短。独栋的三合院整体呈方形，三间两厢三合院的长、宽均在 10 米左右，长宽比接近 1∶1（图 3）。由于受技术和材料的制约，传统民居建筑单间开间较小，进深大，内部开间多在 2.8 米至 3.3 米，各明间和次间的长宽比均为 1∶2（图 4）。但是，也有个别民居受地形、街巷或周边环境的限制，有特殊的空间形状存在①。

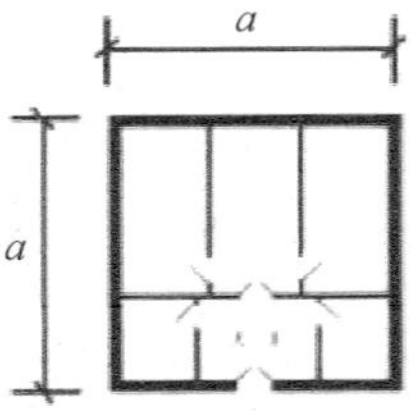

图 3　长宽比 1∶1 三合院示意图

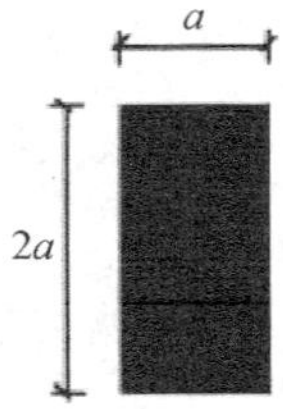

图 4　长宽比 1∶2 合院示意图

施工方法主要以穿斗式为基础，逐渐发展演化成独特的斗式与抬梁式等混合形式。混合式山墙的侧面贴用穿斗式，与密集的柱梁横向交叉组合，以墙体为辅，同时提高抗风能力。从屋顶的形态来看，由于南方潮湿多雨，京杭大运河镇江徒阳段的传统民居建筑具有比其他地区更大的屋脊曲线和高耸的屋脊，这有利于雨水的排放。从墙体的结构来看，多数是木承重结构，墙壁用作围护结构，用以防潮和防火，并能保护内部木制框架。由于位置特殊，防潮和防水的问题决定了其在建筑材料选择上的特殊性。石材可用于地基、圆柱和栏杆，也用作从地面到柜台脚部分的基础材料。

综上所述，京杭大运河镇江徒阳段沿线民居建筑保留了基本的南方民居范式，但由于乡村民居建设体系的起步较晚，前期没有根据当地乡村民居建筑基本情况进行有效的保护性控制，致使乡村民居和城市住宅在建设实践方面没有明显区分，丢失了原本的“运河人家”建筑风貌和运河特色，既破坏了生态环境，也无法弥补大运河沿线民居建筑风貌的不足，在当前我国大运河文化带、生态带、景观带发展的强烈需求下，京杭大运河镇江徒阳段沿线乡村民居生态环境治理迫在眉睫。

① 刘佳、过伟敏：《镇江近代建筑形态及其演变研究》，《太原理工大学学报》2013 年第 5 期。

3. 京杭大运河镇江徒阳段沿线民居生态环境治理现状

作为一条流动的活态运河，镇江市政府管理部门历来坚持和重视大运河的保护工作。关于京杭大运河镇江徒阳段主航道的整治与保护，自新中国成立以来，国家对大运河镇江段进行了五次重大整治，使京杭大运河镇江徒阳段基本上实现了预期治理目标，“水上高速”的通行能力逐年提升，然而，镇江在改善沿河民居生态环境治理上还存在以下几点问题：

（1）地域风貌特色不断丧失。

快速发展的经济伴随着文化的缺失，京杭大运河镇江徒阳段沿线乡村居民向城镇迁移或模仿城镇建筑形式，导致现今多数乡村民居已经严重偏离水乡应有的环境风貌，逐步“城市化”“现代化”，忽视地域特色导致民居建筑环境风格杂糅，与周围运河环境割裂。同时缺乏对自然的尊重，乡村生态环境受到冲击，乡村空间形态破碎，平庸乏味，千篇一律，不断丧失其地域特征。

（2）生态环境系统遭到破坏。

沿河民居为居民自发性建设，建设初期缺少总体的统筹规划，且由于条件有限，乡村格局、给排水系统、道路网络、水系绿化等方面均显得滞后。在自然生态环境中，人类活动可能会对乡村自然环境造成严重干扰，造成自然生态环境的碎片化，生态环境系统遭到破坏，带来不可挽回的损失。

（3）生态发展理念传播意识缺失。

目前，广大群众、社会组织和企业对生态发展理念的传播意识不强，更多地停留在学术领域的探讨。各区、各部门存在对生态发展理念传播工作态度冷热不均、思想认识片面和协同配合欠缺等问题，例如有的部门将生态发展理念传播简单理解为环境部门的事情，自身参与热情和参与度不高，而有的部门注重了区域范围内系统性、整体性、协同性的有机统一，但忽视了跨区域协作协同。因此，应注重提倡生态发展理念的传播，采取宣传、组织等形式来呼吁生态发展理念的重要性，提升人们的认识。

三、京杭大运河镇江徒阳段沿线民居生态环境治理原则

吴良镛在《人居环境科学导论》中，将民居环境解释为人类聚居生活的地方，是与人类生存活动密切相关的地表空间，是人类在大自然中赖以

生存的基地，是人类利用自然、改造自然的主要场所。① 大运河沿线民居生态环境，在传统民居生态化的思想上，应该更加注重气候环境、建筑形态、建筑构造、空间尺度、人文文化、社会资源，以及与大运河自然景观的融合（图5）。因此，沿河民居生态环境治理应该秉持“尊重传统建筑生态格局、重视乡村空间自然资源、彰显乡村文化生态价值、激发居民生态环境需求”的原则。

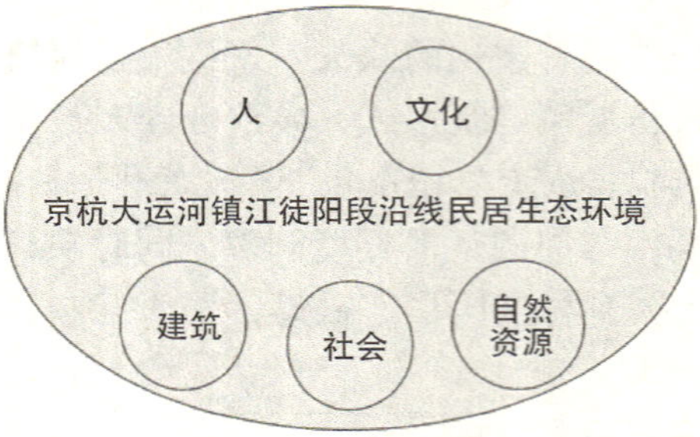

图5　京杭大运河镇江徒阳段沿线民居环境层次分析

1. 尊重传统建筑生态格局

乡村民居建筑的空间格局是在一定时期内演变形成的，对乡村民居生态环境修复具有参考意义。京杭大运河镇江徒阳段沿河乡村受地区水文因素的影响，在发展过程中结合地貌特征建设民居，形成了独具特色的乡村民居风貌。建设原则以保护建筑原生格局和风貌为基础，对民居风貌演变规律进行把握，是优化乡村建筑景观环境的关键。

在对京杭大运河镇江徒阳段沿线民居生态环境进行优化时，要尽量降低对乡村原生格局的影响，在乡村的景观规划和自然绿化布局中，依据乡村各类建筑物的空间关系，联系区域自然生态因素，形成建筑、人文、自然相互统一的优化设计，综合提升沿河民居的生态环境质量。

2. 重视乡村空间自然资源

在乡村现代工业化的影响下，京杭大运河镇江徒阳段沿线乡村呈现出农业向非农业乡镇靠近的趋势，诸多乡村经历了分化与重组。天然的河流堤岸逐渐形成连续性的硬化防洪堤，河流廊道则被无情隔离，河流景观被改变，人工河岸替代了原本的天然河岸（图6）。需对乡村景观进行合理的定位，使乡村环境与现代生产生活需求相适应，通过改造或优化乡村自然

① 吴良镛：《人居环境科学导论》，中国建筑工业出版社，2001，第50-65页。

生态，提高民居内部生态水平，增加自然绿化面积，修复和完善村庄闲置空间，填补民居建筑之间的闲置土地，充分重视发挥植物自然美化的强大作用。最终，通过自然绿化积极平衡乡村空间结构和天然肌理，从而提高大运河沿线民居生态环境水平。

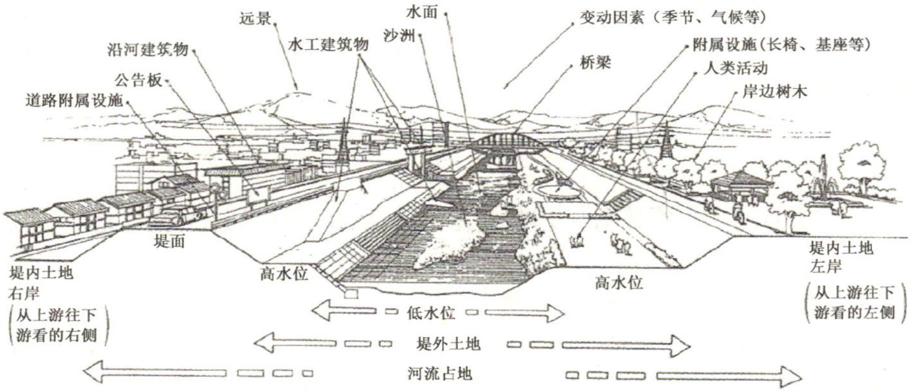

图 6　城市河流示意图

（图片来源：滨水景观设计）

3. 彰显乡村文化生态价值

保护乡村生态价值最重要的是彰显其运河乡村文化价值观念。“有机更新”指出在保持乡村生态环境完整性的同时，还要充分利用历史建筑的形式，对传统乡村建筑进行提炼，以形式的更新来丰富大运河沿线民居生态环境层级，强调运河文化在沿线乡村生态环境更新与治理中的重要地位。一方面，乡村文化的传承应该有序助推运河文化特色的物化；另一方面，沿河民居生态环境的建设离不开系统的运河文化作为基础。

在当前大运河沿河民居生态环境的治理中，文化价值可体现为农业文化遗产和运河文化遗产的价值。沿河乡村不仅具有丰富的生物多样性，而且物质文化中的乡村建筑具有丰富的历史、文化和艺术价值，能够直接反映乡村的内涵与特征。在非物质文化方面，沿河乡村民间习俗、礼节、歌舞、艺术、饮食、服饰等，维护了运河文化多样性，促进了沿河乡村文化生态的传承。

4. 激发居民生态环境需求

生态意识随着社会的发展而变化，京杭大运河镇江徒阳段沿河居民对生态保护有足够的认识之前，大多数非理性的发展都是基于沿河居民的经济和社会发展需求，但随着现代文明的发展，人们逐渐认识到生态环境的破坏不仅直接影响到社会的可持续发展，而且还影响气候变化和居住环境的质量。从而，现代生活方式使沿河居民对自己所处的空间环境产生了更高要求，他们越来越关注生态环境的变化以及精神上的感受。如何改善沿河乡村居住空间的生态性，并满足沿河居民的心理需求，需要对沿河乡村生态环境治理进行系统思考。

综上，生态环境的改造治理应基于居民对环境的心理需求，将自然资源与乡村建筑空间相结合，创造一个舒适、健康、宜居的沿河乡村民居环境。

四、京杭大运河镇江徒阳段沿线民居生态环境治理措施

1. 保护沿河乡村自然生态景观

重视当地特色植被的生态修复及趋向景观化是保护大运河沿线乡村自然风貌的必要手段，对乡村地域风貌的保护具有独特意义。沿河乡村民居空间旨在将建筑物与自然环境高度融合，用植被、树木、水景、廊架、雨水花园凸显生态环境。乡村特色植被，作为体现乡村风貌的主要元素，具有重要的景观价值，承载着人文情怀。乡村植被在乡村环境中既包括大规模的农田、林地，也包括小型的住宅庭院绿化和道路绿化。例如：沿河民居随处可见的在外墙铺设种植的爬墙植物（爬山虎、大花老鸭嘴或君子兰等），不仅具有遮阳和隔热的作用，还具有美化环境的作用。沿河乡村须有效保护河道自然景观，维护现代田园农业与自然河道环境相结合的现代乡村田园风貌，充分利用好运河河道自然景观资源（图7）。

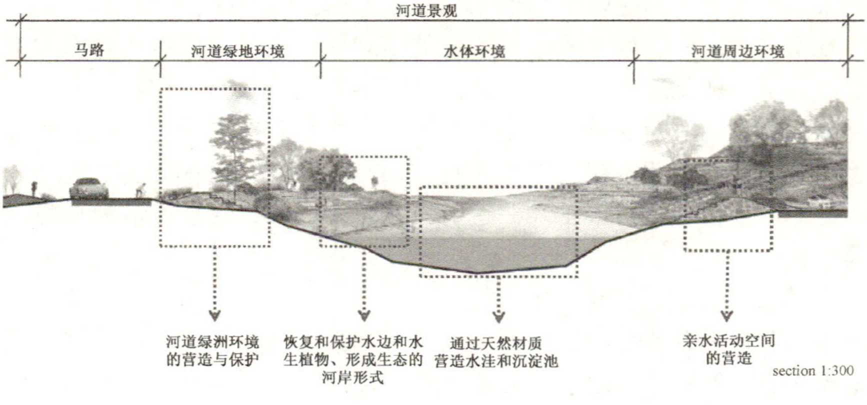

图7　京杭大运河镇江徒阳段沿线民居景观的理想营造

2. 修复沿河传统民居建筑特色

在生态设计理念的指导下，尽可能保留并恢复当地沿河民居传统建筑中的地域性特色，继承当地乡土建筑工艺技术，从传统民间文化中提炼设计元素，并将传统工艺与现代技术相结合，实现京杭大运河镇江徒阳段沿线民居建筑的生态发展。乡土建筑原型作为村庄历史的沉淀，是村庄历代居民集体智慧的外在体现，同时能引发村民的归属感和亲切感①，是能够使村民产生情感共鸣的物质符号。维持乡村乡土景观的情感记忆，通常表现在对原型建筑特征的控制上，以及地域性材料的运用上（表 2）。原型特征包含了村民对建筑环境、形式、朝向等具体的形态印象。如：通过对建筑朝向、间距和总体布局的控制，合理采光和通风；设置院落、天井作为缓冲空间，利用自然空间改善室内热湿环境。使用传统的乡土技艺和民间工艺，以最大限度地减少建筑物对环境的影响和破坏，实现“人与自然的和谐共生”的建造智慧，延续乡村生态文化。

表 2　京杭大运河徒阳段沿线传统民居使用的主要材料及其特征和利用

材料	特征	利用
木材	易加工营造，可作为围护、支撑等构件，分布范围广，适用范围广	围护使用：木骨泥墙；支撑使用：梁柱；构件使用：门窗、挑檐、挑廊等
石材	主要指不规则块材和板材，一般用于围护结构，具有较好的保温隔热性能	由于取材便利，材料丰富，因此被广泛利用，如碉房、高山族民居等。块材可用于墙体，板材可用于屋面
石灰	具有胶凌、防潮等性能，且与土壤、砂石等混合使用具有强度高、防潮好、易加工、造价低等特征，因此广为采用	砌筑材料：石膏与砂石、泥土按比例混合成为石膏砂浆，砌筑砖石瓦等块面材料；垫层材料：与泥土、砂石按一定比例混合的灰土（三合土、四合土）作垫层可以防潮且具有一定强度；装饰材料：墙面粉刷
砖瓦	防潮、保温性能好，且强度高，易于生产加工、施工砌筑，造价适宜，是民居主要的建筑材料	沿运河生产力较发达地区更常见。 围护使用：庭院民居的墙体、屋面等；承重使用：东北烟囱、围墙；室内使用：北方火炕、地面防潮
矿物颜料	主要具有装饰、保护，以及提高光线反射等作用	粉刷外墙以保护墙面，白色墙面还能对光线二次反射；鲜艳的色彩装饰民居

① 赵鹏飞、赵静好：《大运河在传统建筑文化传播与交流中的作用》，《青年记者》2018 年第 20 期。

3. 提炼沿线乡村民间文化元素

京杭大运河镇江徒阳段沿线乡村民居生态景观是环境治理的主体，因此，应当在保护乡村文化元素的基础上，提取沿河乡村的民间文化经典，并对其进行优化和提升。京杭大运河镇江徒阳段沿线乡村积淀了许多历史事件、名人轶事、传说故事，如丹阳的张官渡，据史料显示最晚在宋代就存在，是宋至清代大运河东西两岸人民生产、出行的重要渡口，对研究古代丹阳社会生活、交通状况，以及练湖水域与大运河关联的济槽、农业灌溉等功能有较高的价值；丹徒区辛丰村，传说三千年前有个辛王在此兴修水利设施，后来农业取得丰收，成为一段佳话；丹徒区辛丰镇尹家窑，位于京杭大运河东岸，据记载此处原有砖瓦窑等。这些传统民间乡土历史文化及人文资源经过科学设计与整合，一定能够重塑人与自然的和谐景象。

4. 培育沿河居民生态环保意识

（1）加强生态环境保护教育，积极开展沿河居民生态环境保护教育活动。调查发现，居民的生态环保意识与受教育水平直接相关。教育是社会发展的基础，应积极开展生态环境教育，帮助居民树立保护生态环境的意识感和责任感。可以组织居民观看学习生态环保的公益视频，也要积极开展各种形式的生态保护实践活动。

（2）发展沿河乡村生态旅游，提高居民的生态价值意识。沿河乡村在一定的自然区域内，通过保护生态自然环境并开展乡村文化旅游活动①，提高居民的生态价值意识。国家积极倡导大运河沿线生态文明建设，大力推动各级乡村生态文化旅游项目开发。通过促进乡村生态旅游发展，合理利用当地乡土自然资源，培育乡土民间文化的优质项目，实现吸引游客和增加沿河乡村居民经济收入的双重目标。发展生态旅游应当把居民的利益放在首位，居民经济收入增加，才能更加清楚地意识到生态环境的价值和保护生态环境的重要性。

（3）完善相关法规和乡约村规。通过宣传教育，提高居民对生态环境保护及相关法律制度的认知，充分发挥乡约村规对居民生态意识的约束和引导。应当予以对乡村生态环境保护做出重大贡献的居民，奖励和宣传；给予对乡村生态环境造成严重破坏的居民处罚。同时鼓励居民互相监督，维护生态环境保护成效，鼓励沿河居民自觉守护青山绿水的生态家园。

---

① 金珊、马健：《生态导向下的旅游规划探讨》，《城市建筑》2020 年第 4 期。

五、结语

京杭大运河镇江徒阳段沿线民居生态环境治理是大运河文化带建设的有机组成部分。镇江市政府积极履行推动大运河沿线民居生态环境治理的历史使命，不断加强沿河生态环境治理工作，坚持“尊重传统建筑生态格局、重视乡村空间自然资源、彰显乡村文化生态价值、激发居民生态环境需求”的原则，实施“保护沿河乡村自然生态景观、修复沿河传统民居建筑特色、提炼沿河乡村民间文化元素、培育沿河居民生态环保意识”等措施，科学处理沿河人居环境与大运河的耦合关系，理论联系实际，提高沿河民居生态环境的适应性、系统性、融合度，从而促进大运河景观带、文化带建设，带动镇江沿河乡村的统一协同发展。

丹阳段大运河文化的教育传承研究

缪旭芳*

师范学校的学生，传承大运河文化，是责任，也是使命。让师范生关注身边的人、事、物，承担起传承地方“母亲河”的责任，培养学生的责任感、使命感。同时，关注身边的大运河，深入了解大运河文化，从内心接受大运河文化生生不息的品格，从而滋养自己的心灵世界，激发作为当地人的人文历史情怀和爱家乡的情感。

一、研究的重要性

立足本土丹阳，研究丹阳段的大运河文化的教育传承，我认为有以下重要作用：

1. 大运河文化的保护和传承，是生活在大运河边的人们的共同责任

丹阳，是千里运河线上建县建城最早的古邑之一，是江南多条古运河（丹金溧漕河、九曲河、简渎河、香草河、破冈渎、吴陵港等）的交汇之城，是名副其实的“江南运河水都”。这座古城见证着漕运文化和商贸文化的辉煌，也有很多与运河有关的古地名、民间故事以及啷当调、黄酒、大麦粥等非遗文化。这些珍宝，我们有责任有义务去保护和传承。

2. 研究践行大运河文化，能激发当地人的人文历史情怀和爱家乡的情感

丹阳大运河沿线，有最大调蓄水库——练湖、最早驿站之一——云阳驿、秦皇水道——云阳水道、古名泉天下第四泉——玉乳泉等，还有围绕江南运河第一镇河宝塔——万善塔建成的万善公园，如果知道它们的过往，我们对家乡的感情就会变得非常具体而生动。李白《丁督护歌》“云阳上征去，两岸饶商贾”，已成为描写唐朝大运河丹阳段繁盛景象的名句。文化里

---

* 缪旭芳，1972 年生，副教授，主要从事语文教育、学前教育的教学和研究工作。

承载着历史，历史里有祖先的足迹，这些都能激发当地人的人文历史情怀和爱家乡的情感。

3. 让学前教育的师范生先行，使大运河文化的传承现实可行

本文主要围绕镇江高专丹阳师范学院学前教育的师范生展开，我认为这对于大运河文化的传承有现实可行的意义。丹阳的师范生应该知道当地的大运河文化，并且有责任把大运河文化传输给学前教育的幼儿，使幼儿接受大运河文化的启蒙教育。

二、研究背景及现状

（一）研究背景

1. 宏观层面：大运河文化带建设

作为中国地图上“人”字的那一捺，大运河出苏杭、穿齐鲁、抵燕赵，漫漫 1794 公里。千年来，它始终关乎国家经略，被称为“国之命脉”。

习近平总书记高度重视大运河文化带建设，先后两次作出重要指示。2019 年 2 月，中共中央办公厅、国务院办公厅印发《大运河文化保护传承利用规划纲要》，要求各地区各部门结合实际认真贯彻落实。

2. 中观层面：多元文化的融合，敦促我们对传统文化的保护和传承

今天是一个多元文化融合的时代。我们在接受其他民族优秀文化的同时，更需要提醒自己和引导孩子坚守和传承中华民族传统文化。网络时代的微信、QQ 等，传送给我们的是碎片化的快餐式的信息，只有经历过时代的积淀大浪淘沙般地留存至今的文化，才会具有真正的生命力。

流淌千年的大运河，显示出厚德载物、柔中有刚的民族性格。做好传承的文章，应围绕“文脉或精神血脉的延续”这个关键。淮阴师范学院历史文化旅游学院教授李德楠建议推动运河文化进校园，重视生态保护与运河文化传承结合。

3. 微观层面：面对日常生活中的运河，我们更需要河水的精神滋养

笔者就居住在大运河边上，真切感受到了大运河两岸在近几年里的发展变化。可是，如果问及大运河的人文历史及运河与我们生活的关系，可能人们就知之不多了。大运河沿岸的居民在享受前人的恩泽时，已经不太去感受运河对我们的精神滋养了，大运河在今天的生活中不仅是一条流淌着的河流，它身上的内涵和精神，今天的人们更应该传承和发扬，而且应该从孩子的启蒙教育开始。

（二）研究现状

1. 大运河文化的教育传承研究课题领域比较狭窄，成果不丰富

有关大运河文化的运河形成、人文历史、地理演变和内蕴精神等，已经有许多学者和大运河文化热爱者研究并形成了丰富的成果。而从教育传承的角度研究大运河文化的课题，主要局限于区域合作、校本课程等方面。比如2019年11月，无锡市教育联盟践行“运河文化滋养生命”的核心理念，以“大格局、大空间、大主题”统领运河文化学校教育实践，形成区域合作研究机制，全方位多角度打造大运河文化教育体系。再如2018年，浙江省嘉兴市桐乡石门镇羔羊中心小学编写了大运河文化拓展性校本课程《可爱的运河湾》。

2. 丹阳段大运河文化的教育传承研究才刚刚起步

丹阳段的大运河文化带建设，也有着较多的研究成果，但是从大运河文化的学校教育传承的角度来看，这几年的研究成果很少，更多开展的是丹阳地方和学校的曲艺演出等活动，在学校教育传承的研究和践行上还有许多可以展开研究的课题。

三、研究的具体实施策略

笔者对丹阳段大运河文化传承的研究和实施，具体从两大方面展开，重点是在师范生中开展大运河文化的宣传和传承活动：

（一）对丹阳段大运河文化的资料阅读和整理

1. 整体了解京杭大运河

笔者一直关注着身边的大运河，去过运河之都淮安，镇淮楼、古运河风光带都在诉说着淮安在大运河发展中的重要地位。也去过苏州、无锡、常州，大运河的水依然荡漾长流，两岸风景越来越美，自然风光与人文景观交相辉映。这期间，笔者阅读了张翠英的《大运河文化》、夏坚勇的《大运河传》、李德楠的《大运河》等书，又观看了有关大运河的纪录片，对大运河的前世今生有了较为系统的了解。

京杭大运河是解读中国的一部百科全书，它是人类工程史上的奇迹，记载了中国人民的生活和历史的点点滴滴。在阅读有关京杭大运河史料的过程中，我们感慨这样的一条人工大河在历史长河中的绵延不断、生生不息，更惊诧于京杭大运河对当时、对后世所做的巨大贡献。

2. 聚焦解读丹阳段大运河

京杭大运河丹阳段，最初始于秦。公元前210年，秦始皇东巡至云阳地域，见此地有天子之气，遂发赭徒三千，凿云阳北冈山，截直道使之曲，破“王气”，并将“云阳”改名“曲阿”。凿冈引江水穿过丹阳，世称“徒阳运河”。该河道直下江南平原，与奔牛运河相接，沟通了南北水运交通，从而奠定了丹阳两千多年水运长盛不衰的基础。

因京杭大运河在丹阳境内落差大、水流急，故多采弯道使之趋缓，尤其是途经县城时，更是采用分湾并用之法。丹阳城区段的运河曾经历过三次大规模的改道。如今的京杭大运河丹阳段道直水缓，全长29.2公里，是丹阳市老城区与开发区的分界线。

丹阳作为京杭大运河上的千年古城，江南多条古运河交汇的“江南运河之都”，存续着许多人文故事和风俗，为后人留下了珍贵的文化遗产。运河沿线最大调蓄水库——练湖、运河沿线最早驿站之一——云阳驿、运河沿线独有秦皇水道——云阳水道、运河独有李白千古名篇——《丁督护歌》、运河沿线独特秦皇驰道——小辛驰道、运河沿线唯一帝陵入口——陵口、中国独一无二过山运河——破冈渎、运河古名泉天下第四泉——玉乳泉、江南运河第一镇河宝塔——万善塔等，丹阳人民说起来如数家珍。还有开泰桥、尹公桥、贤桥、泰桥、麦舟桥等，还有大麦粥的传说、吕蒙烤饼的故事、访仙的传说等。

面对如此丰富的运河文化“家珍”，丹阳这座两千多年的运河古城，应该有文化自信，也有责任积极参与到建设大运河文化带这一国家重大战略部署中来！根据“文化引领”的战略部署要求，丹阳可以充分挖掘丰富的大运河文化内涵，擦亮举世认可的运河文化名片，展示独特的地方文化优势和人文风貌。

（二）在师范生中开展大运河文化的宣传和传承活动

1. 先期调查及分析

（1）设计问卷。

要在师范生中开展大运河文化的宣传和传承活动，就需要先就学生对大运河知识的掌握情况做一个了解。笔者设计了一份“关于京杭大运河丹阳段文化知识的调查问卷”，通过“问卷星”，发放给镇江高专丹阳师范学院17级、18级的学生在线填写，收到有效问卷389份。

这份围绕“丹阳段大运河”相关内容的问卷，共20个选择题。其中5个是围绕京杭大运河的基本情况而设计的题目，比如，大运河北起北京，南达杭州，纵贯海河、黄河、淮河、长江和钱塘江五大水系，流经北京、河北、天津、山东、江苏、浙江六个省市，你知道京杭大运河全长约是：A. 1794公里 B. 3200公里 C. 883公里 D. 不清楚。这样的设计，既把应知应会的内容放在里面，同时也调查学生对相关情况了解多少。

9个题目是围绕丹阳段大运河的知识而设计的，比如，你知道穿丹阳城把丹阳分成城区和开发区的河流是：A. 京杭大运河 B. 香草河 C. 九曲河 D. 不清楚。再如，丹阳大运河沿岸三国故城遗址是：A. 访仙 B. 陵口 C. 吕城 D. 不清楚。

还有5个题目是从保护和传承大运河文化方面进行设计的，比如，作为在丹阳上学的师范生，你觉得有责任和义务去保护、传承和宣传大运河文化吗？A. 有 B. 没有 C. 随便 D. 不清楚。再如，作为师范生，你觉得以下保护、传承和宣传大运河文化的做法，哪种较好？A. 自己强化学习 B. 利用教师职业特点，在幼儿教育教学中传承 C. 实地考察，写成调研报告 D. 进入社区，宣讲，发放传单，看宣传视频。

同时，笔者还设计了一份"关于京杭大运河丹阳段文化知识的调查问卷（社会卷）"，设计目的是了解社会人员对大运河的基本历史和发展情况知道多少。在微信朋友圈投放后，收到有效问卷共89份。

（2）问卷分析。

分析一，大运河文化亟须宣传。

在问卷中设计的第1题，请问你的身份是：A. 丹阳本地学生 B. 外地学生。设计此题是为了看看本地居民是不是对身边的大运河文化知道得更多一些，但是从学生的答题情况来看，不论是本地的还是外地的学生，他们对大运河的基本情况是知之甚少的。比如问卷的第5题：

中国大运河在第38届世界遗产大会上获准列入世界文化遗产名录，成为中国第46个世界遗产项目，这一年月是：____ [单选题]

选项	小计（人次）	比例
A. 2000年6月	31	7.97%
B. 2014年6月	94	24.16%
C. 2019年6月	12	3.08%
D. 不清楚	252	64.78%
本题有效填写	389	

这题的正确答案应该是B，但是从答题情况可以看到，64.78%的学生是不清楚的。不仅是这题，大部分的题目的答题情况，占比相对比较高的

答案是“不清楚”。数据告诉我们，学生只知道它的名字叫“大运河”，他们不太清楚大运河身上所承载的历史和发展变迁，没有感受到由此形成的大运河文化对一代代人的滋养。因此，在今天信息多元化的时代，学生尤其是师范生，亟须了解大运河文化，保护和传承大运河文化。年轻人的文化内涵中需要增加对本土文化的认知，爱自己，爱家人，也要爱家乡，爱家乡的文化，传承家乡的优秀文化。

分析二，作为师范生有着一份传承和宣传大运河文化的责任。

在问卷中，有如下这样的三道题：

作为在丹阳上学的师范生，你觉得有责任和义务去保护、传承和宣传大运河文化吗？____［单选题］

选项	小计（人次）	比例
A. 有	349	89.72%
B. 没有	3	0.77%
C. 随便	5	1.29%
D. 不清楚	32	8.23%
本题有效填写	389	

作为师范生，你觉得以下保护、传承和宣传大运河文化的做法，哪种较好？____［单选题］

选项	小计（人次）	比例
A. 自己强化学习	41	10.54%
B. 利用教师职业特点，在幼儿教育教学中传承	291	74.81%
C. 实地考察，写成调研报告	9	2.31%
D. 进入社区，宣讲，发放传单，看宣传视频	48	12.34%
本题有效填写	389	

作为师范生，你觉得幼儿启蒙教育中需不需要渗透本土文化的教育？____［单选题］

选项	小计（人次）	比例
A. 需要	368	94.60%
B. 不需要	5	1.29%
C. 随便	2	0.51%
D. 不清楚	14	3.60%
本题有效填写	389	

回答的数据显示，绝大部分的师范生还是有保护、传承和宣传大运河文化的担当的。尽管问卷答案的设计有引导作用，但是这种值得或者不值得的引导，还是能给学生一个正面提醒和启发，学生原本淡薄的意识会被激发起来，去思考从没有思考过的东西，甚至在自己的学习中和以后的幼教工作中关注和传承。我们很高兴地看到学生还是愿意接受文化的传递的，比如，第18题，74.81%的学生选择了“利用教师职业特点，在幼儿教育教学中传承”，可见学生的传承意识是自觉的。

分析三，对大运河文化的保护、传承和宣传任重道远。

不光是学生，社会上的普通民众也是对大运河知之甚少的，从社会调查问卷中也可以看出这点，比如第7题：

中共中央办公厅、国务院办公厅印发了《大运河文化保护传承利用规划纲要》，将大运河的保护与开发上升到国家战略层面，这一年月是：____[单选题]

选项	小计（人次）	比例
A. 2000年2月	8	8.99%
B. 2010年2月	20	22.47%
C. 2019年2月	39	43.82%
D. 不清楚	22	24.72%
本题有效填写	89	

尽管有43.82%的人回答正确，但是对于中央发布的有关大运河的重要文件，还是有生活在大运河边的人们不知道，人们对一些国策性信息不太了解。如果我们成人不知道大运河文化，那么对小孩的家庭教育也就有所缺失。大运河文化的传承，如果仅靠几个政策的颁布，而没有大家齐心合

力的宣传行动，就会依然停留在纸上，大家就只把大运河当河水来看了。因此，在大运河文化的保护和传承上，我们要做的事情有很多，任重道远。

2. 课堂渗透，融合幼教技能

（1）课堂渗透。

在丹阳上学的师范生，不论是不是本地人，对所在城市的这一方水土都应该了解和熟悉。所以，在学校的课程学习中，遇到相关话题，可以拓展开去，渗透本土文化，渗透大运河流经丹阳的历史人文内涵。我们课题组主要的渗透方式有：

拓展延伸。比如，语文课堂讲解李白的《蜀道难》时，不失时机地把李白经过丹阳在游览丹阳大运河时写下的千古绝唱《丁督护歌》介绍给学生。学生一旦了解李白来过丹阳，还留下了名诗，学习的兴趣也就油然而生。这时出示完整的诗歌内容，让学生读一读，解一解。（附李白的《丁督护歌》：云阳上征去，两岸饶商贾。吴牛喘月时，拖船一何苦。水浊不可饮，壶浆半成土。一唱都护歌，心催泪如雨。万人凿盘石，无由达江浒。君看石芒砀，掩泪悲千古。）

网络连接。课堂上有内容涉及丹阳本土文化时，教师可以引导学生上网查阅相关信息，增强对作者和那个时代的认知。比如，历史课上，南北朝时期的朝代更迭频繁，南朝的变迁中齐梁两代都与丹阳有着割不断的联系，丹阳就是齐高帝萧道成、梁武帝萧衍两代开国皇帝的故里。可以当堂查阅现境内存有的南朝帝陵石刻的相关信息，了解有关陵口名称的来源，等等。

专题讲座。如果只是着眼于丹阳的大运河来说，其实是局限的，应该把学习的视野放在整个京杭大运河的历史发展变迁上。因此，利用班会课、活动课等课堂，课题组教师可以在专题讲座上把大运河变迁中学生感兴趣的内容有重点地讲解给学生听，让学生了解身边这条古运河的辉煌历史。

观看视频和阅读书籍。有关大运河的纪录片很多，有关大运河的书籍也很多。学生在课外学习中可以通过阅读和看纪录片了解更多、更系统、更深入的大运河知识。只是，让学生自觉去完成这些任务是有困难的，学生的阅读几乎是碎片化的，学生对视频的兴趣不在纪录片而在其他。所以推进学生阅读，还需要进一步宣传和引导。

（2）融合幼教技能。

本文研究的目的不只是让师范生了解和熟悉大运河文化，更是想师范生走进幼儿园时让幼儿受到大运河文化启蒙教育。因此，在师范教学期间，教师可以在培养学生应学的技能时，把大运河文化融合进去。本次课题研究的过程中，围绕丹阳段大运河文化，与学前教育专业结合，收集资料，整理资料，让师范生把大运河文化融入故事、美术、诗歌、游戏等中。我们主要采用的方式有：

创设幼儿故事。丹阳的大运河是穿城而过的，世世代代的百姓都在水边生活，大运河的变迁发展也推动了丹阳经济、人文等方面的发展变化，留下了很多故事传说。比如，吕城的烤饼，与三国时期的吕蒙将军带兵驻扎在丹阳吕城有关，于是就有了吕蒙烤饼的美食；再如，乾隆皇帝六下江南，经过丹阳时喝大麦粥的故事就一直在百姓中口口相传，到了夏天，丹阳人就特别青睐大麦粥，这成了人们生活的一部分。组织学生收集整理资料并编写成幼儿故事，并在幼儿故事的演讲技能训练中绘声绘色地讲出来。我们收集整理的故事有《乾隆皇帝喝大麦粥》《吕蒙烤饼真好吃》《访仙桥的故事》《丹阳啷当调》《齐梁皇帝与六朝石刻》等。

诵读有关丹阳的诗歌。师范生的技能训练中，诵读能力是一项必备技能。除了朗读一般文章之外，还要诵读儿歌、诗词。我们除了选择经典的诗歌之外，有关描写丹阳的诗歌也就成了我们选择的内容。丹阳既是水陆交通枢纽，又是齐梁故里，因而吸引众多文人纷至沓来。在丹阳的人文历史中，描写丹阳的诗歌还是很多的，写丹阳大运河的最有名的就是李白的《丁督护歌》。南朝四大著名诗人陶渊明、谢灵运、颜延之、鲍照，都留下了有关丹阳大运河的不朽诗篇。如陶渊明的《始作镇军参军经曲阿作》："弱龄寄事外，委怀在琴书。被褐欣自得，屡空常晏如。时来苟冥会，宛辔憩通衢。投策命晨装，暂与园田疏。眇眇孤舟逝，绵绵归思纡。我行岂不遥，登降千里余。目倦川途异，心念山泽居。望云惭高鸟，临水愧游鱼。真想初在襟，谁谓形迹拘。"再如谢灵运的诗句"晓月发云阳，落日次朱芳"，颜延之的《车驾幸京口三月三日侍游曲阿后湖作诗》，其中"曲阿后湖"指的就是丹阳的练湖，还有鲍照的《登云阳九里埭诗》等。我们以此为切入点，让师范生多了解诵读一些描写丹阳的诗歌，自己是丹阳人、自己在丹阳读书学习的自豪感便油然而生，这就是潜移默化的情感传递。

在平时学生练写钢笔字和粉笔字的过程中，让学生写写有关丹阳的诗歌，把大运河文化、丹阳文化浸润在平时的学习生活中。图 1 是学生用钢笔、粉笔书写的有关丹阳的诗歌：

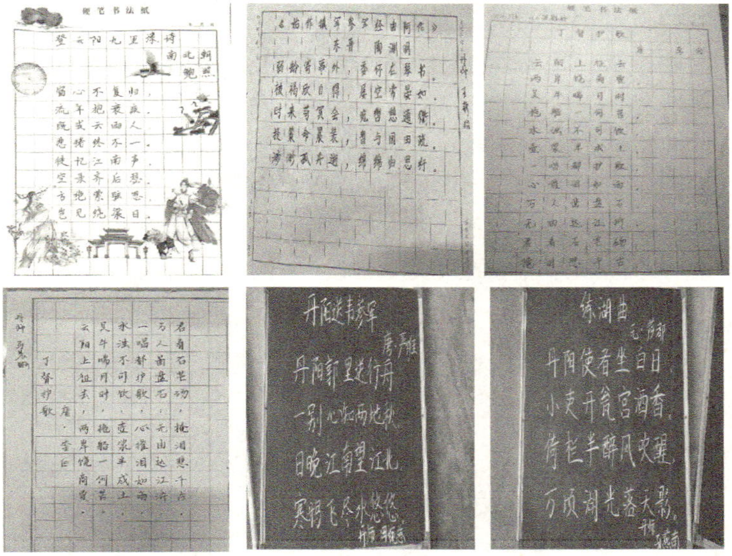

图 1　学生用钢笔、粉笔书写的有关丹阳的诗歌

绘制儿童画。师范生的儿童画技能是我们学院学前教育专业十项技能考核中的一项。在考核时，一般是当场抽测，现场给定主题，30 分钟作画。因此，在丹阳段大运河文化的传承中，给定学生大运河文化中的一个主题，让学生当场作画，是可以考验学生的绘画能力的。学生可以大胆想象，不拘泥于真实的情景，把丹阳的、大运河的文化元素融进绘画中。学生在绘制这些儿童画时，也就比较容易入手。图 2 是师范生绘制的一组儿童画。

图 2　师范生绘制的丹阳、大运河文化元素的儿童画

师范生根据丹阳的自然人文景观大运河、万善公园、万善塔，用儿童画的形式绘制出来，很有童趣，爱丹阳、爱大运河的情愫就在一笔一画中融进了心灵世界。

设计幼儿活动。利用幼教专业课程，进行丹阳段大运河文化的活动设计。根据课型不同，可以设计成语言活动、绘画活动、体验活动、游戏活动等。比如，丹阳大运河边的万善塔是丹阳的地标建筑，也是有历史渊源的人文景观，可以以万善塔的人文知识设计绘画艺术活动：

活动名称：大班绘画艺术活动“美丽的万善塔”

一、活动目标

（1）通过图片、视频，让幼儿认识丹阳大运河旁的万善公园里的万善塔，感受万善塔的美丽。

（2）播放视频并讲解万善塔的历史故事，让幼儿知道万善塔的来历，萌发保护万善塔的感情。

（3）能够运用绘画材料，画出心中的万善塔形象，感受万善塔的美，感受丹阳的美。

二、活动准备

（1）物质准备：图片、视频、画纸、彩笔。

（2）经验准备：家长带幼儿游玩万善公园，并拍摄和万善塔合影的照片。

三、活动过程

1. 谜语导入

老师：小朋友们，老师出一个谜语，大家来猜一猜：头戴尖尖铁帽，身穿八角龙袍，四面无依无靠，狂风吹它不倒。（塔）引出活动话题：万善塔

2. 认识万善塔

老师出示图片：小朋友，你们知道万善塔在哪里吗？（万善公园）

万善公园的边上有一条河，叫什么？（大运河，也叫京杭大运河）

3. 了解万善塔

（1）你知道万善塔长什么样子吗？谁来说说？

明确：这座塔有七层，相当于我们住的七八层楼房那么高呢。它的外形有八个面，远远看去，很像一支笔，所以又叫它“文笔塔”。

（2）我们丹阳为什么会有万善塔呢？它是什么时候建起来的呀？

明确：万善塔是我国明朝时候建起来的，距今有400年啦。原来我们老百姓叫它万寿塔，因大运河对岸有万历皇帝御赐匾额的万善寺。后来在塔顶的塔刹宝瓶上发现字迹“镇江府丹阳县万善宝塔”，才改称“万善塔”。

4. 再赏万善塔

（1）我们丹阳的小朋友都在爸爸妈妈的带领下游玩过万善公园啦，哪个小朋友愿意带着游玩的照片，上台来跟我们说说你是怎么游玩万善公园的，看到了什么？想跟我们说点什么？

（2）老师也拍了万善公园和万善塔呢，我们一起来看看，好吗？

播放万善公园的短视频。

5. 画出万善塔

师：大运河边的万善公园美不美？你们喜不喜欢万善公园里的万善塔？我们把它画下来，好不好？

生绘画，老师指导，建议在纸上画出大运河和塔。

6. 张贴图片和展示儿童画

7. 活动延伸

请幼儿回家把自己画的万善塔展示给家长看，并把万善塔的来历说给家长听。

请父母再带孩子去公园，再次感受万善塔的美，感受丹阳的美。

（设计者：幼师17级邵雪倩、史雯婷同学）

从这份活动设计可以看到，把大运河文化与当地的人文景观结合起来，用幼儿喜欢的方式进行引导和启蒙，是可行的方案。

3. 实地考察，“田野研究”更有收获

2020年的课题研究，因为疫情的影响，实地考察并没有能够充分展开，也没能组织学生实地探究。不过，我们老师还是克服困难，积极参与了两次考察活动。

一次是“舟行镇江丹阳段大运河”，由我校本部负责大运河研究的钱兴主任带队。我们从谏壁船闸开始，先是考察了与大运河连接的长江口，然后经过船闸，游览大港、丹阳段的大运河。如今的大运河运输十分繁忙，货船络绎不绝。

还有一次，也是钱兴主任带队，专门考察了丹阳的大运河古迹。课题组精心选择了小辛村古道、大运河风光带、练湖五孔闸、南门开泰桥、陵口御码头、荆林胡桥六朝石刻等地作为考察点。老师中有好几个是丹阳人，也熟悉丹阳，在考察过程中都感慨万千，生活在丹阳这片土地上，他们只知道丹阳的外在形象和现在发展的样貌，但对丹阳的历史、丹阳的人文古迹知之甚少，通过考察，发现要深入学习的地方很多，只有真正了解丹阳、懂得丹阳，才能不枉为一个丹阳人。

丹阳，作为一座千年古城，值得挖掘的东西很多，仅是大运河文化的层面就有很多可以发扬和传承的文化情蕴，以后研究中要做的事情还有很多，我们深感研究责任的重大。

4. 校校联合，使幼儿受到启蒙教育

我们在研究中发现在幼儿园引领幼儿认知大运河文化几乎是一块空白。扬州的一些幼儿园意识到弘扬和传承大运河文化精神应从娃娃抓起，但都还在初始阶段。丹阳市吕城“吕蒙烤饼”是家喻户晓的丹阳特色名点。丹阳吕城中心幼儿园在“爱家乡学厨艺”活动中选择吕蒙烤饼、脂油团子、特色手擀面等家乡美食制作作为幼儿游戏课程内容。每当中秋时节家家户户月饼飘香的时候，丹阳市吕城中心幼儿园的孩子们都要举行一次“吕蒙烤饼品尝会”。在丹阳市吕城中心幼儿园园长蒋慧萍看来，要让吕城的孩子们记得住吕城，留得住乡愁，更重要的是从小对他们进行爱家爱乡的乡土教育，让幼儿在大自然这个天然的课堂中得到锻炼和成长，让农村的孩子记得乡貌，不忘乡情，心存乡恋，萦绕乡愁，感恩父母，敬畏自然。丹阳市吕城中心幼儿园将乡土、乡貌、乡情、乡恋、乡愁等“五乡”文化融入幼儿园的日常教育之中，其烤饼品尝会也是围绕爱吕城的主题来展开的。

因此，本文的研究和实践就具有了现实意义。在师范生的技能学习中融入本土文化元素，不只是为了让他们了解大运河文化，更是希望师范生在幼儿园实习和毕业后从事幼教工作时，能有意识地去宣传本地大运河文化，让幼儿受到启蒙教育。“大运河，长又美，连着南和北，保护运河要靠谁，看我丹阳小宝贝……”借着儿歌、故事、游戏等活动形式，让大运河文化的精髓融入幼儿成长过程中，根植在幼儿的心坎里，这样，大运河文化精神才能得以代代相传。

四、总结与思考

本文的研究仅是个开头，还有很多研究工作和实践工作需要在以后的教学和活动中展开。对丹阳段大运河文化的资料整理和考察还需要进一步深入和拓展，在师范生中如何形成系统化的文化传承活动还需要进一步落实和广泛开展，让师范生带着传承理念走进幼儿园并在游戏活动中实施也是需要计划和时间来体现的，等等。在研究的过程中，我们对大运河文化的保护和传承总结如下：

先期的调查和考察为课题的研究和践行做了很好的铺垫工作。结合丹阳当地情况来研究大运河文化，就带有浓厚的本土文化气息。对这个时代的人们来说，要了解身边的这条大运河在诉说着什么，倾听它的心声。因此，先期的调查就显得很重要，这可以为我们的课题研究确定研究重点和方向。走访考察是为获得最直接、最真实的研究资料，比如对练湖闸的考察，可以知道丹阳的古运河是靠练湖来控制水量的，但由于丹阳地势较高，练湖逐渐失去了它的功用，而今只是一个地名，已经没有碧波荡漾的湖水了。

课题的研究和实践不是一蹴而就的，需要一个相对比较长的践行期。本文对丹阳段大运河文化的保护和传承研究，还只是一个开始。绝大部分丹阳人对大运河的过往历史是知之甚少的，可以说，这项传承任务是需要一个相对比较长的时期来实现的。可喜的是，丹阳的相关部门已经开始践行了，大运河风光带的建设，西门城楼的建设，万善塔及万善公园的修缮，南朝石刻的维修和保护等，都已经初现成果，市民也在大运河边感受到了大运河的人文气息。我们的课题研究意义在于把师范生的功能发挥出来，把这种传承意识带到幼儿园，带给 3~6 岁的幼儿，让文化的传承从幼儿开始，然后融进每个丹阳人的血液里，代代相传。

本文深入系统的研究还有待进一步进行。丹阳作为千年古城，在历史的变迁中因大运河而有哪些生活方式的变化，哪些是在变迁中沿用至今，又有哪些随着时代变迁而消失；大运河交通运输中的哪些文化融进了丹阳的本土文化中，又可表现出怎样的文化特征等，都需要深入研究。我们年轻一代怎样把大运河文化精神保护和传承下去，也是一个需要展开研究的课题。在师范生中践行只是其中的一小方面，真正的文化保护和传承还是要靠丹阳人民的共同努力。

丹阳段大运河文化的保护和传承是一个需要长期实施、长期坚持的行为，也有赖于丹阳当地政府的推动和支持，有赖于各级学校对学生传承理念和意识的培养，有赖于相关各级单位的积极投入和建设，只有大家共同参与，共同策划，共同行动，才能把千年古城的文化名片打响，才能真正让丹阳人为生活在大运河边而感到自豪。

参考文献：

［1］李德楠．大运河［M］．南京：江苏凤凰美术出版社，2019.

［2］夏坚勇．大运河传［M］．南京：江苏凤凰文艺出版社，2018.

［3］张翠英．大运河文化［M］．北京：首都经济贸易大学出版社，2019.

［4］丹阳市地方志编纂委员会．丹阳县志［M］．南京：江苏人民出版社，1992.

大运河江苏段非遗文化融入本土高校教育的对策研究

孙　伟* 　孙雨晨*

中国大运河源远流长，运河文化博大精深。由于这条历史长河具有极其广阔的时空跨度，一度成为周边地区孕育文明的摇篮，习近平总书记对此强调："大运河是祖先留给我们的宝贵遗产，是流动的文化，要统筹保护好、传承好、利用好。"[1] 建设大运河文化带是党中央、国务院作出的重大战略决策，是传承弘扬中华优秀传统文化、坚定和发展文化自信的重要载体。

大运河地跨北京、山东、江苏、浙江等8个省级行政区，包含50余处遗址、40多个古镇和文化遗产项目及众多非物质文化遗产。江苏段作为大运河的发源地，其非物质文化遗产既是大运河历史发展的见证，又是珍贵的、不可再生的文化资源。现今，如何使大运河江苏段地域文化得以保护和传承，并适应现代社会的发展，是值得高度重视和深入研究的一个重要课题。

高校教育作为系统的学校教育的一个重要环节，应在非物质文化遗产的传承与保护中发挥重要作用。高校特别是地方高校在保护、传承非物质文化遗产，弘扬中华优秀传统文化的时代重任中具有得天独厚的资源与优势。把大运河江苏段非遗文化融入本土高校教育体系，建立系统、科学、合理的教育机制，从教育的视野去研究大运河江苏段非遗文化的保护和发展问题，是更好地保护与传承大运河江苏段非遗文化的必然要求和重要途径。

---

* 孙伟，江苏大学艺术学院副教授，硕士研究生导师，中国音乐家协会会员，中国教育学会高等音乐教育专业委员会理事，江苏省非物质文化遗产评审专家，江苏省文艺评论家协会会员，镇江市音乐创作研究学会副会长，镇江市音乐家协会理事，镇江市文艺评论家协会理事，镇江市非物质文化遗产评审专家，研究方向为声乐表演与教学研究、中国传统音乐研究、非物质文化遗产学研究。孙雨晨，江苏大学艺术学院学术型在读硕士研究生。

一、大运河江苏段非物质文化遗产概况

大运河始建于春秋时代，江苏段是其中历史最悠久、保存状况最完好、文化遗产资源最为密集的一段，至2020年8月共有6段河道、7个遗产区及22个遗产点入选大运河世界遗产名单。大运河江苏段自身悠久的历史、深厚的文化底蕴使这里不仅聚集了不少的物质文化遗产，也孕育出了数以千计的非物质文化遗产。

历史文化的深厚、地形地貌的独特，沉淀塑造了大运河江苏段风格独特、项目众多的非遗代表作。截至2020年7月，大运河江苏段共有国家级非物质文化遗产102项，省级484项，市级1175项；国家级非遗传承人119名，省级344名，市级1954名。表1是“大运河江苏段非物质文化遗产项目及传承人概况表”。

表1　大运河江苏段非物质文化遗产项目及传承人概况（时间截至2020年7月）

地市	非遗项目（项）			非遗传承人（名）		
	国家级	省级	市级	国家级	省级	市级
徐州市	10（徐州香包等）	69（邳州年画等）	90（邳州花鸟字等）	8	35	143
宿迁市	2（泗州戏等）	27（云渡桃雕等）	92（刻纸门花等）	1	15	166
淮安市	6（淮海戏等）	39（溱湖刻纸等）	222（撕纸画等）	4	13	247
扬州市	19（扬州剪纸等）	62（江都漆画等）	216（扬州篆刻等）	25	80	434
镇江市	9（秦淮灯彩等）	39（玻璃雕绘画等）	48（烙铁画等）	7	21	106
常州市	13（金坛刻纸等）	53（常州烙画等）	131（湖塘剪纸等）	11	43	258
无锡市	11（惠山泥人等）	64（无锡纸马等）	133（真丝绢花等）	13	42	266
苏州市	32（桃花坞木版年画等）	131（苏州砖雕等）	243（草编等）	50	95	334

二、本土高校参与大运河江苏段非遗文化保护与传承的紧迫性与必要性

（一）本土高校参与大运河江苏段非遗文化保护与传承的紧迫性

中国的非物质文化遗产渊源于中华五千年文明，人们审视自身及社会整体发展的目标时，更加要认识到对非遗文化保护的重要性和紧迫性。随

着当前全球经济社会的快速发展，一方面，全球经济科技一体化趋势对各国特别是发展中国家的传统文化产生了巨大影响，加剧了传统文化、弱势文化的消亡速度。另一方面，非遗体现了特定民族或群体的审美个性和文化精神，在某种意义上，它的消亡意味着民族个性、民族特征的消亡。

近年来，大运河江苏段各地区非遗工作者在着力加强和完善非遗名录保护体系建设上取得了一定的成绩。然而随着全球经济科技一体化浪潮的涌起，大运河江苏段非遗文化依然面临着严峻形势——许多传统技艺和民间艺术后继乏人，一些独特的语言、文字和习俗迅速消亡，大量非遗资料得不到妥善保护等。因此，作为江苏高校教育工作者，应大力发挥江苏高校教育在本土非遗文化保护与传承中的作用，使各项非遗文化能够在本土高校中得到研究、传承和发展，并建立切实可行的实践途径和对策。

（二）本土高校参与大运河江苏段非遗文化保护与传承的必要性

“文化生态亦是一种人文环境，人文环境中最重要的便是‘人’的因素。”[2] 非遗保护很重要的一点，便是由人的价值观念和审美趋向来决定的。而影响人的价值观念和审美趋向的最重要因素就是教育。因此，将大运河江苏段非遗文化融合到本土高校教育中，对大学生的全面发展来说是必要的。

1. 促进当代大学生全面发展的需要

当下，高校需培养全方位、高素质的复合型人才，这就极需要我们将非遗文化融入本土高校教育中，开设相关非遗课程。课程的开设重点是促进大学生向社会大课堂学习、向民间文化学习，提高大学生对民族文化艺术的认识，培养大学生丰富的想象力、旺盛的创造力和高尚的品质。

2. 塑造大学生健康的道德观念的需要

充分挖掘非遗的良好育人因素，对培养学生正确的人生观、帮助学生树立远大理想具有十分重要的作用。现存的大部分非遗都与传统道德观念相关，它们都传达出我们民族古老而丰富的道德观念。学生通过欣赏和理解这些优秀的非遗代表作品，可以受到启发，培养良好的道德观，见微知著，推己及人，具有显著的现实意义。

3. 培养大学生良好审美观念的需要

非遗是历史上不同时代、不同民族人民劳动和智慧的结晶。它们能流传到今天，说明其蕴含的美得到了不同时期人民的认可和赞美，因而含有极高的审美价值。把非遗文化导入大学课堂，学生可以通过对这些民间艺术品的造型、色彩的分析和学习，在生动直观的学习情境中感受到不同的地域、民族等风格特色，掌握一定的美学规律，提高自身的美学素养。

4. 培养大学生创造能力的需要

非遗是人类创造力的体现，在本土高校中开设非遗文化课程，不仅能够培养和增强学生的创造能力，也体现了对人类创造力的尊重。我国的非遗是实用性、技能性极强的传统文化表现形式。例如，南京云锦艺术是为宫廷制造丝织服装的工艺，被誉为“东方瑰宝”，它是我国极少的不能用机器替代的制造工艺之一。这些精湛的工艺类非遗历经数代艺人的苦苦探求，形成了自己独有的创造理念和鲜明的艺术特色。可以让学生动手制作，发展学生眼、手、脑等器官的协调能力，并由此开发学生的创造力。

三、高校参与非物质文化遗产保护与传承的现状

2002 年 10 月，中央美术学院等多家单位共同举办了“中国高等院校首届非物质文化遗产教育教学研讨会”，并通过《非物质文化遗产教育宣言》，标志着非遗教育在教育体系中的开端。然而，作为非遗大国的中国，其现实情况是：“教育领域对非物质文化遗产缺乏重视和价值认识，教育和文化遗产保护、传承脱节。大学中非物质文化遗产相关学科极度缺乏，教育不能培养提供文化遗产所需社会人才。”[3] 大运河江苏段非遗文化融入本土高校教育的现状也不容乐观。

（一）各级政府及高校自身的重视与参与现状

其一，对于非遗工作的牵头人，政府及其所制定的各项章程是非遗保护工作的坚强后盾。自全球性的非遗保护工作开始以来，国务院办公厅等政府职能部门尽管先后颁布了各种文件，大运河江苏段各级地方政府开展了相关工作，但是在这个过程中却常常忽视高等教育在非遗保护中的良性作用，使本土院校在参与非遗保护的过程中力不从心。

其二，在高校参与方面，本土高校各级领导对承担非遗保护与传承任务的艺术教育关心不够。建议在高校中适当增加非遗相关课程，对地方特色非遗进高校课堂给予一定的经济支持，适当引进非遗研究领域的专家等人才。

（二）高校艺术教育的课程设置现状

其一，艺术教育虽然已经引起了本土众多高校的重视，但是，由于多年以来，学校教育长期陷入“智育第一”的误区，形成了以“智育”为中心的教育体系和制度，受此影响，艺术教育课程在许多高校都没有得到充

分的支持，更何谈把大运河江苏段非遗引入高校艺术教育呢？

其二，长期以来，我国艺术教育过分追求欧洲艺术教育模式，艺术教育课程设置太窄，造成目前许多大运河江苏段高校的非遗教学及研究基本处于空白状况。致使学生对大运河乃至祖国优秀的传统文化了解不多，认识不深，影响和阻碍了高校素质、创新教育的发展。

（三）高校艺术教育课程的师资及教学现状

其一，在设有艺术系的综合性大学中，非艺术专业学生的艺术课程教学主要是以本校的音乐系、美术系的教师为主。选修艺术课程的非艺术专业学生的艺术素质参差不齐，这种现状致使教师的教学计划、课堂组织形式及艺术实践处于极其被动的局面。

其二，目前本土高校非遗师资存在的最大问题就是：非遗教育师资力量过于薄弱，民间艺术大师的理论则落后于实践，而一些拥有深厚理论基础的教师又没有充分认识到民间文化的价值，或者没有丰富的实践经验。部分教师因教学任务多，而不能投入非遗的学习和研究工作；部分老师因兴趣或专业问题不愿意参与非遗课程的教学等。

（四）高校大学生艺术实践现状

受社会需求、人才市场需求和个人对艺术的需求的影响，部分大学生热衷于校内外的各项艺术实践活动。其主要的实践形式有参加学校的文艺演出，组建大学生合唱团、舞蹈团等艺术社团，等等。但在这些艺术实践活动中，由于受当下流行文化的影响，其艺术形式以大众流行文化为主，传统文化形式极少。这一现状凸显了强势文化有意无意地带有浸染和蚕食其他民间文化的趋向。

四、大运河江苏段非遗文化融入本土高校教育的对策

（一）政府及高校自身要重视高校教育在本土非遗保护中的作用

自十八大以来，习近平总书记多次就大运河文化保护、传承、发展的问题作出相关指示。根据重要指示印发的《大运河文化保护传承利用规划纲要》，指出“推进大运河文化带建设，首要的任务是做好历史文化遗产的抢救、发掘、保护和展示”[4]。

江苏省政府强调，大运河江苏段文化带建设应更加重视高校教育在本

土非遗保护中的作用，并在制定的章程中增加相关条目，使本土高校在实践过程中有坚强的后盾。高校“自身应加强本土文化基因认知自觉，以更加开放、更具世界文化交融、竞争和创新活力的教育理念，推广高校教育在知识传播体系上的文化多元化——反映出本土非遗的丰富性和文化价值，使非遗传承教育的责任落实到学科创新发展和学科建设中”[5]。

（二）明确大运河江苏段非遗文化课程的教学目标，建立教材体系

教育目标是教育改革与发展的出发点和归宿，对教育的各种活动起着制约和导向作用。非遗文化课程在高校教育中的教学目标是：“弘扬民族传统文化，不断增强学生对民族文化的认同，提高民族自尊心、自信心和自豪感，使每一个学生充分认识文化遗产对中华民族、中国文化的重要意义，形成自觉保护文化遗产的自主积极的态度。”[6] 这就需要在课程设置上或者现有的教学计划中，将本土非遗文化融入教学体系中。例如可以在《民间美术》《音乐欣赏》等课程中，将本土非遗项目等纳入教学计划和内容。还可以整合不同院系和专业的相关教学资源，共同成立课题小组或教研小组，交叉互补，编写相应的本土教材，帮助学生更加全面认识本土非遗文化。

（三）整合教育资源，有针对性地推进非遗学科的建设

非遗学科建设是文化传承的重要举措，也是培养非遗保护工作人才的重要途径。以传统音乐类非遗为例，其管理和保护人才应具备三方面的素质：“一要懂国际、国内相关法律、法规和政策；二要具备相关专业知识（包括民族音乐学、世界音乐、中国古代音乐史、录音、录像、电脑、图书馆学、传统乐器制造和修复技艺等知识，有针对性的视唱练耳训练，以及听、写中国民间音乐的能力）；三是人文知识面要尽量广博（包括外语听说读写能力、中外地理和历史知识及古代文献、考古知识等）。”[7] 大运河江苏段的综合性高校可以整合原有教育资源，增强学科间的协作，实现与非遗相关的音乐、美术等专业之间优势互补，根据教育对象，结合自身特点，明确教学目标和教学计划，调动全校各相关专业的力量积极参与教学。

（四）加强师资队伍建设，实行理论和实践、“走出去”和“请进来”相结合的教学方法

在非遗文化的教学中，师资力量的匮乏和知识结构单一是首要问题。首先，教师要自觉充实有关本土非遗的历史文化知识，增强自身的本土传统文化艺术修养。其次，学校主管部门要对担任非遗教学课程的教师进行培训，培养一支集教学、科研、管理、挖掘、抢救、保护和传承于一体的

专业教师队伍。再次，将民间艺人聘为学校荣誉教授，承担部分实践内容的教学或专题讲座，并纳入日常教学当中。

关于非遗文化课程的教学方法，“应以教学方法多元化为向导”[8]，将理论课与实践课相结合。让学生积极参与本土民俗文化活动，并对各类民间音乐、舞蹈、手工艺等所传达的道德审美观念、民族精神、基本价值等展开调查，写出调查报告，实现课外与课内的结合。

（五）积极引导高校学生会、学生社团组织参与到非遗保护中来

做到课内课外相结合，理论和实际相结合。除了开设相关课程、举办相应讲座之外，发动学生成立立足于本土的非遗社团组织是高校进行本土非遗保护与传承的有益补充。高校非遗社团、协会可以利用节假日或者实践实习期等，实地考察本土非遗分布及传承状况，对非遗传承人开展采访与系列报道等，培养自身的保护意识，激发其他学生的保护热情，使大家真正参与到本土非遗保护中来。

（六）发挥“两馆两库”的保护作用，实现非遗资料的共享

大运河江苏段非遗项目种类繁多，无论是各种录音、录像、摄影、文字资料，还是工具、器具、手工艺品等实物资料，都需要得到保护。高校在运用传统手段和工具进行资料搜集的同时，应着力于利用现代化的设备保存成果，对非遗资料进行系统化的记录、保存。其次，高校之间应建立起开放的非遗信息交流平台，将各个学校所掌握的非遗资料和信息整合起来，使部分非遗资料实现学校间、平台间的共享。可以通过三步完成，首先对大运河江苏段国家级项目实现非遗资料共享，然后向市级、省级项目逐步推进，最终形成全范围的高校非遗资源共享平台。

五、大运河江苏段非遗文化融入本土高校的实践探索——以江苏大学课程为例

十八大以来，以习近平同志为核心的党中央高度重视我国的优秀传统文化及非物质文化遗产的保护，强调把保护放在第一位。受此号召，江苏大学开设了研究生课程“文化创意与民艺学研究”，旨在不断提高学生对非遗的认知水平、保护意识，以此来传播中华优秀传统文化。以2019—2020学年上学期的课程为例，我们将国家级非遗项目“扬州剪纸”引入课堂教学，在实践中不断探索课程形式，多种授课方式齐头并进，使学生更加深入了解优秀传统文化。

理论学习是基本，开设了课程“非物质文化遗产概论”，系统学习非遗相关知识是保护与传承非遗的基本，扎实的理论基础可以不断激发创新能力。在此基础上，“实践才能出真知”，实践期间，学生对剪纸艺术有了深入了解并获得了不同于其他艺术形式的情感体验与文化感触。剪纸图案中的龙、凤、荷花等，都来源于优秀传统文化，是我们学习的范本。

习近平总书记在党的十九大报告中指出，“坚持创造性转化、创新性发展，不断铸就中华文化新辉煌”，要“深入挖掘中华优秀传统文化蕴含的思想观念、人文精神、道德规范，结合时代要求继承创新”[9]。学生们结合所看所学进行创新设计，使得剪纸非遗也在不断地活态化，以更有活力的姿态创新发展下去。而创新的基础源于传承，每个个体都应是文化的传承者，本课程针对有天赋、热爱剪纸的同学进行重点培养，并在其中设置1~2名班级传承人，以此激发他们对非遗更加强烈的热情，这是对文化传承的一种充分肯定。

除课堂教学外，我们要充分凝聚青年人共识，进行非遗文化保护与传承的普及教育。在当下的信息时代，充分应用多媒体传播渠道让学生去学习、了解、宣传非遗，不乏是一个快捷高效的方法。本课程中，我们运用自己创办的“守望与传承”公众号，让学生们收集整理非遗项目相关资料并形成一篇论文推送，从而帮助他们树立正确的文化价值观，使学生牢记自己的文化使命、坚定自己的文化立场，达到以文育人、以文树人的目的。

六、结语

大运河江苏段非物质文化遗产的保护、传承与研究是中国非物质文化遗产研究的一个重要组成部分，是一件功在当今、利在千秋的大事，具有重大的学术价值和实践意义，在彰显江苏地域特色、构建江苏文化符号的过程中发挥着不可替代的作用。本土高校应成为大运河江苏段非遗文化保护与传承的主体，成为文化遗产的学习地，成为文化资源可持续发展的重要桥梁和基地。将大运河江苏段非遗文化融入本土高校教育，利用本土高校的人才优势和技术优势积极推进非遗文化的挖掘和保护工作，是大运河江苏段非遗文化保护和传承的一个重要组成部分。

参考文献：

［1］施雨岑，吴晶，胡浩．文明之光照亮复兴之路——以习近平同志为核心的党中央关心文化和自然遗产保护工作纪实．［EB/OL］．（2019-06-09）（2021-09-08）．https：//baijiahao．baidu．com/s？id=1635846559162582783&wfr=spider&for=pc．

［2］陶立璠．非物质文化遗产学论集［M］．北京：学苑出版社，2006：111．

［3］乔晓光．活态文化［M］．太原：山西人民出版社，2004：9．

［4］安蓓．将大运河打造成展示中华文明的亮丽名片——解读《大运河文化保护传承利用规划纲要》［EB/OL］．（2019-05-22）（2021-09-08）．https：//baijiahao．baidu．com/s？id=1634212000613522503&wfr=spider&for=pc．

［5］靖桥．河北省非物质文化遗产在高校的传承与保护［J］．河北学刊．2009，29（4）：230-232．

［6］王春江．多元文化背景下大学生的文化认同与民族精神弘扬和培育［J］．辽宁教育研究．2007（8）：104-106．

［7］蔡良玉．音乐遗产保护和管理人才的培养问题［J］．音乐研究．2006（1）：8-9．

［8］郭声健．艺术教育［M］．北京：教育科技出版社，2001：70．

［9］王芳明．推动中华优秀传统文化 创造性转化创新性发展［N］．学习时报，2018-03-19（04）．

镇江市志愿者与社会组织参与大运河文化带建设的路径研究

高　亮*　何玉健*

党的十八大以来，以习近平同志为核心的党中央高度重视大运河文化保护、传承、利用工作，习近平总书记多次对大运河文化保护、传承、利用作出重要批示指示。中共中央办公厅、国务院办公厅专门印发《大运河文化保护传承利用规划纲要》，把大运河文化带建设提升为国家战略，从国家战略层面对大运河文化带建设进行顶层设计，为新时代大运河文化保护、传承、利用描绘了宏伟蓝图。中国的大运河，体量之巨、遗产之活是其一大特征，这也意味着仅有管理者的重视与管护，是无法完全保护、传承乃至开发利用大运河的。在大运河镇江段，活跃着来自社会各界的文化志愿者，他们热爱大运河，通过自己的行动保护、宣传、传承运河文化，汇成一股保护、传承大运河文化的民间力量。党的十八大以来，我国志愿服务事业取得长足进步，特别是《志愿服务条例》《关于推进志愿服务制度化的意见》《关于支持和发展志愿服务组织的意见》等法规和政策文件的出台，推动我国志愿服务进入一个新的发展阶段。党的十九届五中全会通过的《中共中央关于制定国民经济和社会发展第十四个五年规划和二〇三五年远景目标的建议》强调："健全志愿服务体系，广泛开展志愿服务关爱行动""发挥群团组织和社会组织在社会治理中的作用，畅通和规范市场主体、新社会阶层、社会工作者和志愿者等参与社会治理的途径"。[1] 如何健全志愿服务体系，让志愿者与社会组织更好地参与大运河文化带建设是本文研究的重点内容。

---

* 高亮，硕士研究生，中共镇江市委党校教师，主要研究党史党建和市情。何玉健，硕士研究生，中共镇江市委党校教师，主要研究马克思主义理论和市情。

一、镇江市志愿者与社会组织参与大运河文化带建设的现状

（一）镇江市参与大运河文化带建设的志愿者与社会组织基本情况

1. 镇江市志愿服务发展历程

镇江自古是座大爱之城，西津渡自春秋战国时期即为吴楚古渡，隋朝开通京杭大运河后，从江南河到邗沟必须横渡波涛汹涌的长江，由于渡船条件有限，兼之天气多变，渡江之人频频遇险、丧失钱财甚至丢掉性命。乐善好施的镇江人民自发组织京口救生会，义务救助遇险的行人。京口救生会历代延续，善举不辍。20 世纪 90 年代，镇江市的青年志愿服务已经形成较大影响；2010 年，镇江在全省率先开发网上注册志愿者信息管理系统；2011 年，镇江市志愿者培训学校挂牌成立，“3+4+X”志愿者培训模式作为经验在全国推介；2014 年，逐步形成了全覆盖、多层次、运行规范有序的志愿者教育培训体系；2016 年，镇江市启动“绿色力量”生态文明志愿服务行动；2018 年制定的《镇江市建设新时代更高水平文明城市行动纲要（2018—2020 年）》中强调，深化“大爱镇江”志愿服务品牌，加大扶持志愿服务组织力度；2020 年 9 月 1 日起正式实施的《镇江市文明行为促进条例》指出，“有关单位应当为志愿服务活动提供便利。市、县级市（区）精神文明建设指导机构协调指导有关部门和单位、社会力量开展志愿服务，逐步推行志愿者注册、积分管理、嘉许回馈等制度。”[2]

截至 2020 年 9 月 12 日，镇江市有志愿者 841273 人，占全省志愿者人数的 3. 89%；有志愿组织 4491 人，占全省志愿者组织数的 4. 78%；举办志愿活动 72371 次，占全省志愿活动数的 4. 63%。其中值得一提的是镇江市“生命志愿者活动”品牌在全国有很大的影响力。“生命志愿者活动”始于 2003 年，截至 2019 年年底，全市报名加入中华骨髓库的志愿者人数达 1. 7 万余人，约占中华骨髓库的 0. 6%、江苏分库的 10%；成功捐献造血干细胞 88 例，占江苏分库的 11. 18%，其中 2 例为涉外捐献。镇江市入库人数和捐献人数均居全省前列。由此可见，镇江市的志愿品牌在全市全省乃至全国都产生了很大的影响。

2. 参与大运河镇江段文化带建设的志愿者与社会组织现状

（1）志愿者组成情况。

参与大运河镇江段文化带建设的志愿者主要分为三类。

一类是运河流经片区的志愿者。大运河镇江段北起镇江古运河入江口

（京口闸），南到吕城镇边界，包含镇江城区运河故道 16.7 公里、丹徒闸外引河 0.8 公里及现京杭运河镇江至常州段 43 公里，沿途流经宝堰镇、陵口镇、延陵镇、吕城镇、珥陵镇、访仙镇、辛丰镇等城镇和华山村、九里村、儒里村、柳茹村等村庄，每个沿河城镇、村庄都有自己的志愿服务团队，这些城镇、村庄的志愿者主要通过参与辖区所在地的运河段水环境整治提升、为船民提供服务等来开展运河保护活动。如 2003 年谏壁船闸正式成立了由一线青年职工为主体的“水上雷锋服务台”。“水上雷锋服务台”志愿者们在京杭运河镇江段水上服务区开展为船民志愿服务活动。

一类是市（区）机关单位党员志愿者。主要包括市（区）自然资源和规划局、交通运输局、水利局、教育局、财政局、住房和城乡建设局、生态环境局、地方海事局、城管局、路灯管理处等部门的党员志愿服务团队。比如“运河 919”志愿者服务队是镇江市地方海事局党团员组成的学雷锋志愿者服务队，自 2004 年成立以来每年在学雷锋活动日到来之际，都用实际行动传承雷锋精神。2018 年 3 月，团市委、市农委、市交通运输局组织 130 余名青年志愿者，在金鼎大道中段的京杭运河镇江水上服务区植树点开展“保护大运河　争当‘河小青’”植树护绿活动。镇江市城市管理行政执法支队“啄木鸟”志愿者服务队以创建精美镇江为引领，开展常态化志愿服务活动。镇江市路灯管理处于 2020 年 6 月 5 日组织党员志愿者、中层干部、青年职工等近 20 名人员组成“光明使者”志愿者服务队，以大运河文化保护传承利用为引领，以开展“一分钟公益，运河更美丽”志愿者服务活动为抓手，以党建助推大运河文化带建设，推动大运河文化带建设走在前列、形成特色。

一类是社会公益组织团队。如 2013 年 2 月，宝塔路街道 300 余名志愿者开展了“呵护运河”主题环保活动。2013 年 5 月，丁卯小学的 40 名志愿者和 10 多个学生家长以“小橘灯”志愿服务队名义，沿运河开展了文化寻访和环境清洁活动。2019 年，镇江报业传媒集团的 40 多名小记者到丹徒区辛丰镇运河南桥参加植树活动。

（2）志愿活动内容。

古运河在镇江与长江交汇，展现了中华民族卓越的创造力和强大的凝聚力。习近平总书记多次要求“保护好、传承好、利用好”这一祖先留给我们的宝贵遗产。针对运河保护的志愿活动主要涉及以下几个方面：大运河沿岸绿化，通过植树造林，打造运河两岸绿化带；垃圾处理，清理运河周边的垃圾，电线杆上、墙壁上的小广告；运河保护宣传，通过举办摄影展和征文比赛、发放倡议书等形式，营造京杭大运河文化保护的浓厚氛围，以扩大志愿服务活动的参与面与覆盖面，进一步掀起学雷锋志愿服务活动的热潮；开展大运河文化寻访、大运河文化传播、大运河历史遗迹保护志愿活动；为船民提供志愿服务，为沿岸船民普及安全知识、法律法规，提供新版水上便民 ETC 咨询，举办“送福到船头”“健康水上行”“清洁母亲河”“救助遇险船民”等活动。

（二）镇江市志愿者与社会组织参与大运河文化带建设取得的成绩

近年来，镇江市各单位、各社会组织志愿者以长江、运河等水域为重点，多次开展了“保护母亲河，清洁水环境”“绿色放养，保护河流生态”“保护江豚”“京杭大运河历史文化保护”等志愿服务活动或公益行动，使更多的人加入保护运河的志愿者队伍，运河保护卓有成效，志愿者和志愿服务组织也越来越健全。时时开展志愿服务活动，同时进一步挖掘了大运河历史文化。通过“大爱镇江”志愿者展示馆、《志愿者报》、镇江市志愿服务爱心网等富有镇江特色的志愿服务宣传平台，展示志愿服务活动成果，大幅度提高了市民群众对志愿服务工作的知晓率和认同率。

二、镇江市志愿者与社会组织参与大运河文化保护、传承存在的问题

（一）志愿服务缺乏长效机制

推进大运河文化保护、传承是一项系统性、协同性、长期性的工作，涉及水利水运、遗产保护、文化传承、生态建设、经济发展等方方面面。大运河文化带建设的系统性，是指其建设内容包含文化运河、生态运河和经济运河三个方面，同时大运河又具有跨地区、跨流域的航运、灌溉、防洪排涝、输水通道、生态修复、文化承载等综合功能，所以其建设是一个涉及面广的庞大系统工程。大运河文化带建设的协同性，是指要顺利完成系统工程的建设，实现整体目标，需要各地区和各部门的协同配合。大运河文化带建设的长期性，是指治理是一个长期、渐进的过程，短时间内难以产生立竿见影的效果。千百年来，大运河对镇江经济、文化的交流与繁荣起着极大的推动作用。自隋朝以来，历代都对大运河进行了不同程度的维护和治理。改革开放后，随着运河周边城镇化进程的加快、旅游业的发展、农业生产方式的变化，流域污染日益加重，影响水质的主要指标不容乐观，保护治理的压力再次增大。国内外的运河治理经验表明，运河的治

理是一项长期性的充满艰巨性、复杂性的工作，运河镇江段的保护治理也不例外。我们要用科学的眼光、发展的思维、必胜的信念去正确考量各阶段治理工作所取得的成就和不足。大运河文化带建设的系统性、协同性、长期性是一个有机整体，这既是大运河文化带建设的主要特征，也是实现大运河文化带建设目标的基本要求。最新编制的《镇江市大运河文化保护传承利用实施规划》，明确了至2025年、2035年和2050年三个阶段，大运河文化保护、传承、利用的中长期目标。大运河文化保护、传承、利用的总体目标是“全面落实省大运河文化带建设总体要求，分阶段实施大运河镇江段文化保护、传承、利用规划，力争三年示范效应初显，十年格局全面形成，推动大运河镇江段文化保护传承利用走在全国前列”。通过构建大运河文化带发展格局、抓好文化遗产保护、开展沿线环境整治、推进河道水系治理、梳理运河历史文脉、推进文化项目建设、提升旅游休闲功能、促进跨域交流合作、创新体制机制等举措，为镇江大运河文化保护、传承、利用定调。

但是志愿服务往往具有短暂性特点。志愿服务的短暂性主要体现在三个方面：第一，志愿活动的短暂性。志愿活动缺乏长远的发展战略意识，短期行为明显。在完成阶段性任务之后，能否持续开展，能否形成长效机制，还没有引起社会各界的足够重视。每逢3月，在全民学雷锋的浓郁氛围中，我们总能在各种报纸网站上看到运河志愿服务活动。但这“一阵风”刮过以后，义务服务、做好事又变得寥寥无几。正是因为志愿服务在当下没有形成一种习惯、一项硬性任务，一些应景而生的志愿者们多半就是应付了事，最后只能落得个“作秀”的话柄。第二，志愿者培训的短暂性。志愿者活动缺乏一套系统、严谨的教育、培训的日常管理机制。尽管很多志愿者组织具有一定的志愿者培训意识，并且会组织一定的培训活动，但是真正意义上的长效、稳定的志愿者培训机制尚未得以构建，出现了“有培训无机制”的情况，很多志愿者培训通常只是短暂性、项目化的培训，缺乏系统、长效的志愿者培训机制。第三，志愿队伍的短暂性。志愿者的参与观念、服务意识等方面还处于一个较为低层次的水平，志愿服务的质量得不到有效保证。志愿者队伍不稳定，覆盖面不广，流动性比较大，志愿服务时间偏短。由于大运河文化保护、传承、利用具有系统性、协同性、长期性等特点，因此必然和志愿服务的短期性产生矛盾。

（二）志愿队伍缺乏专业人才

当前，党中央、江苏省委对大运河文化带建设工作提出了更高的标准和要求，同时运河文化遗产保护工作领域不断扩大、任务日益繁重与志愿组织机构不健全、人才短缺的矛盾十分突出。大运河文化传承方面的志愿服务，往往要求志愿者有丰富的历史文化储备，同时具备生动讲解的能力；大运河文化宣传方面的志愿服务，往往要求志愿者具备较强的沟通能力，同时具有心理学知识储备等。在“科技兴国，文化强国”的战略任务下，志愿服务工作需要有能力的人才。然而，现如今由于志愿服务门槛较低，志愿者所具备的专业能力参差不齐，甚至有不具备专业技能但一心想投入志愿事业的志愿者，进而造成志愿服务的专业化程度及工作效率较低。

目前，镇江市尚未形成专业化、多层次的大运河遗产保护、管理团队，不能满足新形势下大运河文化保护、传承的需要。大运河文化阐释解说系统不科学、不系统、不规范、不统一的现象普遍存在，不利于大运河文化的传播。另外，大运河专职志愿者相对较少，在一定程度上导致志愿人员职业精神的缺乏和专业能力的不足，从而影响志愿服务的效果和质量。志愿组织结构不合理，专业人才较为匮乏，人才队伍缺乏相对的稳定性，是目前大运河志愿服务管理及志愿服务队伍建设中存在的严重问题。

（三）志愿活动缺乏精准对接

随着镇江市志愿服务事业的快速发展，志愿服务工作的覆盖面越来越广、受益人群越来越多，但不少地方在开展志愿服务活动时存在服务不够精准和精细等问题。一方面，参与志愿服务的人数较少。基本是在学雷锋日、公民道德日、国际志愿者日和一些传统节日组织志愿者，无论是单位还是民间团体，参与面还是不广。另一方面，志愿服务的形式与内容较为单一、枯燥。大运河镇江段文化保护、传承和利用仍以清理运河附近垃圾、植树造林为主，存在单一性。不少当地人对于大运河志愿服务的刻板印象就是清理运河附近垃圾或是植树造林。“简单粗暴”的志愿服务不仅让市民对其丧失了好感，甚至志愿者自身也对这样的志愿服务产生了倦怠情绪。

三、志愿者与社会组织参与大运河文化保护、传承可借鉴的国外经验

目前，参与大运河文化带保护与传承的志愿者、社会组织的队伍已经越来越壮大，社会组织参与包括大运河治理在内的公共事务治理也是一种必然的趋势。国外许多流域治理的经验事实和研究成果都显示出在流域治理过程中不仅仅需要政府的主导，还需要社会组织的参与。在我国深化行

政体制改革、建设服务型政府的背景下，政府的职能转变需要一定的组织来辅助和承接，即需要社会组织参与公共事务治理。

（一）制度政策方面经验

1. 法律保障方面政策

为了推进国家内的水域治理，许多国家陆续颁布相关法律，这些法律不仅认可社会组织作为运河治理主体的合法地位，还为公众参与运河治理提供了法律保障。比如，法国在《水法》中明确规定，“水政策的成功实施，要求各个层次的有关用户共同协商和积极参与”[3]。美国为了保障社会组织在河流治理决策中的平等地位，通过建立顺畅的沟通渠道，制定了地方议会法治化的体制。地方议会主要针对较为重要的议题进行研讨，社会组织在研讨会的参与中必须达到一定比例。

2. 权力分配方面政策

社会组织作为保护和传承大运河文化的重要主体，需要一定的权力分配，如此才能将组织的活动、治理的政策等落实。从莱茵河、泰晤士河等河流的治理经验来看，建立一个强有力的具有综合决策和协调能力的管理机构是整治河流水污染的基本条件，这个机构能够把用水、管水、治水等工作联合起来统一规划，提高治理效果。[4]

（二）发挥社会组织作用

1. 社会组织的咨询和沟通作用

在美国田纳西河流域治理中，地区资源管理理事会是一个具有咨询性质的机构，在田纳西河流域内起着协调、沟通的作用。这种沟通作用主要体现在建立这个机构和田纳西河流域其他地区的信息交换渠道，同时为社会公众参与田纳西河流域治理提供方式和途径。

2. 社会组织的人才聚集作用

法国的流域委员会相当于流域范围的“水议会”，为流域治理提供了技术支撑。这个水议会主要承担着流域立法、技术支持以及接受咨询的责任。其组成人员主要是一些专家，同时也包含了一些社会组织和流域内居民。

3. 社会组织的民间动员作用

日本琵琶湖的治理采取了小流域治理的措施，将整个流域按照区域划分为七个小流域，由总的流域治理机构负责，但是每个小流域都有自己单独的治理委员会和负责者。这样的安排是为了最大限度调动全民积极性，使流域内居民能参与到流域治理中来，以加强整体流域内部的沟通以及提升居民的参与意识。小流域治理委员会会组织居民到相邻的小流域中体验，同时对其他小流域周边建设进行调查和实践，让他们通过亲身体验产生强烈认识，通过民间渠道交流这些方面的信息。这样的交流方式不仅大大降低了成本，而且促进了民间对流域治理的参与。每一位公众的积极性都被调动起来，信息的交流也更为通畅。

4. 社会组织的弥补和监督作用

莱茵河生态环境的改善和治理的成功应归功于一些社会组织的积极参与，特别是一些环保组织的积极参与。一方面，这些组织通过各种形式对政府部门和相关企业施加压力，呼吁他们关注莱茵河生态状况并进行环境保护；另一方面，这些组织还会通过新闻报道、公益广告等宣传形式吸引广大民众的关注，启发公众的环保意识，呼吁公众参与环境保护，推进莱茵河治理。社会组织的参与不仅能够弥补政府在治理过程中的不足，更能在一定程度上监督政府。

四、实现镇江市志愿者、社会组织与大运河文化带建设高质量融合

借鉴国内外的专业志愿案例对发展我国的专业志愿服务意义重大。将国际经验本土化并投入实践，实现镇江市志愿者、社会组织与大运河文化带建设高质量融合，是值得思考的方向。

（一）在顶层设计上以制度促规范，推动融合

1. 健全组织，加强领导

按照“分级负责、分类管理、条块结合、分片兜底”的要求，成立大运河保护和申遗工作领导小组，设立专门办事机构，建立高效运转的工作机制。运河沿线各地方政府应按照市委、市政府的工作部署，成立各自的大运河保护和申遗工作领导小组，扎实有效地推进保护与申遗工作。同时，坚持条块结合，成立以组织、宣传、统战、民政、教育等部门为成员单位的联席会议制度，统筹协调各方资源，合力解决全市参与大运河文化保护传承中遇到的难题，形成上下贯通、部门协作的新格局。

2. 完善政策，加大扶持

（1）法律保障方面政策。要在法律上明确志愿者、社会组织参与大运河治理的合法地位。要贯彻新发展理念，突出“共建共享”，在法律上应保障人民群众的知情权、参与权、监督权和受益权，不得侵害沿线群众合法权益等。鼓励公众参与，引导社会力量通过兴办实体、资助项目、提供服

务、捐款捐物等方式参与大运河文化带建设，建立大运河文物保护员制度，建立健全大运河文化带建设志愿者工作机制。通过立法明确志愿者、社会组织参与大运河治理的合法地位，促进大运河文化带真正成为人民群众的情感纽带、宜居福地和精神家园，让大运河文化带建设真正成为富民工程、育民工程、民心工程。

（2）权力分配方面政策。要想全面推动大运河治理规划的实施，社会组织的主体地位就必须得到认可，而掌握实权是保证主体地位的关键所在。同时要加强社会组织自治能力，在政策和资金上给予帮助，使得社会组织在顺利参与运河治理的同时自身也能够得到成长。第一，需要政府适度放手，尽量减少对社会组织的直接干预；第二，需要强化对主要组织成员的培训和再教育，提高他们的素质；第三，鼓励并支持他们进行运作模式、管理方式等方面的创新，完善自主治理结构；第四，帮助他们拓宽筹集资金的渠道，解决经费不足问题。

（3）协调处理方面政策。运河流域治理机构在推进流域治理规划的时候，会面对利益协调等诸多问题，但政府只需出面协调一下即可节约大量成本。流域治理需要大量的人力、财力、物力，政府帮助社会组织降低成本，也是支持的表现之一。社会组织在治理过程中往往会遇到很多困难，其行为的合法性需要法律认可，也需要政府出面协调和对接。例如当社会组织在面对地方政府的不作为或消极对待时，上级政府可以出面协调解决问题。这种做法既可以维护政府在公众心中的形象，也便于以后社会组织活动的顺利进行。

3. 有效引导，彰显活力

（1）引导社会组织发挥其咨询和沟通作用，为公众提供参与运河治理的途径。社会组织咨询和沟通作用主要包括：一是信息交流。通过搭建信息发布与交流平台，收集大运河文化带建设信息，实现信息共享及与国内外相关机构的对接交流。二是专题活动。举办大运河专题论坛、讲座和培训等活动。三是课题研究。开展运河文化产业发展研究、大运河保护专题研究、数据分析等，创新探索大运河文化带建设路径，为党委、政府和其他组织提供决策参考意见。

（2）引导社会组织发挥其人才聚集作用，为运河治理提供技术和建议。建设大运河文化带是镇江市千载难逢的发展契机，将有助于解决当前人才流失严重的问题。大运河文化带的建设、管理，文化遗产的保护传承和开发利用都需要专业人才，因此，致力于大运河文化带传承保护的社会组织也必须聚集一些专家、人才。社会组织可以通过整合镇江市内外创意人才资源，强化智力机构对大运河文化产业的支撑，推进大运河文化产业专家智库建设，与地方高校、文化企业协同创新，共建文化创意人才孵化基地、文化创意研究中心等，发挥其人才聚集作用，为运河治理提供技术和建议。另外，社会组织可以在大运河文化带保护与传承一线挖掘、选拔一批掌握特殊技能的能工巧匠、经营能人和生产能手，这些技能大师可以在镇江乡村振兴中发挥重要的作用。

（3）引导社会组织发挥其民间动员作用，促使公众积极参与运河治理。"集聚国家、地方和社会资本，以市场化原则参与大运河的保护性开发和利用。"[5] 大量兴起的社会组织可以作为中介更好地代表公众直接与政府就大运河文化保护、传承进行沟通，以促进双方之间的了解与合作。社会组织具有自身独特的优势，一方面，它与公众直接接触并在一定范围内进行平等交流与沟通，易于和公众个体达成共同利益目标；另一方面，社会组织关注的往往是某一个领域的问题和利益，因此相比公众个体它更加专业化。此外，社会组织还具有充裕的时间和金钱，并具有和政府合作治理的经验。综上所述，社会组织是公众参与大运河文化保护、传承的组织基础，它可以代表公众个体监督并影响政府行为，达到有效参与。

（二）在理念认同上以宣传强共识，加快融合

1. 加强认识，凝聚共识

要自觉扛起加快大运河文化带高质量发展的时代责任，充分运用现代科技加强对文化遗产的修复和保护，运用现代化手段对遗址历史价值和人文特质进行诠释和宣传，让人们在大运河文化展示中，接受文明滋养，增强文化自信。要把思想和认识统一到中央和省、市决策部署上来，深刻认识大运河文化带建设的重要意义。大运河镇江段文化保护、传承是落实中央号召，建设大运河文化带的重要战略行动。大运河文化带建设与当前国家"一带一路"倡议、长江经济带战略、京津冀协同发展战略有直接联系，应从国家高度认识其战略性意义。对大运河镇江段文化的保护、传承有助于提升大运河作为世界文化遗产和国家重点文物保护单位的保护与利用水平。2006 年，京杭大运河被列为国家重点文物保护单位；2014 年 6 月，中国大运河被成功列入世界文化遗产名录。借助国家大运河文化带建设契机，可以完善大运河遗产保护利用长效机制，解决过去长期存在的问题，大力提升大运河镇江段沿线文化遗产保护利用水平。大运河镇江段文化保护、传承可以有效促进社会治理转型升级，有助于促进人与人之间的交流，缓

和人与自然生态之间的矛盾，是实现镇江市域治理体系和治理能力现代化的需要。

2. 用好平台，扩大宣传

一是展示保护成果。要通过多种形式，向全社会宣传展示大运河遗产的保护成果，争取广大群众继续支持、参与运河遗产的保护工作，让保护运河、传承文化、美化家园的理念更加深入人心，让更多的人享受到保护文化遗产的成果。同时，调动热爱大运河、关心大运河的组织和人士的积极性，给他们参与大运河保护、管理和研究提供必要条件和有力支持。二是要讲好运河故事。通过全媒体、多形式、多渠道深入挖掘大运河历史文化内涵，倾力打造大运河文化品牌。线上线下联动宣传，通过大运河故事征集评选、大运河知识竞赛及大运河点亮计划等活动，着力讲好运河故事，向广大网络用户普及大运河文化。三是完善自身平台建设，建立大运河宣传网站和微信公众号，主动开拓并不断完善大运河宣传展示新阵地。借助外部平台，充分展示大运河保护成果，大大提升大运河镇江段的国际知名度和美誉度。

3. 挖掘典型，强化引导

深入挖掘、广泛宣传志愿服务和社会组织工作中的典型事例。一个典型树起一面旗帜，一个榜样带来一分力量。通过挖掘镇江本地大运河志愿者和社会组织先进典型和大运河沿岸各地先进典型，进一步影响、感染、带动身边人，营造全市大运河文化传承与保护良好环境。培养青年公益领袖，利用现代化传媒手段，创新宣传形式，通过媒体联动、典型引领、项目推广增进社会各界对公益事业的了解和认知，对先进典型进行全方位、立体式宣传报道，不断扩大其社会影响力。

（三）在活动开展上以需求为导向，有效融合

1. 整合资源，形成合力

（1）整合志愿者力量。整合志愿者力量不是简单地做加法，而是要取精去粗。注重发挥志愿者的专业特长，整合党政机关、人民团体、事业单位、“两新”组织等方面关于大运河文化保护与传承的专业人才资源，围绕生态保护、科技推广、文化宣传、旅游开发、遗产保护等不同领域，建立起来源广泛、数量充足、贴近需求的志愿服务队伍。建立完善志愿者信息库，做到无论是大型活动，还是平时志愿服务，所有需要志愿者的地方，一律从信息库提取志愿者信息，根据志愿者自愿原则及志愿者自身专业优势和性格特点，有针对性地开展志愿服务，实行双向选择志愿服务工作岗

位，提高志愿服务活动的工作效能。整合志愿者力量，是将志愿服务真正“拧成一股绳”的关键所在。只有共同扩大志愿服务的影响力，在志愿服务主题、志愿服务品牌、志愿服务文化建设等方面真正携起手来，才能更好地为志愿服务拓展平台，打响品牌，共同推进志愿服务进入更高质量的一体化发展时期，为大运河文化保护与传承凝聚更多志愿者力量。

（2）整合社会组织力量。构筑起一个主体多元、服务完备、资源丰富的公益生态圈，促进资源共享、强强联合、优势互补，更好地发挥社会组织在大运河生态保护、文化传承与利用工作中的积极作用，实现政府职能主动转移，社会组织及时接力，社情民意多方反馈，创新项目应需而生，优秀人才蓬勃成长。同时，探索建立社区建设、社会组织培育和社会工作现代化“三社联动”机制，引导社会组织有序参与社会治理、提供公共服务、承担社会责任，不断激发组织活力。成立专门的大运河文化保护传承协会，协会成立后分期分批对现有的志愿者进行统一培训，让他们掌握一定的大运河文化保护、传承技能。进一步完善各项组织建设，建立完善由大运河文化保护传承协会统一管理的协调工作机构，将信息发布、培训、岗位分配等渠道固定化。

2. 按需服务，精准对接

大运河志愿服务不是一次活动。要想长期获得服务对象的好评，需要摆脱作秀，真正从百姓需求出发，建立标准化、长期化、规范化的服务项目。只有这样，才能起到事半功倍的效果。志愿服务组织按大运河文化带建设的需求开展针对性活动，并建立长效服务机制，让小善举推动大文明，大大提高志愿服务的成效。坚持从问题出发，对大运河沿岸居民需求进行深入调查和了解，区分不同服务对象服务要求，划分不同层次，列出服务需求的分类清单。既可以有短期的临时志愿服务，也可以有长期的志愿项目，以让服务对象得到长期实惠、感到长期满意为目标，加强资源整合，形成项目化、系统化、制度化服务流程机制，长期、实效地开展活动，让大运河文化带建设志愿服务更精准、更深入人心。

参考文献：

［1］《中共中央关于制定国民经济和社会发展第十四个五年规划和二〇三五年远景目标的建议》辅导读本［M］. 北京：人民出版社，2020：42，52.

［2］阮籍．有效激励文明行为，界定惩治不文明行为——《镇江市文

明行为促进条例》解读［N/OL］. 今日镇江，2020-09-11.

［3］李环. 流域管理中的公众参与机制探讨［J］. 环境科学与管理，2006（5）：4-6.

［4］郭焕庭. 国外流域水污染治理经验及对我们的启示［J］. 环境保护，2001（8）：39-40.

［5］静海区政协. 在京津冀协同发展中推进大运河文化保护传承利用存在的问题和意见建议［EB/OL］.（2020-08-31）（2021-08-01）http：//www. tjszx. gov. cn/yzjy/system/2020/08/31/030000664. shtml.

● 内涵功能利用

新时代大运河镇江段的文化阐释研究

吴玉梅*

本文以大运河镇江段为案例，大运河镇江段现今仍然是江南运河中运量最大的河段。大运河对镇江区域文化的形成显然有着无可替代的意义。镇江是大运河的沿岸城市之一，对该区域文化的细致研究是对整个大运河文化研究整体的一个补充。本报告主要从以下两个方面来展开研究：① 大运河开凿与镇江的历史叙事，整理大运河镇江段在不同朝代的开凿情况及对镇江城市建设产生的影响；② 大运河运转与镇江城市文明的关联，分析大运河镇江段的运转对镇江东西南北全方位文化交流的影响，以及镇江文脉—西津渡文化与大运河文化之间的关系。

一、大运河开凿与镇江的历史叙事

1. 丹徒水道的历史叙事

镇江位于中国现在经济最为活跃的区域之一的长江三角洲，西边是南京，东边与常州相邻，北边与扬州隔江相望。属于上海经济圈、南京都市圈的核心城市，处于国家沿海、沿江“T”形生产力布局的交汇地区。镇江属亚热带季风气候，四季分明，雨量充沛，年平均气温16.4摄氏度，非常适宜人类文明的发展，因山水秀丽，素有“城市山林”的美称。

镇江有文字记载的历史已有3000多年。西周早期，镇江及丹徒一带为“宜”；春秋时名“朱方”；周元王三年（前474），越灭吴；楚灭越后，名“谷阳”；秦始皇三十七年（前210）建丹徒，属会稽郡，县治在今丹徒镇；历秦汉两代，延至六朝，西晋永康二年（301）曾改毗陵县，且为毗陵郡治所在。

---

* 吴玉梅，湖南娄底人，江苏科技大学马克思主义学院讲师，研究方向为天文学史、科学哲学等。

丹徒水道最早的入江口在丹徒故城，旧称“徒儿浦”。据传是第五次东巡时，“秦以其地（丹徒）有王气，始皇遣将赭衣徒三千人”，因而得名。

丹徒水道，又名“徒阳水道”，南起云阳，北至丹徒入江，之后成为江南运河最北段的通江河道，是镇江最早为人工改造的河道。事实上，早在春秋时代，丹徒水道就已存在，其濒江河口即“突而浦”（今丹徒镇东），是北通江、南通云阳的“直道”。秦在春秋吴国古江南运河和百尺渎的基础上，开凿了丹阳至丹徒的大小夹冈，故名“丹徒水道”。丹徒水道是现已知的大运河段最早的入江口。《南徐州记》载：“秦始皇凿处在故县西北六里，丹徒京岘东南。”秦不仅凿了水道，而且开了新的入江口——京口。《唐书音训》载：“京口，在润州城东北甘露寺侧。”曲阿（今丹阳），楚名“云阳”，秦在县北里开凿北冈山，“截直道使其阿曲，故曰曲阿也”。

秦不仅开凿了丹徒水道，还修建了嘉兴至杭州的陵水道，江南运河的模型基本已成型。因此，丹徒水道的开凿和运行无论是文化方面还是经济方面都为镇江这个地方带来了重要的影响。之后，为了使丹徒水道更佳畅通，三国东吴末年，吴主孙皓命人组织了一次丹徒水道大规模的全线疏凿改造工程。“凿丹徒至云阳，而杜野、小辛间，皆斩绝陵袭，功力艰辛。杜野属丹徒，小辛属曲阿。”齐建武年间，又对丹徒水道进行了一次全面的疏浚。隋唐以后，江南运河入江口为大京口。丹徒口、京口河、大京口多口入门的格局形成。

2. 破冈渎开凿与运行的历史叙事

孙吴在建业（西晋年间改称“建邺”）定都之初，吴会漕运主要是经丹徒水道从京口或丹徒口出江。一方面是因为航行安全问题，当时京口广陵间江面广阔，“鸟道五十余里”，地处海口，潮高浪急，京口建业需顶流溯江 200 里。另一方面是因为战争国情所需，京口濒临吴魏战阵前线，东吴“以洲渚为营壁、江淮为城堑”，时有魏军袭击。孙吴漕运、军运、商运及其他通过水上的联系，需常穿越战防区，较危险。因此，定都建业后不久，孙吴就开始开凿破渎，从内地沟通太湖和秦淮河。这就是所谓破冈渎的开凿。

三国吴赤乌八年（245），孙权派陈勋率三万屯田兵“凿句容中道，至云阳西城，以通吴会船舰”，“句容中道”就是破冈渎。破冈渎翻山越岭，横亘茅山丘陵岗地。为解决河道水源问题，孙权派人在江宁、句容两县的赤山附近修筑了赤山塘（又称“练忠湖”“赤山湖”），引水为湖，周围 120 里，积水济源。破冈渎长 64 里，航道沿程共筑有 14 座埭，上七埭入古延陵县境，下七埭入江宁界，平均每2.2里设埭1座。通过这一系列堰埭分段节制、拦蓄水源，提高水位，又使水位差分散于各河段之间，形成一组大规模的梯级航道。破冈渎的走向，根据清光绪八年（1882）八月二十六日代理句容县令黎光旦等人的遗址实地履勘报告和史籍所载，西由三岔河起，东行经淤乡、小其村、何庄庙、毕墟村、鼍龙庙、吕坊寺，入丹徒境宝堰河，其后连接丹阳境内河，在丹阳入丹徒水道，东通吴会，西北至京口。由于破冈渎地势较高，蓄水量有限，船航行期间，“不得并行”，所以，南朝梁武帝萧衍予以废弃，在句容东南5里，距破冈渎约20里处另开凿了上容渎。但上容渎埭多浅水，船行其间反而比破冈渎更费时费力，陈又废上容渎，重启破冈渎。六朝破冈渎路线图如图1所示。至隋灭陈，废上容渎和破冈渎。

图1　六朝破冈渎路线示意图

可以说，整个六朝时期，破冈渎承担了建邺同吴会之间的主要内河水运。破冈渎和上容渎不经长江，在内地沟通了秦淮河—太湖水系，不仅对建邺、吴会及军事重镇京口间的交通联系有重要作用，而且因“通会市”“作邸阁”，为沿线句容、丹徒、丹阳地区的经济发展也带来了很大的促进作用。

3. 隋唐镇江大运河开凿与运行的历史叙事

如上文，隋灭陈后，不仅废除了一些旧有的水道，而且开始大规模地布置自己的水道。隋炀帝开凿疏浚了通济渠、邗沟、永济渠和江南运河，大运河实现了第一次全线贯通。隋炀帝于大业六年（610）十二月“敕穿江南河，自京口至余杭，八百余里，广十余丈，使可通龙舟，并置驿宫、草顿，欲东巡会稽”。大运河四段运河中，江南运河是最后开凿的。其东段运用太湖水道和钱塘江水道，西段则是在原有的丹徒水道基础上拓宽加深而成。隋以前，京口至钱塘江未有直通的漕道，陆游《入蜀记》就称：“自京口抵钱塘，梁陈以前不通漕，至隋炀帝始凿渠八百里，皆阔十丈。夹冈如连山，盖当时所积之土。”江南运河贯通后，“自是天下利于转输”，更“为后世开万世之利”。唐宪宗宰相李吉说：“隋氏作之虽劳，后代实受其利焉。”《隋书·地理志》载：“京口东通吴会，南接江、湖，西连都邑亦一都之会也数郡，川泽沃衍，有海陆之绕，珍异所聚，故商贾并凑。”

江南运河的开凿与通航对于镇江的发展显然具有重要的意义，镇江因此处于长江与京杭大运河的交汇点，成为当时东南交通枢纽和东南漕运的咽喉。每年从东南运抵长安的粮食从数十万石到一两百万石不等，最多可达三百万石。除粮食之外，“赋税所产，江淮为多”，到中唐德宗时，赋出天下，而“江南十九”。唐代漕运大体可分三段，其中“最重者京口”。

盛唐时期，由于自然环境发生改变，其中与润州相对的长江北岸变化较大，“润州本与扬子桥对，瓜洲乃江中一洲耳”，然而，长江水道变化，瓜洲与北岸相连，原有的江北漕河口被淤塞成陆地。“自隋以前扬子镇尚临江，炀帝开邗沟至扬子即入江”，“至唐时，江滨始积沙二十五里”，且“舟多败溺”。为了改变这一状况，唐开元二十六年（738），润州刺史齐澣奏请获准，次年，亲自在瓜洲岸边至扬子镇之间，开挖了一条长 25 里的伊娄渠（图 2）。此外，还在瓜洲埭蓄水，建造了二斗门船闸。同时，为了与伊娄渠便达，又在长江南岸润州城西北修筑了京口埭。据相关文献载：“京口闸，在城西北京口港口，距江一里许，莫究其所始。唐撤闸置堰。”

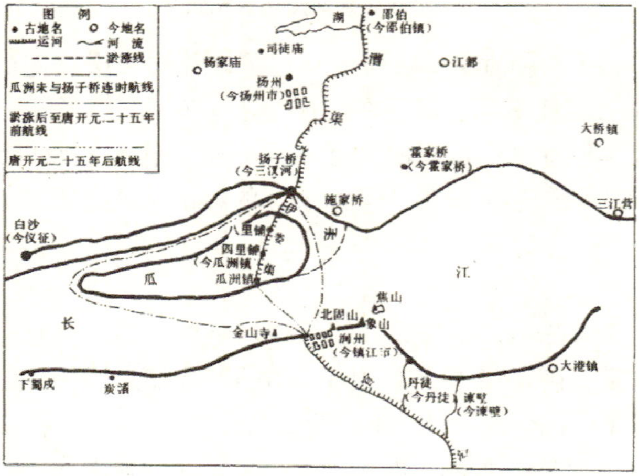

图 2　唐瓜洲伊娄渠示意图

4. 隋唐以后的镇江大运河开凿与运行的历史叙事

宋代，为了保障南北漕运的畅通，开始频繁对大运河镇江段进行整治疏浚，且先后建成了吕城堰、丹徒闸、越河口闸，开凿了小京口入江口。北宋淳化三年（992）开凿了沟通运河的珥渎（丹金溧河），从而初步构成了镇江东部地区以运河为主骨架的水运网。

元明清时期也对航道进行了频繁治理。当时，镇江境内长江主泓道的南移和江中沙洲的变化，形成了镇江港口和航道的深水条件，为水运活动创造了畅通无阻的天然地理优势，这为镇江的港口地位创造了有利条件。然而，江中沙洲的扩大和主泓道北移，又给航运带来威胁。

此外，大运河镇江段的徒阳段处于丘陵地带，地势本就偏高，加之江中沙洲的影响，江水含沙大，来急退缓的江潮挟带大量的泥沙，每每停蓄于河床之上，有"一日厚一钱"之说，常常造成这段运道河枯水浅，影响航运。其中特别容易淤塞者有 3 处：一是京口闸，这里为全运河退潮处，沙泥易于沉淀；二是猪婆滩一带；三是丹阳城北夹冈下运河。这些河段或地处高岗，或两岸夹山地多流沙，水土流失，形成淤塞。在运道阻塞影响漕船正常运行的情况下，元明清各朝政府几乎每年都要动用大量的人力、物力、财力来挑挖运河，整治航道。

元初的漕运采取水陆兼运的方法。先把江南的物资集中在镇江，过江后北上入淮，在淮安北面入黄河，逆流而上到中滦（今河南封丘南），然后陆运至淇门（今河南淇县南），入卫河，经直沽（今天津南）转入白河至通州（今北京通州），再陆运至大都（今北京）。这种水陆兼运的形式，不仅迂回曲折，劳民伤财，而且其运量也受到了极大的限制。因此，至元十九年（1282），元世祖忽必烈采纳宰相伯颜的建议，开始取海道运送漕粮，"命上海总管罗壁、朱清、张瑄等造海船六十艘，运粮四万六千余石，从海道……明年始至京师"。

元朝中后期取海道运粮的同时，仍兼用前述水陆联运的方式，同时致力于京杭大运河的恢复工程。但随着航海技术的进步，以及海运的取道直捷、费用减省，海运渐至成为元代漕运的主要方式。因此，虽然京杭大运河已于至元二十八年（公元 1291）全线通航，元代的漕运仍是以海漕为大宗而河漕则降于从属的地位。元代海运的兴起对镇江水运有着深重的影响。在海运未兴之前，江浙漕粮的北运，镇江是一个重要的中转地。到海运发展后，情况就略有不同。《经世大典·海运篇》记载，元代的海漕，用集结于刘家港等起运港口的海船开赴内地各仓装运粮米，或以河船载粮开赴起运港装入海船。其时有4支内河支线沟通各地与起运港的联系，即浙西线、浙东线、满浦线、上江线。其中的浙西线主要负责运送江浙一带的漕粮，而运粮船到浙西线装粮要分赴9处，即平江路、无锡州、常州路、海盐州、湖州路、松江府、乌泥泾、江阴州、镇江路。镇江仅是江浙漕粮的9处集中点之一，比之河运，集散范围有所缩小。

明朝定都北京之后，恢复了漕运，到清代，漕运达到顶峰。漕运组织机构较前代更加庞杂，漕粮征收的数额也更加巨大，而镇江作为漕运转输枢纽之一，地方漕运管理机构及漕粮征收数额甚于前代。这也一度引发了镇江漕运管理的混乱局面，甚至到最终不得不废止漕运。

5. 新中国成立以后对大运河镇江段的维护和管理

新中国成立以后，镇江仍然是重要的港口城市，对大运河镇江段进行了多次整治和规划。1954年以后，对原京口和丹徒口两个入江口做了整治。1958年，镇江成立了“大运河工程指挥部”，对徒阳运河进行了拓浚与改造。大运河的整治，不仅使运河沿线的农田灌溉条件大大改善，而且也便利了航运，为木帆船创造了良好的发展条件。1966年至1975年，镇江地区又按照航道标准对该段运河进行了3次拓浚。1976年至1980年对入江口门及陵口河段进行重点整治。20世纪90年代，对大运河镇江段进行了全面的整治，不仅大大改善了运河技术状况，提高了通航能力，而且还有效地改善了投资环境，给镇江乃至江苏的经济发展注入了新的活力，对促进镇江的经济腾飞和社会全面进步产生了重要的作用和深远的历史影响。2009年，启动了古运河中段综合整治工程，以打造最具魅力和特色的品质高雅的运河景观风光带。

二、大运河运转与镇江城市文明的关联

1. 南北东西交融的镇江运河文明

隋时，运河提高了镇江在江河水运中的枢纽地位。它南北纵贯，将海河、黄河、淮河、长江、钱塘江这5条纬线方向的自然河连接起来。镇江雄踞江河交汇的中心，连通东南西北，启闭浙西门户，水运辐射突破了以往向北仅用邗沟至淮的局限，达到了黄河、海河流域。从此，镇、扬间“商旅往还，船乘不绝”，“自扬、益、淮南至交、广、闽、中等州，公家运漕，私人商旅，舳舻相继”。大运河镇江段成为南北运输的大动脉，便利了南北经济文化的交流。江南大运河不仅是南北走向的，同时还是东西走向的，

以镇江为起点，杭州为终点，构成了一条东西走向的江南富庶走廊。由于政治和经济的需要，大运河对镇江以西的辐射影响最重要的成果之一就是破冈渎的开凿和运行。东吴时期，吴主孙权将都城从今天的镇江迁到今天的南京，南京在镇江西面，而南京水运交通只与长江相通，且镇江与南京的长江部分不适合航运，因此，为了改善南京的交通状况，开凿破冈渎，沟通了镇江到南京的东西水路。大大促进了镇江与南京及沿途句容、丹徒、丹阳等地方的经济和文化发展。

2. 南京作为都城时镇江的角色与运河的特殊功能

如上，孙权迁都南京之后，为了便利南京至旧都城镇江的运输，开凿破冈渎，从而也沟通了南京与太湖流域，水道直通苏州、绍兴，为促进作为政治中心的南京成为江南地区第一大城发挥了重要的作用，而镇江则是此时吴的经济中心及军事重镇，也是南北、东西走向的汇聚交叉城市。

3. 大运河与“镇江文脉——西津渡文化”的关系

现今西津渡景区标识牌是如此向游客介绍西津渡的，以“京杭大运河—西津渡古街（六朝—清代）”标志碑的碑词介绍为例：“西津渡始形成于三国时代，历代以来一直是我国南北水上交通漕运的枢纽，在此发生过众多的重大历史事件。”很显然，这份介绍已经把西津渡定位为随着大运河镇江段南北漕运枢纽地位的确立而繁荣发展起来的渡口。镇江博物馆研究员刘建国认为西津渡是渡口，并不是大运河的入江口，因此它的文化遗产应该归属于长江的渡口文化遗产，而不是大运河的文化遗产。

然而，无论西津渡是否属于大运河地理上的核心节点，西津渡文化毫无疑问与大运河息息相关。

之所以把西津渡称为“镇江文脉”，是因为西津渡是我国历史最悠久、规模最大、保存最完善的渡口历史街区。渡口文化与大运河的兴衰有着完全的正相关联系。有学者认为尽管大运河镇江段具有京口、甘露、鳝鱼三港多个入江口，这些入江口并不包含西津渡，然而“运河漕船过京口闸（遗址在今中华路鱼巷口）驶入长江后，并不是直接渡江北去，而是沿江岸行至西津渡玉山码头后，再由此经金山渡江至北岸瓜洲。也就是说，运河入江口并非江南运河水路的终点，江南运河漕船离开江南前的最后一站，正是玉山旁的西津渡口”。因此，西津渡才是江南运河漕船横渡长江的起点。而且根据渡口与港口的作用，渡口所拥有之船称“渡船”，专司两岸之间的人、物往来，而港口的船只负责水上的交通运输。因此大运河上南北往来的官私旅客必然会选择在西津渡聚集，又从这里出发。

镇江山水文化中山是躯干，水是灵魂，而大运河与长江是镇江“水”文化的精神内核。

镇江境内有两大山脉——宁镇山脉和茅山山脉，地形都很有利于战争，可谓历来兵家争夺之地。在春秋战国时期，吴、越、楚等国竞相争夺。三国吴初，东吴把这里当作军事指挥地，修筑了铁瓮城。晋室南渡后，侨置南徐，成立北府军。隋代大运河贯通后，镇江位于长江和运河交汇处，长江自古被称为天堑，是天然屏障，江河和运河交汇又使镇江成为长江下游南北水陆交通枢纽，成为兵家必争之地。唐宋设置镇海、镇江军，政治军事地位都甚于金陵。唐杜佑云：“建业之有京口，犹洛阳之有孟津。自孙吴以来，东南有事必以京口为襟要；京口之防或疏，建业之危立矣！六朝时期以京为台城门户，锁钥不可不重也！”

镇江的水是镇江城市文明常新的源头，可以说镇江的水成就了镇江文化。镇江为“南北之要津”，“九省通衢”，有“黄金水道”之称的长江流经镇江市区北部，并与贯穿中国南北、世界最长的人工运河——京杭大运河在此交汇，形成了独特而优越的“十字黄金水道”的区位优势。

由于江南农业发达，经济繁荣，历代统治者都要大量调运江南的粮食、物资进京，形成了“当今赋出于天下，江南居十九”的局面。漕粮经镇江过运河北上，此外，两广等地的物资也在镇江中转，镇江成为“中国漕运咽喉”。北宋在镇江又设立了转般仓，南宋设立大军仓，将镇江建为粮食、物资储运中心，素称“银码头”，与无锡的布码头、汉口的船码头并称“三码头”。南来北往、东西互通，大量人流不断涌进又出，使得镇江文化具有开放性、包容性和时代性，而不是凝固的僵化的断层的文化。

三、总结与延伸

首先，镇江作为古代长江下游的一个水陆交通枢纽，其文化的形成与大运河息息相关。大运河镇江段对镇江的影响是东西南北全方向覆盖，因此大运河文化基本上成为这座随着运河漕运发展而发展的城市的底色之一。

其次，大运河镇江段的辐射范围既是南北走向的，也是东西走向的，从而构成了镇江文化“大融合”的特征。因此，大运河与镇江文化的关系不仅仅是带状的，还是立体性的，大运河对镇江文化是润物细无声的全方位的影响。

最后，镇江是一座依靠运河而生的港口城市，至今仍是非常重要的港口城市，因此镇江大运河文化本身也是“活态”型文化。而且全球运河文化概念的提出，江苏省大运河文化带项目的提出和推进，代表着一种“自上而下”的对当今大运河文化遗产重新保护和开发的决心。本文旨在通过今天的大运河对镇江文化的影响表明大运河镇江段文化的独特地位。

关于大运河镇江段文化遗产的阐释和研究，是一个非常庞大的主题，从学术价值来看，本文还仅仅只是对已有的相关文化阐释研究做一点点梳理工作，然后在这个基础上提出了一点点自己的看法。这些看法虽然还没有逻辑严谨地给出证据和充分说明，但很显然是大运河镇江段文化阐释的一些比较新的视角，而且可以作为整个江苏大运河文化带建设中的一部分工作。

从应用价值来看，大运河镇江段文化的开发与保存是整个大运河文化的开发和保存的一个重要组成部分。本文主要是阐释大运河镇江段自己的特色，并在此基础上让镇江的大运河文化与镇江当地的其他文化构成一个独特的镇江文化，从而为镇江文化找准自己的发展方向提供一点思考。

参考文献：

［1］张立. 镇江交通史［M］. 北京：人民交通出版社，1989.

［2］中共江苏省委党史工作办公室. 走近大运河［M］. 北京：中央文献出版社，2005.

［3］严其林，程建. 京口文化［M］. 南京：南京大学出版社，2001.

［4］束剑竑. 镇江城市文化个性研究［D］. 上海：上海交通大学，2006.

［5］肖梦龙. 试论历史上三次移民对镇江发展的巨大推动［J］. 东南文化，2001（3）：69-75.

［6］王玲真. 京杭大运河与镇江城市文明的兴起和发展［J］. 南通大学学报（社会科学版），2008，24（1）：21-24.

［7］余耀中. 镇江城市发展的五次历史跨越［J］. 金山，2009（3）：47-48.

［8］王琦. 镇江城市空间营造研究［D］. 武汉：武汉大学，2013.

［9］卢钢，岳福运. 镇江西津渡：千帆入津，因渡而生［J］. 建筑与文化，2011（12）：23.

［10］刘建国. 西津渡历史文脉及文化价值探析［J］. 东南文化，2011（1）：60-64.

[11] 刘建国. 长江西津、瓜洲两渡及其交通属性研究 [J]. 镇江高专学报, 2017 (3): 1-5.

[12] 卢宪. 嘉定镇江志（卷六）[M]. 南京：江苏古籍出版社，1988.

[13] 顾祖禹. 读史方舆纪要 [M]. 上海：上海书店出版社，1998.

[14] 俞希鲁. 至顺镇江志 [M]. 南京：江苏古籍出版社，1990.

[15] 李勇. 镇江城市地图集 [M]. 上海：中华地图学社，2017.

文旅融合视域下的
大运河镇江段非物质文化遗产保护与利用研究

余红艳* 张智咏*

2014 年，中国大运河成功入选世界文化遗产名录。2017 年以来，习近平总书记多次对大运河文化保护作出重要批示，指出“要深入挖掘以大运河为核心的历史文化资源”，并强调“大运河是祖先留给我们的宝贵遗产，是流动的文化，要统筹保护好、传承好、利用好”，将运河文化保护提升至中国文化影响力、凝聚力建构的战略高度。2019 年，中共中央办公厅、国务院办公厅印发《大运河文化保护传承利用规划纲要》，明确大运河文化带建设方向、目标和任务，强调要“着力强化文化遗产保护传承”，“着力推动文化和旅游融合发展”，“着力创新保护传承利用机制”，并使之成为新时代“宣传中国形象、展示中华文明、彰显文化自信的亮丽名片”。[1]

镇江是江南运河的起点，最早开凿于春秋末期，后历经三国、隋唐、明清渐趋成熟完备，并逐渐形成了与镇江地域文化融为一体的镇江运河文化。其中非物质文化遗产（以下简称“非遗”）是镇江运河文化的璀璨明珠，是提升镇江运河文化社会影响力的重要载体，是运河遗产保护的重要内容。镇江依托得天独厚的江运、河运优势，形成了丰富、多元的非遗资源，现有人类口头与非物质遗产项目 1 项，国家级非遗项目 9 项，省级非遗项目 31 项，市级非遗项目 55 项，以及县级非遗项目 208 项。[2] 部分非遗项目如古琴艺术（梅庵琴派）、白蛇传传说、董永传说、镇江恒顺香醋酿制技艺等在全国乃至全球范围均享有广泛的社会影响力，是保护好、传承好、利用好镇江运河文化的重要非遗资源。

2018 年，国务院机构改革，组建文化和旅游部。行政机构的合并充分凸显国家积极推动文化事业、文化产业和旅游业融合发展的战略目标。

---

* 余红艳，1979 年生，博士，江苏大学副教授，硕士生导师，主要研究非遗保护、民俗文化国际传播。张智咏，2002 年生，江苏大学汉语言文学专业本科生，主要研究民间传说、非遗保护。

2019年，在江苏省发改委编制的《大运河江苏段文化保护传承利用实施规划》中，大运河旅游成为重要章节。基于旅游视角展开的大运河文化保护为大运河镇江段非遗文化的保护与利用提供了非常好的路径。因此，如何深入挖掘大运河镇江段非遗文化内涵，提升大运河镇江段非遗文化的地域标识性和旅游吸引力，从而加强大运河镇江段非遗文化的社会影响与活态保护，是当前镇江大运河文化带建设和运河文化非遗保护与利用的题中要义。

一、大运河非遗文化概念及类型

联合国教科文组织于2003年颁布《保护非物质文化遗产公约》（以下简称《公约》），并明确界定了非物质文化遗产的概念：

> 被各社区、群体，有时是个人，视为其文化遗产组成部分的各种社会实践、观念表述、表现形式、知识、技能以及相关的工具、实物、手工艺品和文化场所。[3]

《公约》指出，非物质文化遗产应包括五个方面的内容：口头传统及其表现形式，民间表演艺术，民众的生活形态、礼仪和节庆活动，古代遗留下来的各种民间生活及科技知识，民间传统工艺和艺术。2011年，第十一届全国人民代表大会常务委员会第十九次会议通过《中华人民共和国非物质文化遗产法》，在“总则”第二条中，明确“本法所称非物质文化遗产，是指各族人民世代相传并视为其文化遗产组成部分的各种传统文化表现形式，以及与传统文化表现形式相关的实物和场所”[4]，并进一步细化非遗内容：传统口头文学及作为其载体的语言，传统美术、书法、音乐、舞蹈、戏剧、曲艺和杂技，传统技艺、医药和历法，传统礼仪、节庆等民俗，传统体育和游艺，以及其他非物质文化遗产。相比起联合国教科文组织界定的非遗概念，《中华人民共和国非物质文化遗产法》确定的非遗概念更加符合中国国情和中国非遗现状。

相较于大运河研究，大运河文化和大运河非遗文化研究起步较晚，且论文数量较少。以“大运河文化”为主题，检索“中国知网”（2019-07-07，13：02），获得计量可视化分析结果，其研究主题分布见图1。

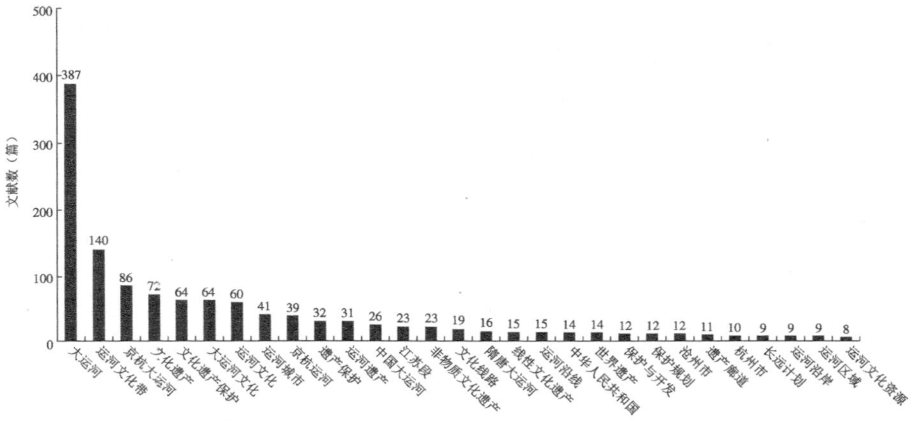

图 1　大运河文化研究主题分布

由图 1 可见，大运河非物质文化遗产主题的论文数量仅为 23 篇，占大运河文化主题研究的 1.81%，且主要集中于探讨大运河非遗文化的保护和利用，并不专门界定大运河非遗文化概念。

2014 年 10 月，就在中国大运河正式入选世界文化遗产名录的 4 个月后，京杭大运河遗产保护出版工程专家组出版了 12 册的三卷研究巨著，其中“运河文化卷”单设《京杭大运河非物质文化遗产》专著。荀德麟先生在该书序言中对大运河非遗的范畴作了初步界定：“本书所选择介绍的非物质文化遗产，它的形成、传承与发展变化，与京杭大运河都有着直接或间接的连带关系，有着内生、发展、演变和传承的必然联系。”并详细列举了六个方面的大运河非遗文化主要内容，即与大运河直接关联的非遗，与大运河原生性功用直接关联的非遗，由大运河沿岸所派生的人类口述遗产，在大运河沿线地区形成或传承、发展的表演艺术，由大运河的交通助推、促进需求而产生或传承发展的传统手工技能，以及率先在大运河沿线地区形成或传播、发展的中华传统武术、中华传统杂技和其他具有代表性的游艺项目等。[5] 姜师立先生参照荀文对大运河非遗文化的界定，进一步细化大运河非遗文化所包括的五大类型：口头传说和表述，如与大运河相关的传说、船工号子；表演艺术，如京剧、古琴艺术、扬州评话、苏州评弹等；社会实践、仪式、节庆活动，如通州开漕节等；有关自然界和宇宙的知识和实践，如二十四节气等；传统手工艺，如中国雕版印刷技艺、苏绣等。[6]

综合非遗概念和上述学者对大运河非遗范畴的界定，不难发现，大运河非遗概念界定最主要的着力点在于如何看待大运河沿线非遗项目与大运河的内在关系，过度泛化容易忽略“大运河非物质文化遗产”和“大运河沿线非物质文化遗产”的差异性。大运河非遗文化的界定至少应遵循两大原则：一是列属于国家“四级”非遗名录。我国非遗名录包括县级、市级、省级和国家级，大运河非遗文化首先应是这四级名录中的非遗项目；二是与大运河有着不可割裂的内在逻辑关系。以此两大原则为依据，大运河非遗文化应主要包括三大类型，一是以大运河为主体的非遗；二是因大运河而形成、发展的非遗；三是依托大运河进行传承和传播的非遗。大运河非遗文化概念的界定和范畴的梳理是进行大运河非遗保护与传承研究的重要前提。

二、大运河镇江段非遗文化资源及保护现状

大运河镇江段代表性非遗文化主要包括三大非遗项目：民间文学类、传统音乐类和传统技艺类，具体见表 1。

表 1　大运河镇江段代表性非遗文化一览表[7]

项目类型	代表性非遗项目	非遗级别
民间文学类	白蛇传传说、董永传说、《华山畿》和华山畿传说等	国家级、省级
传统音乐类	古琴艺术（梅庵琴派）、扬剧等	世界级、国家级
传统技艺类	镇江恒顺香醋酿造技艺、酿造酒传统酿造技艺（封缸酒传统酿造技艺），以及镇江锅盖面制作技艺等	国家级、省级

镇江作为江南运河的起点，以及运河与长江交汇处，拥有丰富的大运河非遗文化资源。其中，尤以民间传说、传统音乐及传统技艺为代表，在全国甚至海外均有较为广泛的影响和传播，是大运河镇江段非遗文化保护与传承的主要对象，也是进一步发展镇江大运河文化的重要载体。

目前，镇江市围绕大运河镇江段代表性非遗文化已展开较为深入的研究，多元的保护与利用，取得了较为显著的成绩。一是建立中国经典民间传说资料库。镇江民间文化艺术馆的镇江民间文艺资料库被誉为“中国第一库”，先后通过 20 世纪五六十年代的大规模采风，八九十年代的机制调整，以及 21 世纪以来的非遗保护，尤其是 2013 年镇江“白蛇传传说”被文化部（今文化和旅游部）列入国家非遗数据库建设试点项目后，镇江加强了经典民间传说的资料保护工作。二是定期举办非遗主题展会和学术研讨会。自 20 世纪 90 年代以来，镇江每年举办 1～2 场“白蛇传传说”主题

活动，如“镇江导游话白蛇擂台赛”“千年等一回——白蛇传民间艺术赴杭州展”“唱不尽的白蛇，看不够的金山——戏曲精品展演”等，取得了良好的宣传效果与社会反响；2011 年举办了“中国传说——2011 海峡两岸白蛇传文化研讨系列活动”，就白蛇传文化的抢救、保护和传承问题进行了多角度的学术研讨；2015 年，镇江槐荫村组织了“董永传说研讨会”，编印了《槐荫村的传说》，进一步扩大了董永传说的传播范围。三是充分利用视觉文化传播媒介，制作动画片、建设主题公园及上演实景表演。镇江耗时 5 年，精心制作了 52 集动画片《水漫金山》，在金山寺附近开发建设了白娘子爱情文化主题公园，公园中每周末（4—11 月）上演大型水景秀《白蛇传》等，不断创新传播方式，取得了较好的传承与传播效应。四是颁布相关保护条例，加强民间传说类非遗项目的管理。民间传说作为一种地方文化资源，是由民众创造并集体传播的地方性话语，民间性、集体性的基本特征在形成民间传说生生不息的传承魅力的同时，也使其长期处于一种零散状态，加大了民间传说类非遗资源的管理难度。2017 年，文化部门及民俗学者围绕民间传说的搜集、整理，民间传说故事数据库的建立，以及民间传说非遗项目的传承人设立等方面的问题进行了探讨，并于 2017 年公布《镇江非物质文化遗产项目代表性传承人保护条例》，加大对包括民间传说类在内的非遗项目的制度性保障与管理。

大运河镇江段非遗文化保护与传承在取得较好成效的同时，也存在有待进一步拓展和创新的问题：一是得到较多关注的非遗文化类型主要集中于民间传说类，其他类型的非遗保护与利用尚未形成体系化的思路；二是定期开展的民俗文化周活动与主题展会在宣传上主要局限于镇江地区，未能发挥更为广泛的传播效果；三是主题公园和实景演出未能深入思考旅游心理和“文化折扣”因素，大运河镇江段非遗文化的地域独特性和吸引力尚未得到更为深入的挖掘，以及未能与旅游做好落地对接，亟须相关文旅部门深入挖掘文化内核，强化非遗资源的地域独特性，探索文旅融合新发展。

三、大运河镇江段非遗文化与旅游的深度融合和创新发展

文化基因是旅游的灵魂，旅游是文化传播的翅膀。文旅融合研究自 2018 年文旅部组建以来，便成为学界研究重点。然而，“文旅融合”与“大运河文化”相结合的研究成果相对偏少，目前仅见 32 篇论文，在近年来得到学界较多关注的大运河文化研究中占比仅为 3.39%。[8] 这一方面是源于

“文旅融合”属于新的研究方向，另一方面也说明了文旅融合视域下的大运河文化研究尚未得到系统关注。

在大运河非遗文化现有研究中，姜师立（2019、2020）[9][10] 先后通过分析大运河旅游文化资源及大运河旅游发展现状，提出大运河旅游存在的不足，分析文旅融合给大运河旅游发展带来的机遇，进而针对推进大运河旅游高质量发展提出对策建议，认为可以融合开发运河旅游产品，精心打造运河文化旅游精品线路，双向延长运河旅游产业链，塑造统一的“下江南游运河”文化旅游品牌。此外，于学洪（2019）[11]、肖潇等（2019）[12] 分别就宿迁段、沧州段运河文旅融合展开个案研究并提出相应对策。值得关注的是，2019 年 11 月，浙江省杭州市萧山图书馆组织召开了“浙东运河沿岸文旅融合路径暨地方文献开发研讨会”，其中专设“浙东运河沿岸地区文旅融合与公共文化服务体系建设”研究专题，[13] 集中探讨该段运河的文旅融合问题，一定程度上反映了当前文旅融合背景下大运河文化研究的发展趋势。聚焦大运河镇江段非遗文化，立足镇江高层次、代表性大运河非遗文化资源进行 SWOT 分析，积极探索文旅融合视域下的大运河镇江段非遗文化旅游资源开发是当前镇江运河文化带建设的重要内容。

第一，深入挖掘大运河镇江段非遗资源的文化内涵与当代价值，建构大运河镇江段非遗保护与传承的当代价值体系。充分挖掘大运河镇江段非遗文化资源与大运河文化之间的内在关联，发挥其构建和谐社会、涵养社会主义核心价值观的社会功用是当前探索中华优秀传统文化创造性转化与创新性发展的文化前提和重要思路。大运河镇江段非遗项目的文化内涵正是社会主义核心价值观，以及中华传统美德的民间话语，理应成为构建新时代镇江城市文化精神的重要内容。

第二，对大运河镇江段非遗文化资源进行 SWOT 分析。SWOT 分析模型又称为态势分析法。其中，S 代表优势（strengths），W 代表劣势（weaknesses），O 代表机会（opportunities），T 代表威胁（threats）。SWOT 分析实际上是将对分析对象的内外部各方面内容进行综合和概括，进而分析其优劣势、面临的机会和威胁的一种研究方法。具体到大运河镇江段非遗文化资源 SWOT 分析，可以通过四种不同类型的组合即 SO 组合（优势—机会组合）、WO 组合（弱点—机会组合）、ST 组合（优势—威胁组合）和 WT 组合（弱点—威胁组合），对大运河镇江段非遗文化资源与旅游的融合进行充分的内外因素分析，为提出针对性、有效性强的文旅融合方案提供市场数据，具体见图 2。

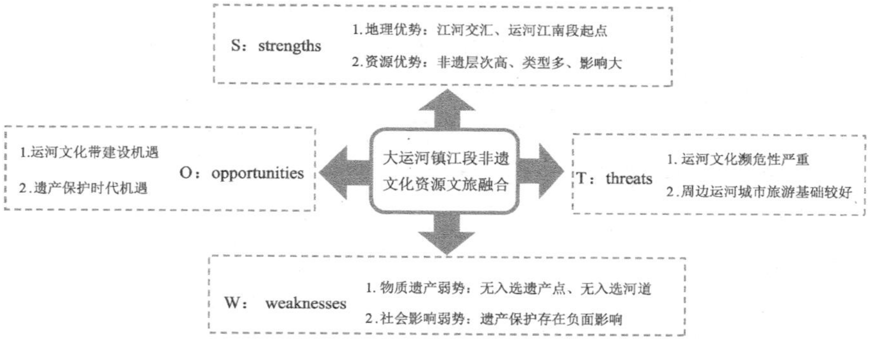

图 2　大运河镇江段非遗文化资源文旅融合 SWOT 分析图

第三，依托大运河镇江段非遗文化资源的内在逻辑关系，打造大运河镇江段非遗文化整体性旅游线路。镇江在全国乃至东南亚国家有着广泛影响力的民间文学、传统音乐和传统技艺，是承担镇江爱情城、音乐城、美食城三大运河文化符号的重要载体，也是打造镇江大运河独特文化的重要非遗资源。而且，从上述非遗的现存地理位置分析，相关大运河非遗景观区之间相距 30~60 分钟车程，符合打造文化旅游景观链的地理条件，即系统打造“运河之爱——运河镇江段爱情之旅”“运河之音——运河镇江段音乐之旅”“运河之味——运河镇江段美食之旅”，在整体性保护大运河镇江段非遗文化的基础上，进一步开发镇江旅游文化资源，打造镇江大运河特色文化旅游。具体思路见图 3。

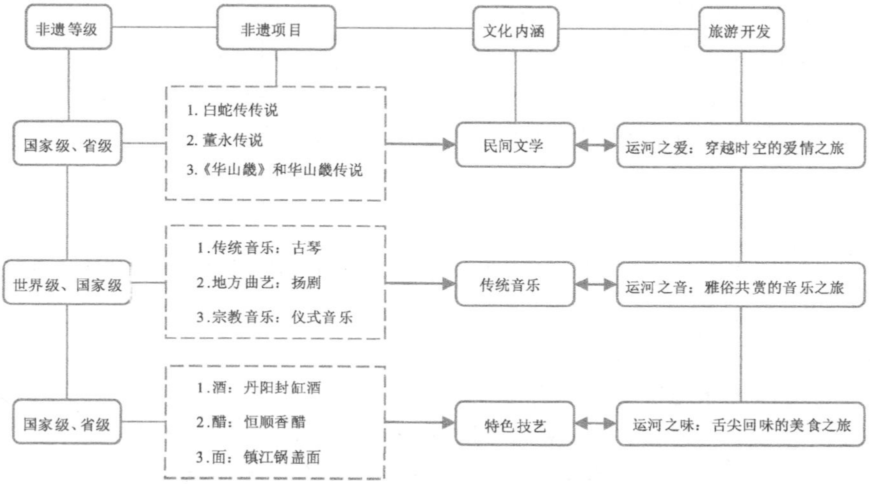

图 3　镇江大运河非遗文化资源文旅融合旅游开发思路图

第四，充分依托新媒体，开发大运河镇江段非遗文化虚拟仿真旅游体验App。充分依托大众喜闻乐见的新媒体传播媒介进行文旅融合视域下的大运河镇江段非遗的保护与利用，是当前大运河镇江段非遗保护与利用亟须进一步拓展的工作。新媒体有其自身的传播规律，包括故事讲述的模式、图片及视频资料的穿插方式，以及线上线下的人机互动等，并非简单地将口传故事或书面故事搬移至新媒体平台。本文依托江苏大学“互联网+大运河文化传承与传播虚拟仿真实验教学项目”，提出开发大运河镇江段非遗文化虚拟仿真旅游体验App，让游客在亲临镇江之前，借助App线上体验大运河镇江段非遗文化魅力，提升镇江城市文化旅游吸引力，为大运河镇江段非遗文化的广泛传播插上新媒体的翅膀。

第五，充分依托镇江高校国际交流平台，将大运河镇江段非遗文化旅游打造成来镇国际交流团队的亮点旅游项目，推动大运河镇江段非遗文化的国际传播，打造大运河镇江段非遗文化的国际品牌。江苏大学位于镇江，现有来自100多个国别的留学生逾2000人，留学生人数在全省高校位列前茅，且每年出国交流访学的教师、学生众多。因此，应充分依托镇江地方高校的国际交流平台，借助长短期语言文化交流项目或留学生文化实践活动，让更多的留学生了解大运河镇江段非遗文化和地方文化特色，推动大运河镇江段非遗文化的国际传播，扩大镇江国际影响力，并让世界更加深入地了解中国传统文化。

大运河非遗文化是一个系统性的文化整体，镇江进行旅游开发应充分挖掘本地域运河非遗文化的内涵和当代价值，充分发挥地域非遗文化优势，立足于非遗的整体性保护和整体性利用思路。同时，新媒体时代的到来，必然会促进文化传承与传播媒介的转型，大运河非遗文化旅游App的开发是顺应时代发展趋势的必然选择，也是后续发展思路。

参考文献：

[1] 中国政府网：http：//www. gov. cn/zhengce/2019-05/09/content_5390046. htm.

[2] 数据由笔者依据镇江非遗网信息整理而成。

[3] 保护非物质文化遗产公约（2003）[EB/OL].（2003-12-08）[2021-07-30]. http：//www. ihchina. cn/zhengce_ details/11668.

[4] 中华人民共和国非物质文化遗产法（中华人民共和国主席令第四十二号）[EB/OL]（2011-02-28）[2021-06-30]. http：//www. ihchina.

cn/zhengce_ details/11569.
［5］荀德麟．京杭大运河非物质文化遗产［M］．北京：电子工业出版社，2014.
［6］姜师立．保护传承大运河非遗，增强文化软实力［N］．扬州日报，2019-06-21（A03）.
［7］表格由笔者根据镇江非遗网资料（http：//www. ichzj. com/www/index. php）整理而成.
［8］数据来源于中国知网（2020-03-25，16：27）计量可视化分析结果。
［9］姜师立．文旅融合背景下大运河旅游发展高质量对策研究［J］．中国名城，2019（6）：88-95.
［10］姜师立．文旅融合助推大运河旅游高质量发展［J］．群众，2020（2）：51-52.
［11］于学洪．关于推进大运河宿迁段文旅融合发展的建议［N］．宿迁日报，2019-07-14（A02）.
［12］肖潇，于秀萍，李维锦．文旅融合视域下沧州段大运河的旅游开发策略［J］．沧州师范学院学报，2019，35（4）：61-65.
［13］朱军华．“浙东运河沿岸文旅融合路径暨地方文献开发研讨会”会议综述［J］．图书馆研究与工作，2020（2）：94-96.

大运河镇江段非遗文化衍生产品跨界融合创新研究

——以镇江香醋为例

张力丽* 钱 悦* 王雨妮

一、绪论

（一）研究背景

“文化水路，京韵流芳”，作为世界上最长的人工河流，中国大运河历史悠久，除了能够将南北的货物互通，运河河道的繁荣也滋润了沿岸城镇文明的发展，出现了灿烂多彩的多种形态的文化。2017 年，习近平总书记提出了建设大运河文化带的战略决策。2019 年 2 月，中共中央办公厅、国务院办公厅发布《大运河文化保护传承利用规划纲要》，明确提出推动大运河文化与相关产业融合，意味着大运河文化保护与开发工作迎来新的机遇。如何用活态文化延续运河精神并凸显沿线不同区域的独特历史文脉已经成为大运河保护与创新性发展的重要命题。

镇江地处长江与京杭大运河的交汇处，是京杭运河江南段的源头和连接南北段的枢纽。沿京杭大运河南下，经常州、无锡、苏州可达杭嘉湖平原；北上则通扬州、淮安，至山东、河北等省市。镇江自古以来就是大江南北舟楫往来之要冲，也是交通运输集散中转的重地，地理位置得天独厚，水运发达，有“九省通衢”“漕运咽喉”之称。本文以大运河文化为内核，对大运河镇江段的非物质文化遗产进行载体与形式的跨界融合创新，探索运河非物质文化遗产“活化”和“一体化”开发设计的路径，以此促进大运河文化传播，推动大运河文化在当代的可持续发展，为非物质文化遗产保护与区域经济发展结合提供参考案例。

---

* 张力丽，江苏大学艺术学院副教授，主要研究方向为视觉与信息可视化设计、区域艺术的可持续设计等。钱悦，江苏大学艺术学院硕士研究生，主要研究方向为视觉与信息可视化设计。

（二）相关概念介绍

1. 非遗文化衍生产品

衍生品是指从原生事物中派生出来的事物。文化衍生产品（cultural derivative），一般指蕴含固有文化特征并通过内涵延伸所设计出的富有纪念价值的文化产品，被视为被衍生主体的附属产品，对主体起补充或扩展作用。① 文化衍生品研究现多着眼于具体的产业背景，或有典型纪念性、教育性的文化项目，如动漫、电影，或是博物馆、纪念馆等，突出概述其对具体文化内容的纪念性和衍生性，但若着眼于更大的文化范畴和产品设计制造的根源，定义文化衍生产品时不仅要明确其对文化的代表性，还不能遗忘起支持作用的现代工业设计这一基础。

2014 年 8 月，文化部非物质文化遗产司发布了国家非遗保护传承的新思路新举措，其中首次提出文化部将鼓励非遗衍生品的开发，拓展与丰富非遗的主题及表现形式等相关内容。文化部非物质文化遗产司希望参与非遗保护与传承的个人与组织“进一步提高非遗产品的创作设计水平，把传统因素转化成丰富多彩的现代品牌，让更多的非遗元素进入当代人的日常生活，让非遗衍生品的开发成为扩大就业的重要渠道”。这是文化部第一次将非遗衍生产品开发提升到国家非遗保护与传承重要举措的高度，肯定了非遗活化、再生产在非遗保护与传承中的重要地位。可见，对非遗文化衍生品的开发研究是目前我国非遗保护与传承的重要课题。

2. 跨界融合

“界”在本文中为“职业、工作或性别等相同的一些社会成员的总体”之意，如各界、知识界、新闻界、教育界等。跨界融合指跨越不同领域、不同行业及不同学科等之间的界限而开展的合作，是互联网时代的一种新兴的合作模式。“究其本质，跨界合作是事物本身为了适应社会的发展，而采取的一种阶段性的改革与创新。”② 在本文中，跨界融合有两点关键要素，其一，非遗文化与其他社会力量出于自身发展的目的各自走出自身设定的发展范围，并跨越彼此之间的界限，实现相互融合；其二，通过文创跨界，将非遗文化衍生产品融入“游、购、娱”中，打造文化创意跨界平台。

---

① 张景：《论文化产业及其衍生品的无间道》，《美与时代（上）》2011 年第 11 期。

② 王卫军：《基于 Mash up 技术的图书馆跨界合作服务研究》，《图书情报工作》2011 年第 7 期。

（三）研究意义

大运河非物质文化遗产是指各种以非物质形态存在的与群众生活密切相关、世代相承的传统文化表现形式，包括运河沿线人们约定俗成的社会行为规范、礼俗、民俗、风俗、价值观念、审美情趣及思维方式，以及由此形成的民间文学、音乐、舞蹈、戏曲、技艺等独具特色的文化表现形式。在全球化的21世纪，各国的竞争主要表现为文化的竞争。因此，重视中华优秀传统文化并继承和发扬尤为重要。建设中国特色社会主义文化强国需要有强大的优秀传统文化、革命文化、先进文化做支撑，大运河作为中华文明的产物，其非物质文化遗产为我们提供了丰厚的文化宝藏和精神资源，对其非物质文化遗产进行保护和利用是繁荣中国特色社会主义文化、增强文化自觉和文化自信、提升文化竞争力的重要途径之一。品牌是提升非物质文化遗产知名度、认可度的有效途径。因此，传承和保护大运河的非物质文化遗产，加大其品牌的开发和利用，是提升国民文化自信的重要途径；宣传与推广地方非物质文化遗产，是展示和增强国民文化自信的重要表现。同时，跨界融合已经成为当前商业发展的新常态，也是中国未来经济大跨越的必然趋势，是适应“互联网+”的时代的不可替代的新型商业模式，可以更好地为非遗文化提供发展新机遇。

（四）国内外研究综述

通过对在CNKI知识网络服务平台搜索“非物质文化遗产”得到的检索结果进行计量可视化分析可以看到，有关“非物质文化遗产”的文献发文量自2000年开始一直呈折线递增态势，研究热点主要集中在“非物质文化遗产”“非物质文化遗产保护”“传承人”“非遗”等方面，而关于“设计研究”“制作技艺”方面的主题相对较少。

有关大运河的相关研究，自1944年史念海先生《中国的运河》出版以来，已持续多年。许多学者围绕沿线文化遗产、保护理论、管理体制及文创产品开发等问题展开不同程度的研究。与本文相关的学术成果主要集中在以下几个方面：

1. 运河文化遗产方面

资源整理与保护利用。以宏观研究和资源挖掘居多。单霁翔（2006）、刘蒋（2011）提出多学科领域的交叉研究与整体保护的观点；俞孔坚等（2010）借助历史模型的建构来阐述大运河在演变进程中的不同构成要素；毛峰（2013）、刘庆余（2016）对运河全线资源构成进行了统计；唐智华（2009）、刘牛等（2016）研究如何建设和利用运河文化遗产空间数据库；

奚敏（2011）、刘欢萍（2015）、许浩（2017）等就江苏大运河漕运、盐运、南巡等文化主题资源展开单项研究。

社会需求与品牌塑造。作为一种跨水系、跨领域的区域性广义文化系统，大运河文化品牌定位与完善尚在进行中。张骏（2014）指出运河旅游形象零散，缺乏统一品牌运营；刘庆余（2016）提出沿线各地应在寻求自身特色的基础上，培育统一的大运河旅游品牌形象，进而打造利益共同体。

2. 文化衍生产品开发方面

开发与推广策略多从现象层面入手，对营销管理、授权模式和开发策略等问题展开研究。李永乐（2017）分析线性文化遗产的系列博物馆群的构成依据，为大运河文化衍生产品谱系的梳理提供依据。陈静（2014）分析博物馆商店联盟的运营模式，对文化衍生产品的跨地区联合开发与经营具有参考价值。张飞燕（2016）、李姣（2017）探索了“互联网+”背景下的文博机构文化衍生产品的质量提升与市场拓展的路径。

设计方法拓展。从文化特征、产品造型、设计定位与创意提炼等方面研究设计方法的创新。吴琼等（2013）基于产品系统设计理论，金颖磊等（2017）基于可拓语义分析，杨木生等（2015）、张凌浩（2018）基于符号学理论等，王佳（2008）、张家祺等（2018）基于产品语义学，吴建辉（2017）、张飞越等（2018）提出运用数字化展示与传播手段，皆从不同理论视角推动设计方法出新。

目前整体研究态势是：大运河及其沿线地区的遗产构成分析和研究较多；聚焦于旅游纪念品和文创产品设计的相关研究呈递增趋势；真正以“大运河沿线地区非遗”为主题，包括以镇江段非遗文创的开发设计为研究对象的直接研究成果尚不多。反思：部分研究内容与方法对本项课题的推进具有重要的参考价值，但尚有几个问题没有解决。一是大运河的资源内涵、文化类型划分及相关信息的串联；二是大运河文化品牌建设与共享；三是某一区域内文创产品开发的高度归纳概括和内涵论释，在此基础上的跨载体、跨媒介的融合创新研究。针对这些问题，还有较大的研究空间有待于拓展。

（五）研究思路

在研究过程中采取多线索、多角度和多层次的方法来增加研究思维的活力。研究之初采取个案分析法，以运河文化、非遗、文化衍生产品等为关键词进行相关资料的搜集，整理出若干组经典设计案例，并对其开发法则、设计流程及实践方案等进行研究与总结。通过问卷调查法研究消费者对不同类型的非遗类文化衍生产品的感官体验、功能体验和个性消费需求。在设计方法拓展及实践环节中，通过跨学科研究的移植融合将设计学与心理学、传播学的研究方法进行结合，研究文化意象的认知匹配模型，以及文化衍生产品设计中的文化传递模型，提取设计元素，借助不同的文化衍生产品设计形态来准确传递大运河独特的文化特征，将文化符号转化为更易于人们接受、鉴赏的多重设计符号。最后，在前两项研究的基础上，以“异特征”和“关系同构”为思路，从表层性、意涵性等不同的维度进行文化衍生产品的形式、内容的创新与延展。

（六）研究方法

1. 实地调查与文献研究

对大运河镇江段进行实地考察，调查和搜集有关大运河的各类资料。通过文献的搜集、归类和分析得出各级非物质文化遗产的种类与发展历史、现状等基础信息。

2. 调研访谈与统计分析

对非遗产业从业人员、旅游从业人员、当地居民及游客就大运河和非遗文化衍生产品的设计和销售等问题进行深度访谈和问卷调查，并将所得结果与数据进行定量分析。

3. 案例分析与比较研究

剖析若干文化衍生产品开发与设计的典型案例，对比总结其设计经验；将大运河镇江段的非遗资源进行类别细化，展开多个维度的比较，研究其产品开发的路径差异。

4. 学科交叉研究法

运用设计学、考古学、历史学、传播学和心理学等多个学科的研究方式和观点进行分析与论证，探索跨学科、多角度的综合研究视角和方法。

二、大运河镇江段非遗文化的特质解析

大运河镇江段在中国政治史、经济史和交通史上有着辉煌的过去，运河见证了镇江的历史，也为镇江历史打上了“运河”的印记。镇江作为一座典型的“运河城市”，在历史发展过程中形成了一批极具价值的物质与非物质文化遗产。

（一）大运河镇江段非遗文化概述

中国大运河，是自春秋时期开凿邗沟以来，隋、唐、宋时期以“洛阳”为中心的“隋唐大运河”，元、明、清时期以“北京”为中心的“京杭大运河”，以及“浙东运河”的总称。① 605 年至 610 年，隋炀帝下令疏浚前朝开凿的河道并修建隋唐大运河，有效连接了中国南北，对中国古代的经济建设、社会进程与军事发展均产生了巨大的作用。京杭大运河长约 1797 公里，其水运功能至今仍发挥着较大的作用。京杭大运河对中国的经济发展、南北地区之间的文化交融、沿线的工业与农业的发展均起到了关键作用。②

京杭大运河作为中国古代唯一纵贯南北的交通干道，在发挥着重要的经济、军事等作用的过程中，吸收了沿线具有地域和民族特色的文明成果，形成了具有深刻内涵和多种姿态的运河文化。中华民族文化是多元化的文化，大运河的开通促进了南北文化和中外文化的交流，形成了独特的运河文化。大运河文化以其开放性和多样性特质，吸收了多种历史进程中人类文化之精髓，成为流淌着的中华民族血脉的一部分。因此，运河非遗文化不仅是一种本土文化，也是一种以交流、开放、融合、进步为特征的动态文化。

非遗在大运河文化中扮演着重要的角色。镇江当地的恒顺香醋酿造技艺、锅盖面制作技艺、肴肉制作技艺、天鹅绒织造技艺、华山太平泥叫叫和手推绣等众多非遗都是大运河镇江段文化的重要组成部分。文创产业赋能非遗文化，就是为传统的文化输入新鲜血液的过程，在传统中加入创新元素，连接古老与现代，使其创造出更大的文化价值，文创产业多种业态与运河文化融合发展，二者相得益彰、相互成就。

（二）大运河镇江段非遗文化的特质

1. 独特的区位优势

镇江自古以来因其“控江踞险”的独特地理位置，成为南北交通的咽喉和枢纽。作为镇江水运交通的重要组成部分，运河的开凿与利用贯穿其两千多年的城市建设史。运河在塑造城市的同时，也融入了城市发展的血脉，成为其重要组成部分。在镇江的历史上，运河的作用和意义早已超越了水运交通领域，可以说运河的存废与城市的兴衰相始终。镇

① 姜师立：《中国大运河文化的内涵、特征及分类研究》，《中国名城》2019 年第 2 期。

② 霍艳红：《基于“文化基因”视角的京杭大运河水文化遗产保护研究》，天津大学，2017，第 1 页。

江是一座典型的“运河城市”，保存了大量与运河相关的物质、非物质文化遗产。

2. 丰富的运河非遗文化品类

中国大运河文化是中华民族文化中的一种亚文化现象，与其他的区域文化一样，是由物质、制度、行为及精神多个层面构成的完整的文化体系。自中国大运河开凿以来，运河文化就开始逐渐形成。镇江运河文化伴随着大运河与长江的水文，见证了这条特殊河流线上不同时代与不同民族的政治、经济、军事、民俗、思想等多个领域的文化变迁。据统计，大运河镇江段非物质文化种类丰富，其中被列入国家级非物质文化遗产名录的有 7 项，省级的有 23 项，市级的有 43 项。① 较具代表性的有以下几种。传统音乐类：茅山道教音乐；传统美术类：秦淮灯彩、扬中玉雕、扬中竹编、丹阳刻瓷、泥塑、乱针绣、高资石雕；传统技艺类：镇江恒顺香醋酿造技艺、酿造酒传统酿造技艺、天鹅绒织造技艺、镇江肴肉制作技艺、镇江蟹黄汤包制作技艺、镇江锅盖面制作技艺、东乡羊肉制作技艺、恒升酱醋酿造技艺、镇江江鲜菜制作技艺（扬中江鲜菜、于氏鮰鱼狮子头）、宝堰米酒酿造技艺、高资跳面制作技艺；民俗类：儒里朱氏祭祀、圌山黄明节、扬中河豚文化、丹徒南乡服饰、“上茅山回九里”文化活动、金山寺水陆法会②。

三、跨界融合创新模式对策及方法

开展跨界融合视域下的非遗文化衍生产品开发还必须落实到微观对策，通过跨界选取与整合优质文化资源、跨界挖掘与转化特色文化资源，以及跨界宣传等，综合分析企业及其他社会力量的优势等，选择更加适合的合作模式，且不局限于单一的模式，在产品、服务及各类消费场景中寻找更多文化表达的新方式，为大众创造更多与更富含营养的文化资源亲密接触的机会，让文化的价值不断被发现和应用。

---

① 刘振兴：《吴风楚韵——镇江非物质文化遗产图文集》，江苏大学出版社，2011，第 241 页。

② 潘宏恩：《京杭大运河镇江段文化遗产保护与利用研究》，《淮阴师范学院学报》2014 年第 3 期。

（一）跨界融合开发的范围

跨界融合视域下的大运河非遗文化衍生产品开发需要当地优质资源的支持，其选取与整合十分必要，可以为跨界非遗文化衍生产品开发创造良好的基础资源优势。一方面，在完善的文化资源管理体系之下，做好文化分类整理工作，选取优质文化资源十分必要，可为后期工作的开展奠定良好的资源基础，提供更加多样化的选择和更加广阔的视野。另一方面，通过企业与其他社会力量的跨界合作，整合不同机构的文化信息资源，既包括有形资源又包括无形资源，在了解和掌握各机构资源的情况下，形成信息资源目录，建立统一的合作平台，为跨界合作开发准备条件。

对于大运河非遗文化来说，可跨界融合的单位涵盖范围广泛，包括科研单位，如高校、研究所等；传媒力量，如出版社、电视台、影视公司、互联网企业、新媒体公司等；文化、创意力量，如文化馆、文化创意公司、设计公司、产品研发公司；生产力量，如产品生产制作公司、手工生产者等；销售力量，如产品营销公司等。这些合作单位具有非遗文化自身不具备或相对薄弱的资源和条件，可以使所开发的非遗文化衍生产品具备更加完善、更加全面的功能和服务价值。

（二）跨界融合开发的方向

1. 打造非遗文化衍生产品传播品牌

跨界开发非遗文化衍生产品是一项长期性事业，因此将产品开发出来并不是最终目标，使跨界开发的非遗文化衍生产品形成品牌效应并获得长远和可持续发展才是跨界融合应有的意义。① 因此，相关机构和企业等开展跨界融合的范围不应局限于开发产品，还要利用优质的产品、细致的服务等形成品牌优势予以推广，推动非遗文化产业发展。借助互联网的力量加强非遗文化衍生产品的宣传是其中的重要一环。政府与其他机构和企业等必须充分把握优势，通过线上线下同步开展宣传和销售工作，打造系列产品、拳头产品，不断拓展不同机构与企业等的服务范围，塑造良好的品牌形象，合理利用资源以控制成本，提高效益，迎合公众和市场需求。同时要重视与大型文化公司、传媒公司等的合作，加强品牌的宣传和营销工作，为非遗文化衍生产品拓宽销路。

---

① 逄晓玲：《跨界合作视域下档案文化产品开发研究》，硕士学位论文，山东大学，2018，第43页。

2. 搭建非遗文化衍生产品传播平台

为了实现跨界融合视域下开发的非遗文化衍生产品的有效传播，企业和互联网公司、技术公司等应该建立起以技术为核心的非遗文化衍生产品传播平台，这个平台主要凝聚三方面的力量——企业、互联网与大众传媒公司及社会公众。搭建和运行这个平台也涵盖了多方面的技术，包括互联网技术、新媒体技术、移动客户端技术、大数据分析技术、网络推送技术等。借助这个平台可有效实现各方力量的集结，为非遗文化衍生产品创造更多更广阔的传播路径，同时利用这个平台将非遗文化衍生产品与社会、与公众联系起来，加强广泛互动，在互动中增进交流，利用公众的力量拓宽传播的渠道。

四、镇江香醋品牌衍生产品开发策略研究

在国家经济发展和政策的支持下，我国文化创意产业在近几年得到了高速发展。随着产业发展不断升级，文化创意产业在艺术领域起到了愈发明显的推动作用，越来越多的文化企业将文化创意元素与产业特点相融合，以全新的文化视角和方式为文化企业的持续发展注入新的活力。文化创意产业通过知识产权的形成和利用，将文化艺术创意和商品生产相结合，为社会创造财富和价值。镇江恒顺香醋酿造技艺是优秀的大运河非遗，应当挖掘其价值并积极参与其产品开发，使其能够得到传承。

（一）项目调研

“恒顺”二字源自佛家《华严经》，恒顺众生，永远顺随众生善性所需，寓意吉祥且简单易记。1840 年，丹徒人朱兆怀秉承“恒顺众生”经营理念创立“朱恒顺糟坊”，由此开启百年恒顺发展征程。其独特的“恒顺固态分层发酵技艺”被列入首批国家非物质文化遗产保护名录。镇江香醋是“中国四大名醋”之一，在引领中国醋业发展的基础上，百年恒顺目前已形成色醋、白醋、料酒、酱类、酱油、麻油、酱菜等七大品类系列产品。研究团队通过参观恒顺醋文化博物馆、走访调查线下专卖店等（图 1）较为系统地了解了镇江恒顺香醋的发展历史、材料、制作技艺和品牌文化，为后续的开发设计工作积累了素材；同时也结合访谈、调查问卷等获悉受众对文化衍生品的喜好类型。

图 1　镇江恒顺香醋调研资料图片

1. 品牌文化塑造

以非遗技艺的传承为核心，塑造大运河沿线城市的非遗文化品牌。通过设计文化消费品形态、整体包装和运营非遗体验类项目等方式促进非遗的文化传播和品牌塑造。

（1）传播品牌故事。

品牌在介绍自己的时候，应该善于讲述自己的故事。故事能引起人的好奇心、加深对品牌的记忆，如关于醋的起源镇江流传着“黑塔造醋”的故事。相传，杜康发明酿酒术后举家至镇江酿酒贩酒，后其儿子黑塔帮助父亲酿酒后觉得酒糟扔掉可惜，就存放起来，在缸里浸泡。到了二十一日的酉时，一开缸，一股从来没有闻过的香味扑鼻而来，黑塔尝了一口，酸甜兼备，味道很美，便贮藏着作为“调味浆”。杜康细问了黑塔事情经过，突然拽住黑塔用手指在地上写了起来，同时说道：“二十一日酉时，这加起来就是个‘醋’字，兴许这‘琼浆’就是‘醋’吧！”从此杜康父子在缸内酒糟中加水，经过二十一天酿制，缸中便酿出醋来，再将缸凿一个孔，这醋就源源不断地流淌出来了。杜康父子将这调味琼浆送给左邻右舍品尝，左邻右舍连连说味道好，没多久，远近街坊都赶过来买，这醋便在镇江城内卖开了，后传出镇江城，名扬四方。① 这种带有传奇色彩和戏剧性元素的

① 王汉林：《技术的社会形塑——镇江香醋酿制技术变迁的社会学考察》，博士学位论文，南开大学，2004，第 43 页。

创业故事能得到市场的认可。

（2）植入传统文化元素。

醋，又称酢、醯、苦酒、米醋，起源于我国。史料记载，早在三千多年前的商朝，就已用曲做酒，用梅子做酸性调味品。由于中国各地物产气候不同，全国各地的食醋也各具特色，其中以江苏镇江香醋、山西老陈醋、四川保宁醋、福建永春老醋最为著名，并称为“中国四大名醋”。镇江香醋又称“镇江醋”，是江苏省的传统名产，属于调味品。香字说明镇江醋比起其他种类的醋来说，重点在有一种独特的香气。北魏时期著名的医药学家陶弘景，在他所编撰的《神农本草经注》中记载了镇江米醋（香醋）的入药用法，这足以证明镇江香醋已有1400多年的历史。以中国悠久的醋文化为基础，结合品牌产品的特点进行融合，形成具有特色的品牌文化，非常容易引起受众的共鸣。

（3）建立品牌博物馆。

品牌博物馆是品牌文化的载体，建立品牌博物馆就是塑造品牌文化，通常包括三种类型，即产品文化塑造、创业文化塑造和古迹文化塑造，其实质都是对品牌发展过程中留存物的整理、展示和传播。通过博物馆塑造品牌文化，就是把在时间长河中沉淀的品牌文化元素和传统可视化，变成可读的故事，变成消费者可以接触的实物。品牌拥有者或管理者应尽力让可视、可读、可触的文化元素深深映在消费者的脑海中，因为实物的展示和陈列往往比语言的描述更具可信性和震撼力。① 由江苏恒顺集团有限公司投资兴建的恒顺镇江中国醋文化博物馆以我国酿造文化资源和镇江香醋文化资源为依托，由醋史馆、老作坊、现代工艺馆、陈列馆、体验馆、游客中心等六大部分组成。作为企业重要的宣传载体，醋博物馆将恒顺研发中心研发出的各种食醋保健产品，通过现场讲解、多媒体、书刊等各种形式对外进行宣传，让更多的老百姓了解食醋保健知识，进一步提升了醋博物馆健康养生游的质量。

（三）强调产品与目标市场的“共感”

文化衍生产品研发，应从单纯的“形似”转向“形意结合”，创意上强调产品与目标市场的“共感”②。纵观各大博物院的文化衍生产品，大致分

---

① 李英伟：《品牌视觉形象的创新设计与传播》，中国纺织出版社，2019，第54页。

② 陈思琦：《非遗文化衍生产品开发策略研究》，《四川文化产业职业学院学报》2015年第2期。

为三种：一是精致优美的复制书画、仿制器物；二是传统出版品及数码出版品；三是最受欢迎的靠近人们生活且物美价廉的生活创意产品，包括挂饰、文具、餐具及其他生活用品。这些创意产品完全打破了文化衍生品的刻板形象，走“萌系”“酷系”或“复古系”路线。近两年，有研究者提出产品价值除价格、功能、品质之外，存在着第四价值轴——感性价值的含义，即通过创造产品的美感、亲近感，激发市场消费者对其产生购买欲。非遗类的文化衍生品，更具活态性，有更强的展示性、体验性和参与性，未来的非遗文化衍生品的研发导向，更应该注重创意上的形意结合，找到与市场的情感共通点，开发出受市场欢迎的具有亲近感的文化产品。譬如醋类衍生品的开发，在简单地将醋品牌标志移植到各种生活用品上的基础上，应注意找到人情感上的共鸣点，通过讲故事等方式开发出醋元素的文化意义，通过形意结合的方式激发情感共鸣，挖掘潜在的市场需求。

（四）深化跨界领域融合

目前，跨界融合模式在衍生产品中的应用并不是十分成熟，也可以说是一个起步和探索的阶段。跨界这一手法，在创新过程中的最大体现，就是多元素的加入、多领域的融合，这也是跨界融合这一模式最简单的、最直观的使用方式。但是，要想探索跨界融合这一模式的更有效的运行机制，不能仅仅是加入其他领域的元素，这只是表面型开发，如何发掘深层次的运行机制，是未来衍生产品需要在实践中探索的新问题。衍生产品跨界融合的新的运行机制，在横向上还需要考虑多领域多方向的因素，在纵向上还需要考虑时间的推移和时代的发展。只有对衍生产品背后非遗文化的过去、现在和未来做一个全面的研究，才能探索出更适合现阶段跨界融合的模式和运行机制。

五、镇江香醋品牌衍生产品跨界融合的设计实践

镇江恒顺香醋具有“酸而不涩、香而微甜、色浓味鲜、愈存愈醇”的特点，在同行产品中不仅色、香、味独占鳌头，而且在同行业中率先利用现代手段检测各项理化指标。镇江恒顺香醋精选粒大、浑圆、晶莹润白的优质糯米为主要原料，采用独特严格的生产工艺，历经酿酒、制醋醅、淋醋三大过程，40 多道工序，60 多天精心酿制而成。镇江恒顺香醋融“色、香、酸、醇、鲜、浓”六大特色于一体，始终保持了夏日不霉、冬日不冻、

久摆不腐、越陈越香的奇特品质。① 作为进入首批国家级非物质文化遗产名录的镇江恒顺香醋酿造技艺，必须在品牌文化传播中得到重视。

（一）品牌特色文化符号提取

本文的设计实践以镇江恒顺香醋为开发和设计对象。从现有品牌形象与文化衍生产品的开发情况来看，其较为缺少新意，不能充分体现镇江独特地域文化和该非遗技艺的独特性。随着对生活质量要求的提高，以及生活方式的多元化、健康化，人们对于个人生活起居的许多方面的要求也越来越高。需以非遗文化内涵为基石，并由此为线索展开镇江恒顺香醋产品的生产与整合营销活动。研究团队将用词义量化整合法对镇江恒顺香醋做一个感性市场的调查，找出消费者眼中的镇江恒顺香醋的主观感性特征。经过阅读网络文章和线上相关评论，以及线下消费者访谈等方式，我们筛选得到了 10 个感性形容词。通过概念拆解，再将感性特征词汇“香浓”“工序复杂”“历史悠久”进行 3 次拆解后得出“叙事性插图”“暖色调”“高延展性”“高宣传性”4 个具体的符号能指的形式和趋向理念（图 2）。

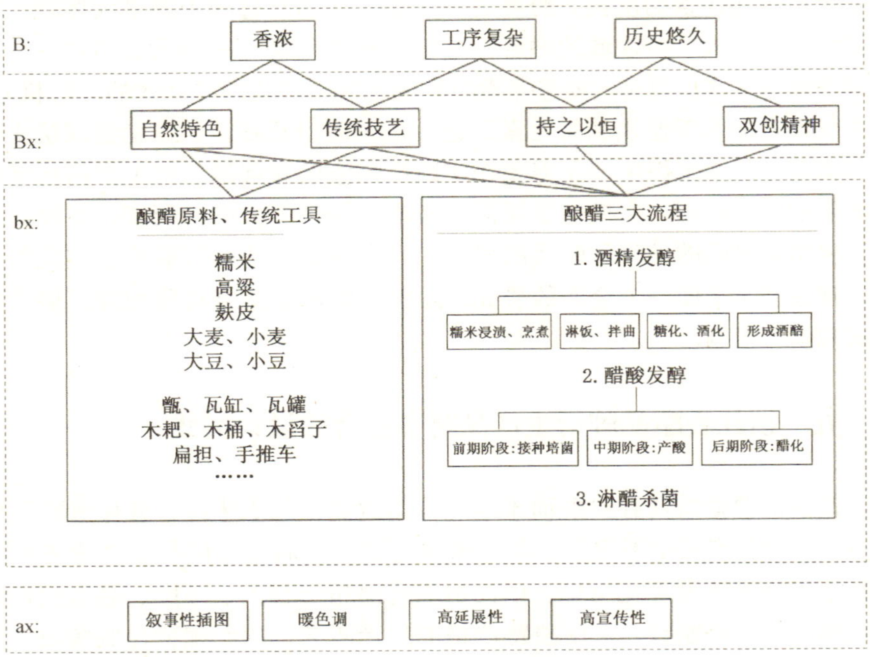

图 2　镇江恒顺香醋文化符号分析

---

① 连夕仙：《镇江恒顺醋文化博物馆》，《文心》2010 年第 6 期。

（二）设计执行

1. 包装及相关衍生产品设计

在设计执行初期，考虑到叙事性插画可以直接、清晰地展现镇江香醋的历史悠久和酿造工序的复杂，深入表现香醋非遗文化的精神内涵符号，故而采用叙事性插画的表现形式进行香醋的包装图案设计，见图 3。将香醋酿造的过程转换成可视的插画，引导大众直接、主动从视觉层面参与到香醋的酿造情境中去，进而了解镇江恒顺香醋酿造技艺文化，并解读其技艺背后的品牌精神内涵。

整个插画内容的每个组成部分的处理是叙述性插画整体性的关键。围绕酿醋工艺流程这个插画主线，将酿造过程设定为六个部分，即糯米蒸饭、制酒、制酒醅、淋醋、煎醋杀菌、后期陈酿，将酿醋顺序在画面中按从左到右的秩序错落、铺陈式展开，以满构图的形式展现香醋酿造技艺的复杂工序。

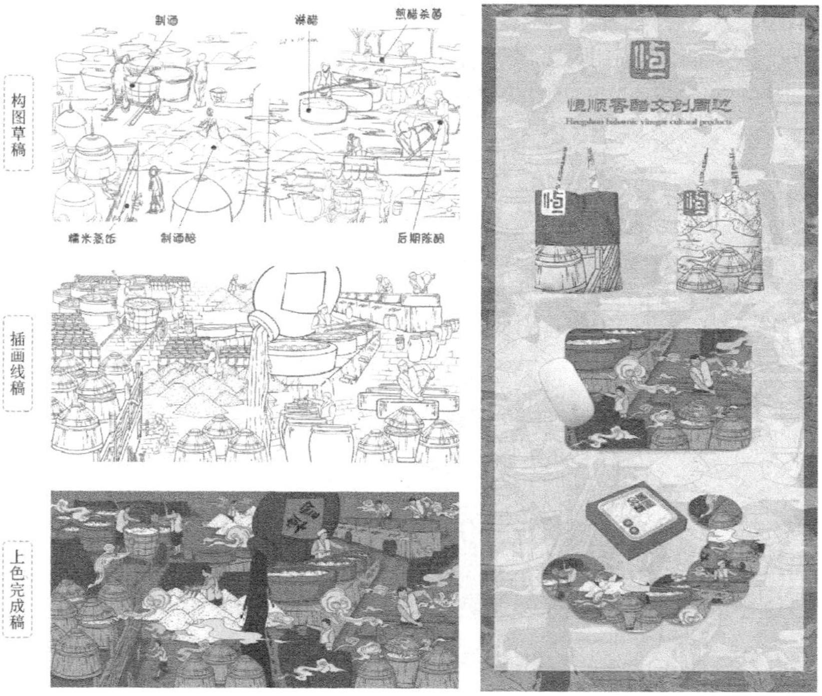

图 3　主体插图绘制与衍生产品设计（部分）

在色彩的选用上，结合镇江恒顺香醋酿造技艺的文化内涵，选用偏暖的红色系色调。从香醋文化这个符号本身来说，它的可视色彩主要归为红色系。同时，从味道、气味等感官特征方面来说，香醋给人的感觉是香浓的、酸甜的、刺激的，而这种感官特征恰好就是红色作为色彩符号能带来的独特的色彩感觉。从历史层面上来说，镇江恒顺香醋酿造技艺是一项历史悠久的非遗，香醋的色彩最好是能代表中国传统文化的颜色，而中国人从古至今对红色的偏爱是毋庸置疑的，红色也是最能代表中华民族的色彩。最终一套以“酿醋技艺”为入手点的包装及相关衍生产品（图3）设计出炉。作品形象生动，画面活泼有趣，符合现代消费者的审美喜好。

2. 形象传播的新途径

以往的商品流通环节中是从生产商到批发商再到零售商最后到消费者；文化创意产品开发则着力在生产环节和纸媒电视宣传中，主要体现在产品设计、包装及广告中。目前，国内的文化消费市场及制造业、服务业等日益呈“文化化”趋势，为非遗资源提供了宽泛而多元的传播载体与场景，也在生活日用与艺术欣赏之间开辟了文化传播的新路径。在这种趋势下，非遗文化传播虽然出现符号化、浅表化、碎片化等特征，但同时也具有可见度高、覆盖面广、传播性强等优点。在这种新的媒介环境和市场环境下，非遗的IP产业链开发是非遗生产性保护的一大路径，将互联网思维和产业运营理念融入非遗数字化和非遗艺术形式多样化开发，也是对镇江城市和非遗文化资源强有力的宣传，实现文创设计流通和非遗文化宣传的融合。本实践选取一些与互联网流通相关的环节，注入文创设计，除了线下直销，主要通过微信公众号线上传播（图4）。

图4　镇江恒顺香醋公众号形象设计（部分）

六、结语

本文以大运河镇江段非遗文化为研究对象，以镇江香醋为实际案例，对该区域文创设计的跨界融合模式进行分析，对其历史文化资源进行宏观评估和线性微观梳理，提出在文创设计中塑造品牌和应用传播的方法，并总结出以下开发路径。

第一，前期开展周密的市场调研。调研以醋文化博物馆参观者、线下商店顾客、微信公众号和微博账号粉丝为主，并不定期进行问卷调查或在线调查。通过针对性地设置与创意产品相关的问题，可以掌握不同消费群体的个人基本信息，以及其对于产品开发、品牌形象、文化衍生产品的预想形式与要求，以数据分析了解不同年龄段、职业人群的需求差异，为后续产品开发做好定位。

第二，运用设计学、民俗学、历史学等多个学科的研究方法和观点对非遗进行研究分析与论证，通过对系列信息的整合可以形成对其形式和内涵的全面、正确的解读。这将为后期开发和设计工作的深入展开提供必需而又精准的原始资料。

第三，“取形”“延意”和“传神”依次代表了文化衍生产品的呈递进关系的三种设计模式。一般情况下，后两者的创意植入更为抽象，可以与当下的时事热点联系，或庄或谐，从而形成属于不同非遗项目的资源库。

第四，创立和凸显品牌形象。品牌元素的选择和推广须以体现区域文化特色为前提，在实现市场认知与认可的初级阶段里，需要同步关注如何提升媒体的关注度和目标人群的普及率。文化元素和人文情怀的渗透则应该贯穿品牌形象的长期建设。

综上，大运河非遗文化等历史文化资源是区域文创设计的内核，是文创设计具有吸引力的关键所在，而跨界融合产生的传播途径有利于形成良好的区域文化形象，进而使区域历史文化得到更好的继承与发扬。

参考文献：

［1］屠一帆．线性文化遗产构成及其旅游价值评价研究以大运河浙东段为例［D］．上海：上海师范大学，2016.

［2］张景．论文化产业及其衍生品的无间道［J］．美与时代（上），2011（11）：34-36.

［3］陈若溪．基于 CIS 理论的文化衍生产品设计研究［D］．南京：南京工业大学，2013.

［4］王卫军．基于 Mashup 技术的图书馆跨界合作服务研究［J］．图书情报工作，2011（7）：68-71.

[5] HAROLD C. H. The Grain Tribute System of China (1845－1911) [M]. Cambridge: Harvard University Press, 1956.

[6] 王利华：中国历史上的环境与社会 [M]. 北京：生活·读书·新知三联书店，2007：191-214.

[7] 黄蔓菁. 重现“文化长廊”风采，打造富有镇江特色的运河文化路线 [J]. 国土与自然资源研究，2019 (3)：81-85.

[8] 张利华. 挖掘地域文化打造镇江旅游文化品牌 [J]. 价格月刊，2009 (7)：44-47.

[9] 刘志祥. 镇江地理研究 [M]. 甘肃：甘肃人民出版社，2012：264-268.

[10] 姜师立. 中国大运河文化的内涵、特征及分类研究 [J]. 中国名城，2019 (2)：82.

[11] 霍艳红. 基于“文化基因”视角的京杭大运河水文化遗产保护研究 [D]. 天津：天津大学，2017.

[12] 中共中央办公厅，国务院办公厅. 大运河文化保护传承利用规划纲要 [Z]. 2019.

[13] 刘振兴. 吴风楚韵——镇江非物质文化遗产图文集 [M]. 镇江：江苏大学出版社，2011：241.

[14] 潘宏恩. 京杭大运河镇江段文化遗产保护与利用研究 [J]. 淮阴师范学院学报，2014 (3)：343-348.

[15] 逄晓玲. 跨界合作视域下档案文化产品开发研究 [D]. 济南：山东大学，2018：43.

[16] 王汉林. 技术的社会型塑——镇江香醋酿制技术变迁的社会学考察 [D]. 天津：南开大学，2004.

[17] 李英伟. 品牌视觉形象的创新设计与传播 [M]. 北京：中国纺织出版社，2019：54.

[18] 陈思琦. 非遗文化衍生产品开发策略研究 [J]. 四川文化产业职业学院学报，2015 (2)：12-14.

[19] 吴亚莲. 情感与体验——基于消费心理学视阈的包装设计交互性研究 [D]. 南京：东南大学，2015.

区域协同视角下大运河文旅融合发展模式研究

——以苏南段为例

杨　欢* 周　杨* 庞伟奇 王文韬 蔡庆来

随着人民群众的精神文化需求日益增长，文旅融合成为必然趋势。京杭大运河苏南段全长约212公里，贯穿苏州、无锡、常州、镇江，沿线四市文化资源丰富、历史遗存众多、文艺气息浓厚。从区域协同视角分析大运河苏南段文旅融合发展模式，创新发展理念，对于提升大运河苏南段沿线城市文化软实力和激发旅游产业市场活力具有重要的现实意义。

一、研究现状

（一）关于“区域协同”的研究

黄杰[1]（2018）认为，建设大运河文化带应发挥协同力，要坚持保护优先的原则，发挥“文化+生态+创新”叠加优势；坚持市场主导与政府引导相结合原则，发挥协同建设单位各自优势；坚持整体规划、统筹推进与分步实施原则，打破各自为政的思维定式。侯兵、张慧[2]（2020）认为，区域协同是大运河沿线地区的多样化协同方式，能够形成协同效应，既有整体层面的协同构建，更有局部以及局部之间的协同关系的明确，主要包括空间协同、产业协同、市场协同和治理协同四个方面。范周、言唱[3]（2020）认为，构建协同创新网络对于提升主体创新能力、推动资源要素整合、促进大运河文化资源转化具有重要意义。

（二）关于“文旅融合”的研究

文旅融合现象在实践中早已出现，但是关于文旅融合的理论研究却刚

---

* 杨欢，1991年生，江苏扬中人，工商管理硕士，经济师，镇江文旅集团团委书记，主要研究方向为文化产业、人力资源。周杨，1985年生，江苏镇江人，工商管理硕士，经济师，镇江市纪委监委派驻镇江城建集团纪检监察组纪检监察员，主要研究方向为产业经济、人力资源。

起步。随着文旅融合现实发展的需要，近年来，学术界关于文旅融合的学术成果也呈现递增态势。王菡薇、侯力[4]（2019）认为，文旅融合的意涵由多个层次构成，包括文化及旅游资源的融合开发与利用、文化及旅游组织管理制度及监管制度的融合兼并、文化及旅游产品的内涵融合与形式融合、文化及旅游消费偏好的引领融合等。熊海峰、祁吟墨[5]（2020）认为，基于共生理论的文化和旅游融合发展应构建统一的资源共享平台、提升基础设施和配套服务水平、强化政策创新和人才支撑、推动文旅与其他领域互促提质。姜晓坤、牛春艳[6]（2020）认为，应融合文旅资源，积极引进、培养旅游人才，加大文旅融合背景下旅游宣传力度。徐哲[7]（2020）认为，产业层面的文旅融合要从产业形成的根本上破解产业壁垒，在文化符号的基础上开发衍生产品，并建构这些产品在空间上、时间上的聚合关系，从而实现产业的融合。段蕾[8]（2020）认为，要突出文化现代解读，构建文旅融合品牌体系；联合专业化平台，构建非物质文化遗产与现代生活的契合点；打造精品研学产品。

（三）文献述评

梳理相关文献可知，目前，大运河文旅融合相关研究引起了学者的广泛关注，文旅融合发展已经是时代潮流。苏州、无锡、常州、镇江的大运河文化旅游资源众多，在文化旅游产业融合发展方面也应该走在前列，虽然已有学者从路径方面对大运河苏南段文旅融合进行了研究，但是对发展模式的研究较为匮乏。因此，本文基于区域协同视角，在前人研究成果的基础上，聚焦大运河文旅融合发展模式进行研究。

二、大运河苏南段沿线各城市文化旅游资源基本状况

（一）大运河苏南段基本情况

大运河苏南段沿线城市有苏州、无锡、常州、镇江。

大运河苏州段全长 82.35 公里，北起苏锡两市交界的望亭沙墩港，南至苏嘉两市交界的油车墩。分为苏锡段（长约 18 公里）、市河段（长约 14 公里）、南段（长约 50 公里）。目前，大运河苏州段是全国第一条标准化文明样板航道，全线为四级航道标准。

大运河无锡段全长约 41 公里，北起常州与无锡交界的五牧，南至无锡与苏州交界的望亭[9]。无锡城区段（长约 11 公里），自吴桥至下甸桥，起自双河尖，流经黄埠墩、莲蓉桥、亮坝上、亭子桥、羊腰湾、清名桥、淘

沙巷、西水墩、西门桥等重要节点，环通无锡老城区。

大运河常州段全长45.8公里，由西向东横穿常州市区，水系沿岸有青果巷、南市河、三堡街等历史文化街区和地段，另有孟河、奔牛等十余处古村镇。[10]

大运河镇江段全长42.6公里，流经镇江市区（长约16.69公里）、京口区谏壁镇、丹徒区新丰镇，以及丹阳市区、陵口镇、吕城镇。九曲河、香草河、简渎河、丹金溧漕河等为其主要支流。[11]

（二）文化资源基本情况

按照文化资源的“物质性”与“非物质性”进行分类，对大运河苏南段沿线四市文化资源进行系统化梳理。其中，物质性文化资源以文保单位为参照，非物质性文化资源以非遗项目为参照，两者均分为国家级、省级、市级三个类目。

苏南四市有全国重点文保单位120处，省级文保单位307处，市级文保单位1576处，各级文保单位合计2003处；国家级非遗项目66项，省级非遗项目264项，市级非遗项目610项，各级非遗项目合计940项。文化资源总计2943个。从文化资源类别来看，苏南四市物质性文化资源数量是非物质性文化资源的两倍，非物质性文化资源的挖掘及开发潜力较大。苏南四市在文化资源的分布上，苏州1263个，占比42.92%；无锡662个，占比22.49%；常州538个，占比18.28%；镇江480个，16.31%，见表1。

表1　大运河苏南段沿线四市文化资源数据统计表

城市名称	物质性文化资源			非物质性文化资源			总计（个）
	文保单位（处）			非遗项目（项）			
	全国重点	省级	市级	国家级	省级	市级	
苏州	61	127	693	33	123	226	1263
无锡	34	74	359	11	51	133	662
常州	12	52	293	13	53	115	538
镇江	13	54	231	9	37	136	480
总计（个）	120	307	1576	66	264	610	2943

（资料来源：根据国务院和四市政府官网及相关文件整理所得，统计数据截至2019年年底）

苏州市于1982年成为首批国家历史文化名城，镇江市于1986年成为第二批国家历史文化名城，无锡市于2008年、常州市于2015年分别增补成为国家历史文化名城。

（三）旅游资源基本情况

选取旅游行业中已形成相应标准的五大类（A级景区、旅游度假区、生态旅游示范区、酒店宾馆、旅行社）进行大运河苏南段沿线四市旅游资源统计，按照其级别标准细分统计内容。

苏南四市2A级及以上旅游景区（2A~5A）合计180个，旅游度假区（国家级、省级）合计20个，生态旅游示范区（国家级、省级）合计14个，星级酒店宾馆（2星~5星）合计170家，旅行社合计1080家。“五大类”旅游资源总计1464个，四市旅游资源数据统计表见表2。苏南四市行政区划总面积约21507平方公里，平均旅游资源密度达到0.068个/平方公里。苏州市旅游资源总计646个，旅游资源密度为0.075个/平方公里；无锡市旅游资源总计334个，旅游资源密度为0.072个/平方公里；常州市旅游资源总计285个，旅游资源密度为0.065个/平方公里；镇江市旅游资源总计199个，旅游资源密度为0.052个/平方公里。

表2　大运河苏南段沿线四市旅游资源数据统计表

城市名称	景区（个）				旅游度假区（个）		生态旅游示范区（个）		酒店宾馆（个）				旅行社（个）	总计（个）
	5A	4A	3A	2A	国家级	省级	国家级	省级	5星	4星	3星	2星		
苏州	6	35	17	2	1	9	1	6	25	25	13	3	503	646
无锡	3	26	13	9	1	3	1	3	11	9	13	0	242	334
常州	3	10	9	9	0	3	1	1	6	15	25	0	203	285
镇江	2	7	14	15	0	3	0	1	3	5	15	2	132	199
总计（个）	14	78	53	35	2	18	3	11	45	54	66	5	1080	1464

（资料来源：根据江苏省文化和旅游厅官方网站整理所得，统计数据截至2019年年底）

根据上述分类，苏南四市文化和旅游资源总数达到了4407个，文化底蕴深厚，文遗资源丰富。其中，苏州独占1909个，占比43.32%，接近半数（文化类资源占比42.92%，旅游类资源占比44.13%），在苏南四市中独占鳌头。对比苏南四市各自的文化和旅游资源总数，其排名与各自的经济、社会发展水平具有一定的正相关性。

三、文旅融合的动力系统分析

随着国内经济结构转型升级效果显现，文化旅游产业也面临着从粗放式发展向追求品质的集约式发展转型。文化旅游产业融合的动力系统（CF）由拉力（PF）、推力（VF）、支持力（SF）及阻力（OF）四个子系统组成[12]，支持力（SF）及阻力（OF）是产业融合的外部辅助和干扰因素，其中，CF=（PF+VF）×SF-OF[13]。

（一）文旅融合发展的推力

近年来，文化产业和旅游产业的发展开始由数量扩张、速度增快转向质量效益上的提升。文化产业是一种高级的生产方式，目前我国的文化产业经营主体多为文化事业单位转制而来，要想破除产业结构上的先天缺陷[10]，应深入挖掘大运河历史文化资源，创新文化生产方式、文化业态和产业形态，使得文化产业化、文化生产市场化，增强文化产业的竞争力。旅游产业方面，多数地区旅游项目建设已经出现“产能过剩”的问题，在旅游投资开发时，应该重视文化内涵的提升，旅游产业只有融入文化和创意才会更有生机和活力，缺乏文化内涵的旅游产品已经无法适应人民日益增长的物质文化需要。

（二）文旅融合发展的拉力

根据腾讯文旅团队联合 TalkingData 共同发布的《2018 年旅游行业发展报告》[14] 及华中师范大学中国旅游研究院武汉分院与湖北经济与社会发展研究院共同发布的《2019 中国旅游业发展报告》[15] 相关数据可以得知，随着人民日益增长的物质文化需要不断提升，传统旅游模式已经无法满足游客新的需求，而富有文化内涵的旅游新模式对游客具有持续性的吸引力；文旅机构改革稳步推进，为产业运行创造了良好的环境。在区域协同的大背景下，文化消费市场、旅游消费市场亟待转型，各个相邻城市也在探索创新合作和差异化、协同发展。这种市场需求的变化拉动了大运河苏南段文旅融合发展。

（三）文旅融合发展的支持力

文旅融合发展的支持力（SF）主要源于政策引导，具体有以下两个方面。

一是区域融合发展已达成共识。2017 年，江苏省政府办公厅出台的

《江苏省“十三五”旅游业发展规划》提出要充分发挥江苏省文化大省优势，激活文化资源，催生文旅游融合新产业。2019 年，中共中央政治局会议审议并通过的《长江三角洲区域一体化发展规划纲要》提出要因地制宜，推动文化旅游合作发展。2020 年，江苏省文化和旅游厅印发的《江苏省文化和旅游厅 2020 年工作要点》指出，要深化旅游创建内涵，增加文化的底色和特色[16]；江苏发布《〈长江三角洲区域一体化发展规划纲要〉江苏实施方案》，提出应深化旅游合作，统筹利用旅游资源，依托运河、太湖、名城、名镇等特色资源，打造一批具有高品质的休闲度假旅游区和世界闻名的东方度假胜地[17]；江苏省全域旅游示范区创建工作会议提出“发展全域旅游，根本目的是通过共建共享让旅游业改革发展成果更多惠及百姓，增强人民群众的获得感、幸福感、安全感”[18]。这些都为文化旅游产业的融合提供了良好的社会环境、汇聚了强大的发展动力。

二是大运河迎来新的发展机遇。2011 年 6 月，《中华人民共和国非物质文化遗产法》正式实施，大运河苏南段沿线城市相继颁发了非物质文化遗产保护的法规，见表 3；2014 年 6 月，中国大运河被列入世界文化遗产名录；2019 年 2 月，中共中央办公厅、国务院办公厅印发《大运河文化保护传承利用规划纲要》，就如何充分挖掘大运河丰富的历史文化资源，保护好、传承好、利用好大运河，打造大运河文化带，作出重大决策部署；2019 年 11 月，《江苏省人民代表大会常务委员会关于促进大运河文化带建设的决定》全票通过，这是全国首部促进大运河文化带建设的地方性法规，并提出要把大运河文化带打造成“高品位、高水平的文化长廊、生态长廊、旅游长廊”；大运河苏南段沿线城市均建立了大运河专题展馆，增加了大运河遗产公共文化服务供给能力，提升了城市形象。

表 3　大运河苏南段沿线城市非遗法规

城市名称	非遗法规
苏州	《苏州市非物质文化遗产保护条例》（2014 年 1 月 1 日）
无锡	《无锡市历史文化遗产保护条例》（2009 年 10 月 29 日）
常州	《常州市非物质文化遗产保护办法》（2018 年 1 月 1 日）
镇江	《镇江市非物质文化遗产代表性传承人条例》（2017 年 10 月 1 日）

（四）文旅融合发展的阻力

文旅融合发展的阻力（OF）主要有 6 个方面。一是产业融合度低。

大运河苏南段沿线城市文旅产业发展不平衡，规划缺乏城市间的协调性、互补性，相应的产业盈亏状况也不尽相同，且各市拘泥于本市现有资源，较少地考虑到区域协同发展。二是产品形式单一。无锡、常州、镇江本身拥有丰富的历史文化资源，但传统景点存在一定的同质化竞争的现象，门票依赖严重，缺少自己的IP，且运河文化资源未能向生产力转化，缺乏核心竞争力。三是缺乏制度支撑。2020年6月1日，江苏省颁布了第一部专门针对大运河文化遗产保护的地方性法规《淮安市大运河文化遗产保护条例》。然而，大运河苏南段沿线城市并未形成与大运河保护、传承、利用有关的条例，缺乏区域协同发展的指导意见。四是资金投入不足。按照江苏省目前的文化旅游资金的管理机制，大运河江苏段的开发主要以省政府财政资金支持为主，各地市政府依据其重视程度等情况拨款，配套资金多寡不一[19]；文化旅游类项目投资周期长，通常项目孵化需要3~5年的时间，对于资金周转的能力要求较高。五是专业人才匮乏。存在文化旅游类人才素质不均衡、队伍结构不协调、复合型人才较匮乏的情况，比如，人才主要集中在传统旅游行业，产业规划、营销策划、设计开发人才占比较少，智慧旅游相关人才更为缺乏。六是创新能力较弱。文化创意和5G、AR/VR等高科技元素在文化旅游产业融合过程中发挥作用较少，相应的创新研发方面还存在明显的不足，尚未打造大运河苏南段文化旅游形象标识。

综上所述，大运河苏南段文旅融合发展符合大运河保护、传承、利用现实发展的需要，也符合当前区域协同发展趋势。加强文旅融合，增强拉力（PF）、推力（VF）、支持力（SF），减少阻力（OF），有利于提升区域旅游品质，升级旅游体验，实现文化旅游产业可持续发展。

四、大运河苏南段文化旅游融合发展模式探析

探索文化旅游融合发展模式，以此发挥出大运河苏南段沿线城市文化旅游资源的优势，形成独有的“苏南模式”，达到资源集约、优化协同、差异发展的目的。

（一）“文化景观+夜经济”模式

大运河苏南段呈现带状分布特征，为避免同质化，在制定大运河苏南段沿线城市文旅融合发展战略时，做好空间布局的优化，实现苏锡常镇优势资源互补，做好“统筹”和“衔接”，释放产业势能。在合理整合文旅

空间的同时，做好大运河苏南段生态保护，可以参考常州首条千吨级纯电动运输船舶示范项目，初步实现大型运输船舶电动化[20]，将大运河游船货船由柴油动力转变成电动力，爱护运河，统筹好运河精神弘扬、生态文明建设、文旅产业高质量发展以及运河历史文化资源保护利用传承的关系。

大运河苏南段沿线具有丰富的河道驳岸、驿站纤道、民居民宅、园林街巷、古塔寺庙等众多文化景观[21]，形成了天然的旅游景点。夜间经济的繁荣程度是评价一个城市开放度、活跃度的重要标准，大运河苏南段沿线城市基于丰厚的文化旅游资源优势，结合现有大运河文化景观，挖掘“夜经济”消费潜力，推出具备城市特色的文化旅游夜经济项目，适当融入体验性的文化商业设施，建设文旅消费集聚区，引导文化消费，激发文化旅游产业发展活力，打造城市“夜经济”，以此推动夜生活质量的提升。例如：苏州借助独特的园林资源，推动“姑苏八点半”夜间经济，开发特色夜间旅游体验活动，打造一批夜游园林项目，开发文博场馆夜间特展，举办夜间演唱会、音乐会等；无锡借助便捷的交通资源，凭借“太湖明珠、江南盛地”的靓丽城市形象，开发南长街、拈花湾、融创茂、动物园、首届“梁溪夜未央”夜市经济生活节等夜经济项目；常州借助三大主题乐园，推动“龙城夜未央”夜间经济，设计年轻化、时尚化的文旅产品，契合年轻人需求，开发夜公园、水世界、灯光秀、音乐节等夜经济项目；镇江围绕“镇江夜·美好”主题，打造“休闲旅游目的地”，围绕“夜赏”“夜玩”“夜购”“夜味”“夜宿”“夜养”，开发夜游西津渡、文创市集、美食节、音乐节等夜经济项目。

大运河苏南段沿线城市可在原有旅游线路的基础上，开发富含“夜”元素的精品线路。例如，开发大运河苏南段“历史文化游”线路，涵盖苏州、无锡、镇江精品三日游，主要包含拙政园、山塘街、同里古镇（夜游，含实景演出）、太湖鼋头渚风景区、三国城、水浒城、清明桥（夜游）、茅山、金山寺、西津渡（夜游）等多个景点。

（二）“主题乐园+影视城”模式

20世纪80年代后期，国民文化休闲需求得到释放，影视业特别是影视基地繁荣发展。处于大运河苏南段沿线的苏州、无锡、常州相继有数家影视产业园区（基地）建成，且根据不同功能主要划分为两类：一是以实景拍摄为主的影视拍摄基地；二是以休闲旅游为主的文旅/实景园区。目前，大运河苏南段沿线三市现有影视城概况见表4。

表 4　大运河苏南段沿线三市现有影视城概况

城市名称	影视城名称	地址	代表影片	类型
苏州	苏州国际影视娱乐城	苏州市吴中区金山南路 288 号	—	文旅/实景园区
	同里影视拍摄基地	苏州市吴江区苏州同里古镇旅游区	《包氏父子》《红楼梦》《风月》《戏说乾隆》《半生缘一世情》等	拍摄基地
	华谊兄弟实景园区	苏州市苏州工业园区唯亭街道	—	文旅/实景园区
无锡	无锡影视城（中央电视台无锡影视基地）	无锡市滨湖区山水西路	《西游记》《三国演义》《水浒传》等	拍摄基地
	融创文旅城	无锡市滨湖区融创文化旅游城 18 号	—	文旅/实景园区
常州	西太湖影视产业基地	常州市武进区西太湖大道 1 号	《解放·终局营救》等	拍摄基地
	常州·北影阳光影视城项目（在建）	天宁区货场片区，青洋路高架以西、丽华北路以东、劳动中路以北片区	—	拍摄基地

（资料来源：根据各市影视城相关宣传推介资料整理所得）

用好大运河苏南段沿线城市影视城资源，打造密集的影视产业集群。用电视剧、电影等艺术表现形式，穿插大运河苏南段沿线发生的历史文化事件，介绍苏南（苏锡常镇）籍名人，讴歌运河儿女勤劳勇敢、自强不息的精神。与此同时，在发展大运河苏南段影视产业集群的基础上，从增强体验性、参与性、互动性的角度，探索打造苏南实景电影主题乐园，将运河的漕运文化、水利工程文化、仓储文化、民俗文化、曲艺舞蹈等融合，打造大运河影视 IP。

（三）“研学旅游+博物馆”模式

2018 年 10 月，中共中央办公厅、国务院办公厅印发《关于加强文物保护利用改革的若干意见》，要求“促进文物旅游融合发展，推介文物领域研学旅行、体验旅游、休闲旅游项目和精品旅游线路”[22]。近几年，研学旅游从一个普通的旅游概念变成了学生的校外教育活动，呈现井喷式发展[23]。大运河是中国文化的血脉，这条水系包含了众多国家非遗的传承点，大运河苏南段沿线城市研学资源见表 5。

表 5　大运河苏南段沿线四市研学资源

城市名称	遗产点	非物质文化遗产（国家级）
苏州	山塘历史文化街区（含虎丘云岩寺塔）、平江历史文化街区、盘门、宝带桥、吴江古纤道等	苏州御窑金砖制作技艺、明式家具制作技艺、制扇技艺、剧装戏具制作技艺、端午节（苏州端午习俗）、苏州角直水乡妇女服饰、古琴艺术（虞山琴派）、泥塑（苏州泥塑）、灯彩（苏州灯彩）、苏州玉雕、核雕（光福核雕）、苏州民族乐器制作技艺、中医传统制剂方法（雷允上六神丸）、滑稽戏、盆景技艺（苏派盆景技艺）、装裱修复技艺（苏州书画装裱修复）、绿茶制作技艺（苏州洞庭山碧螺春）、国画颜料制作技艺（姜思序堂）、宝卷（吴地宝卷）、庙会（苏州轧神仙庙会）、庙会（金村庙会）
无锡	清明桥历史文化街区等	梁祝传说、泥塑（惠山泥人）、宜兴紫砂陶制作技艺、吴歌扩展、道教音乐（无锡道教音乐）、锡剧、苏绣（无锡精微绣）、竹刻（无锡留青竹刻）、中医传统制剂方法（致和堂膏滋药）、陶器烧制技艺（宜兴均陶制作技艺）、庙会（泰伯庙会）
常州	中新桥、新坊桥、万缘桥、彩虹桥、古纤道等	董永传说、吟诵调（常州吟诵）、佛教音乐（天宁寺梵呗唱诵）、锡剧、剪纸（金坛刻纸）、竹刻（常州留青竹刻）、常州梳篦、金坛封缸酒传统酿造技艺、金坛抬阁、龙舞（直溪巨龙）、竹马（蒋塘马灯舞）、小热昏、象牙雕刻（常州象牙浅刻）
镇江	西津渡古街、虎踞桥、镇国寺塔、开泰桥、江河交汇处、新河街一条街等	白蛇传传说、镇江恒顺香醋酿造技艺、古琴艺术（梅庵琴派）、秦淮灯彩、丹阳封缸酒传统酿造技艺、董永与七仙女传说、佛教音乐（金山寺水陆法会仪式音乐）、道教音乐（茅山道教音乐）

（资料来源：根据江苏省文化和旅游厅官方网站整理所得）

大运河苏南段非物质文化遗产涉及传统技艺、传统美术、传统舞蹈、民间文学等多重领域，既是苏南地区民俗文化的多样性的体现，也是活的文化遗产。结合大运河苏南段沿线城市博物馆资源，于“国际博物馆日”“文化与自然遗产日”等纪念日，设置专门的展厅展示非物质文化遗产，组织关于非物质文化遗产的学术活动。条件允许的地市可建立非遗传承基地，常态化开展非遗体验活动，例如：2005 年 10 月，全国重点文物保护单位赵用贤宅建立并开放虞山派古琴艺术馆，中国琴会虞山琴派研究中心设于馆内，集展览、演出、研究、培训、交流于一体；2018 年 6 月，无锡市梁溪区非遗传承基地融入惠山泥人、宜兴青瓷，由非遗传承人喻湘涟、詹杏娣担任艺术顾问，共同研发创作新陶瓷作品[24]；2019 年 12 月，无锡市祝大椿故居经修缮，建立祝大椿故居传统戏曲音乐博物馆，推动非遗传统戏曲、传统音乐等舞台呈现项目的活态传承，文化资源禀赋得到进一步发挥。此外，在构建实体化博物馆的基础上，通过网络与现实相结合，探索数字化信息管理途径，建立大运河苏南段基础数据库、文化遗产库；利用人工智能（AI）、虚拟现实（VR）技术，开发运河主题的打卡游戏，与名人故居、动画版运河名人等进行合影，以高质量大运河文化供给增强文旅创意体验。

开发大运河苏南段沿线城市研学产品，也应充分体现苏南特色资源优势，例如，凸现“水韵江苏”的大运河苏南段研学之旅、“镇江恒顺香醋酿制技艺”研学之旅等。通过大运河苏南段研学旅游产品的设计、开发，传递大运河的时代价值，更好地促进大运河苏南段沿线城市文化旅游产业和中小学素质教育的融合，不断满足学校、学生等社会各界的实际需求，加深不同年龄段人群对大运河苏南段的认知，真正做到“游”“学”“研”合一。

（四）“品牌引领+文创品”模式

大运河苏南段沿线四市均拥有符合城市定位的宣传标语。苏州城市宣传语“游东方水城，品苏式生活”，概括了苏州“君到姑苏见，人家皆枕河。古宫闲地少，水港小桥多”的景色特征；无锡城市宣传语“太湖佳绝处”“灵山吉祥地”，展现了无锡城区西部的自然风光——太湖东岸，自古以来是观赏太湖美景绝佳之处；常州城市宣传语“常州智造，装备美好生活”，展现了资源较少的常州建造环球恐龙城、春秋淹城乐园、环球动漫嬉戏谷的过程，形成了特有的“常州模式”；镇江城市宣传语“镇江，一座美得让人吃醋的城市”，植入了独特的城市文化内涵，将国家非物质文化遗产——镇江恒顺香醋酿制技艺完美嵌入进来，让“醋文化”真正成为镇江的名片。近年来，大运河苏南段沿线四市基本树立了运河文化旅游宣传语，见表6。

表6　大运河苏南段沿线四市运河文化旅游宣传语

城市名称	运河文化旅游宣传语
苏州	东方威尼斯
无锡	江南水弄堂、运河绝版地
常州	打造古今辉映、水乡韵味的常州大运河名片
镇江	江河交汇·城市山林

文旅市场的竞争已经由产品的竞争演化为品牌的竞争。大运河苏南段沿线城市应该将大运河文化遗产的保护与传承放在首位，在江苏省“水韵江苏”文旅品牌的基础上，建设独特的区域运河文化旅游品牌，以此发挥运河文化的价值。运河品牌应串联起苏州、无锡、常州、镇江四市地域文化的内涵，且能展现大运河苏南段共同的文化基因，做到运河文化旅游品牌共性和苏州、无锡、常州、镇江四市地域文化个性相统一。

在协同好各方力量、凝聚多方智慧的基础上，追溯四市历史发展脉络，号召四市当地的文化企业，联合苏州文化旅游发展集团有限公司、无锡市文化旅游发展集团有限公司、恐龙园文化旅游集团股份有限公司、镇江文化旅游产业集团有限责任公司，共同推进文旅集聚区等文旅项目建设，开发文化旅游新业态、新产品，充分调动其共谋发展的主动性、积极性。深入挖掘传统工艺、民间技艺等优秀传统文化，结合四市城市定位及运河元素，共同推进大运河苏南段文化旅游创意产品的设计、开发，形成种类多元、层次多样的大运河苏南段旅游产品体系，打造具有苏南特色的文化地标，以此构筑苏南片区运河品牌基石，具体可表现为符合大运河苏南段特征的品牌 logo、运河吉祥物、运河精神口号、运河沿线地标建筑等。例如，苏绣（2006 年 5 月 20 日被列入第一批国家级非物质文化遗产名录）发源于苏州吴县一带，现已遍衍无锡、常州等地，可将古老的传统工艺与现代技艺、现代设计相结合，创新运用到女包、女鞋等设计之中。通过各种线上展示平台、线下城市推介会开展多途径的宣传和推广，让苏南区域运河文化品牌发挥出最大影响力。

（五）“红色文化+乡村游”模式

大运河苏南段沿线城市的城居模式使得苏、锡、常、镇人才辈出，也形成了红色文化的城市特色，大运河苏南段沿线四市红色文化景点见表 7。

表 7　大运河苏南段沿线四市红色文化景点

城市名称	红色文化景点
苏州	沙家浜·虞山尚湖旅游区、沙家浜芦苇荡风景区、新四军太湖游击队纪念馆、苏州烈士陵园、苏州革命博物馆、沙家浜革命传统教育馆、巫山渡江登陆纪念碑、谢桥三烈士墓、常熟革命烈士陵园、张应春烈士墓、常熟县人民抗日自卫会成立会址、谭震林召开何市各界人士代表大会会址、中共常熟县代表大会会址、中共常熟特别支部活动旧址、常熟人民抗日自卫队成立旧址、江抗东路活动旧址、辛庄抗日碉堡群、古里十八抗日烈士墓等

续表

城市名称	红色文化景点
无锡	无锡市革命烈士陵园、秦邦宪故居、张闻天故居、王昆仑故居、无锡革命陈列馆、孙冶方故居、薛暮桥故居、新四军六师师部旧址纪念馆、周水平烈士纪念馆、黄山炮台旧址等
常州	新四军江南指挥部旧址、常州烈士陵园、常州“三杰”纪念地、溧阳新四军指挥部旧址、瞿秋白故居、王诤将军生平事迹陈列室、澄西烈士陵园、溧阳西山烈士陵园、王诤将军故居、金坛市烈士陵园等
镇江	茅山新四军纪念馆、苏南抗战胜利纪念碑、新四军四县联合抗日会议会址、新四军一支队司令部旧址、新四军江南指挥部旧址、总前委和三野司令部驻地旧址、韦岗伏击战战场、镇江市烈士陵园、渡江战役纪念馆等

大运河苏南段红色文化资源丰富，但一定程度上缺乏有效的串联，可以根据红色旅游线路的连续性、苏南片区交通的便捷性、红色旅游产品的互补性，充分整合大运河苏南段革命遗址遗迹、红色纪念馆、烈士陵园等红色旅游资源，进行区域旅游的联合开发，增强整体优势。也可以把某种特定类型的专项红色旅游作为开发主题，打造精品游线。例如，开发江南解放系列、瞻仰伟人系列、铁血江淮系列等线路，见表8。

表8　红色文化景点旅游线路行程安排表

线路主题	行程安排	
江南解放系列	D1 上午	镇江——丹阳总前委旧址纪念馆
	D1 下午	无锡——江阴渡江纪念馆、黄山要塞公园
瞻仰伟人系列	D1 上午	常州——瞿秋白纪念馆、张太雷纪念馆
	D1 下午	无锡——张闻天旧居、秦邦宪故居
铁血江淮系列	D1 上午	常州——溧阳水西村新四军江南抗日指挥部
	D1 下午	镇江——句容茅山新四军纪念馆及陵园
	D2 上午	无锡——江阴澄西抗日民主政府旧址
	D2 下午	苏州——常熟沙家浜

提取大运河苏南段沿线城市具备比较优势的红色文化旅游景点进行优化组合，开发出可供灵活选择主题、游览时长的特色旅游产品。结合江苏省政府“万企联万村、共走振兴路”行动，联合农业农村局、政府扶贫办，用好大运河苏南段沿线城市乡村资源，对农户房屋进行改造提升，开发以“红色知青进乡村”为主题的民俗农家乐，实现红色文化与大运河苏南段民

俗文化的融合。例如，镇江市丹徒区荣炳盐资源区曲阳村盛产黄桃，可在开展党性教育、寻访大运河镇江段足迹的同时，将位于丹徒的红色文化资源与曲阳村乡村游相结合，强村富民，激活乡村旅游的整体优势，振兴乡村经济。

（六）“酒店餐饮+新零售”模式

大运河苏南段沿线物产丰盈，为其饮食文化奠定了坚实的基础，形成了餐饮文化链带。大运河苏南段沿线四市特色名菜小吃相关情况见表9。

表9　大运河苏南段沿线四市特色名菜小吃

城市名称	特色名菜小吃
苏州	松鼠鳜鱼、响油鳝糊、苏州卤鸭、枫镇大面、藏书羊肉、苏式鲜肉月饼、鸡头米羹、桂花糖藕、桂花糖炒栗子等
无锡	马山芋头、江阴河豚、三凤桥酱排骨、梁溪脆鳝、无锡三白、桂花糖粥、无锡“肉骨头”、江马蹄酥、清水油面筋、顾山烧饼、无锡小笼馒头等
常州	天目湖砂锅鱼头、萝卜干及萝卜干炒饭、蟹壳黄、银丝面、网油卷、豆腐汤配大麻糕、虾饼、加蟹小笼包、三鲜馄饨、常州芝麻糖、香糟扣肉、桂花糯米藕等
镇江	水晶肴肉、锅盖面、扬中河豚、扬中江蟹、麻油馓子、清蒸鲥鱼等

在推广大运河苏南段沿线特色名菜小吃的基础上，进一步整理大运河苏南段沿线城市的美食文化资源，将不同文化维度的美食进行联合，对外树立大运河苏南段饮食文化的整体形象。各酒店餐饮应探索开发大运河主题的综合商业模式，例如，位于江苏镇江运河之畔的一泉·运河人家酒店可以与镇江市水务投资有限公司联合，对就餐环境、餐具桌椅、菜品创意等进行设计，融入运河元素，打造运河主题的酒店文化品牌。各酒店餐饮也应在营销策略上考虑，突破经营的局限性和场景性，开启餐饮零售化新业态，改变传统的餐饮销售模式，融入新零售模式，将菜品加工成标准化商品，至线下的超市和线上的电商平台销售，用低营销成本拓宽市场。

五、大运河苏南段文化旅游融合发展的保障措施

从制度、资金、人才、科技四个方面保障大运河苏南段文化旅游融合发展。

（一）制度保障

着力构建激发大运河苏南段文旅融合发展的体制机制和政策体系，实现跨行政区域的深层次“互联互通”。一是加强联系指导。由江苏省委、省政府牵头大运河苏南段文旅融合相关工作，正确认识好习近平总书记关于大运河文化带建设的重要指示批示精神，把“共抓大保护，不搞大开发”的原则融入全过程，推进大运河苏南段文化遗产保护、生态长廊建设、环境综合治理、文化旅游融合等。二是增进联动协同。充分发挥江苏省大运河文化带建设工作联席会议的作用，强化大运河苏南段沿线城市体制机制的协同，建立重大事项协调推进机制，签订城市合作协议，实现深度互联互通，探索大运河文化带协同发展的新模式。参照苏锡常镇教育系统采用多年的“四市统考”模式，设置京杭运河苏南航务管理处，四市联动，协同管理，推动区域文化旅游产业“跑起来”。三是激发内生动能。四市依据各自城市发展的特点，发掘历史文化资源，建立各市历史文化开发机制和文化保护机制。建立大运河苏南段志愿者激励机制，通过志愿者积分制管理，不断提升志愿服务的专业化水平，提高志愿者服务的积极性、主动性，并通过科学有效的管理方式壮大运河志愿服务队伍。

（二）资金保障

坚持“政府主导、市场运作”原则，充分发挥政府资金引导功能，吸引社会资本参与。一是加大财政支持力度。加大省政府对大运河保护、传承、利用的支持力度，运用好江苏省大运河文化旅游发展基金，设立大运河苏南段文化旅游专项发展基金，并建立稳定的投入机制、配套专项支持政策；同时，在与大运河有关的文旅产业项目招商、人才住房安居等方面的增加政府财政投资。二是引入社会资本。借鉴扬州“运河之帆”投资基金的运营管理经验，借助社会力量和市场化机制，把大运河苏南段开发作为富有潜力的投资市场，积极挖掘和开拓与大运河苏南段相关的优质文化旅游项目，扩大民间资本来源，提升大运河苏南段开发的市场化运作水平，以期达到经济社会效益双提升。三是强化专项资金监管。通过做好项目的可行性研究，建立大运河苏南段文化旅游项目前期投资估算表和年度资金使用计划明细表，确定所投资项目建设期各年度的资金需求计划；运用现代管理会计手段，合理规划好资金的投放节奏，确保资金平稳投放到大运河苏南段文化旅游项目中，强化资金使用监管，提升质效。

（三）人才保障

立足文化人才和旅游人才的培养，是基础，是支撑，是重要的能动性要素[25]。一是打通社会力量参与大运河保护通道。探索成立群众性非正式组织，鼓励、引导公众开展青年志愿者行动、义务护河等，让运河更"青春"，充分发挥志愿者作用；定期举办大运河文化节系列活动，潜移默化地增强公众保护大运河的意识；确保公众的知情权，通过纸媒、微信公众号等渠道，宣传大运河苏南段文旅融合相关事项，借智借力，鼓励公众建言献策。二是建立文化旅游专业化人才培养机制。多渠道培养人才，形成符合运河发展规律的人才培养模式，打造一支素质高、能力强、有担当的文旅运营团队。其中，在教育层面，整合四市省重点高校文化产业、艺术管理和旅游管理等专业的力量，在高职院校增设文化旅游专业，多开设与大运河相关的通识课；在运营层面，注重在工作实践中培养旅游从业者文化方面的专业素质，创造环境，为其提供学习、培训的机会和展示的平台。三是加强与高校等学术机构的交流合作。成立大运河苏南段智库联盟，拓宽与四市高校、研究院的交流渠道，如苏州大学大运河文化产业发展与创新研究中心、江南大学无锡古运河文化创意中心、江苏大学艺术学院、镇江高专文旅艺术学院等，吸纳专业人员进行文旅融合研究，提升总体规划的专业性。

（四）科技保障

互联网的发展极大影响着旅游行业的发展，充分运用5G、AR/VR等数字技术，推进"数字文旅"发展。一是建设云管理平台。借力卫星成像等技术资源，整合大运河苏南段地理、生态等方面的数据，推动空间动态监管，建立分工明确的网格化管理及网络化监控系统；参考浙江省海宁市水运"新船帮"，对大运河苏南段船舶数量、靠岸地点，以及代运货物数量、重量、类型等信息进行录入，智能匹配水路物流企业、港口码头、船商客商等资源，高效整合水路物流产业链，打造苏南片区智慧船运物流平台，振兴水运经济。二是挖掘营销新渠道。大运河苏南段自然资源、人文的传播离不开新媒体的参与。通过抖音、快手、微信公众号、微信小程序等新媒体时代的传播方式，结合大运河自身的文化底蕴，增强人文内涵对旅游者的吸引力，充分利用现代科技提升游客体验的便捷性和满意度，同时将周边的地域文化融合到大运河文化当中，增强游客对地域文化的共鸣，增强市场开拓力和营销传播力，丰富科技推广的内涵与活力，进而产生"裂变效益"。三是培育文化新业态。充分发挥G42高端智能制造走廊的作用，以上海桃浦工业区为起点，衔接大运河苏南段沿线四市、江苏省省会南京、安徽皖江经济带，以高端制造和智能制造推进大运河文化旅游融合发展；将无锡探索出的九丰面粉厂老厂房数字博物馆技术向大运河苏南段辐射，运用数字化展陈手段，开发智慧导览系统，建设线上线下于一体的体验型文化场馆综合体，360度全景观展；进行大运河苏南段数字化文物保护，重塑公众对大运河内涵的认知、感知，用科技记录文明。

参考文献：

［1］黄杰．以大运河文化带为核心的三大战略协同建设研究——以探索大运河文化带扬州段建设为例［J］．扬州大学学报（人文社会科学版），2018，22（2）：46-51.

［2］侯兵，张慧．基于区域协同视角的大运河文化旅游品牌体系构建研究——兼论“千年运河”文化旅游品牌建设思路［J］．扬州大学学报（人文社会科学版），2019，23（5）：81-92.

［3］范周，言唱．大运河文化活化利用的协同创新网络构建研究［J］．同济大学学报（社会科学版），2020，31（1）：29-39，59.

［4］王菡薇，侯力．文旅融合视角下的大运河文化带建设［J］．唯实，2019（12）：68-72.

［5］熊海峰，祁吟墨．基于共生理论的文化和旅游融合发展策略研究——以大运河文化带建设为例［J］．同济大学学报（社会科学版），2020，31（1）：40-48.

［6］姜晓坤，牛春艳．文旅融合背景下长吉图旅游高质量发展研究［J］．吉林农业科技学院学报，2020，29（1）：72-74.

［7］徐哲．区域文化符号在文旅深度融合中的价值与应用——以宁夏地方文化符号为例［J］．新西部，2020（3）：34-36，44.

［8］段蕾．黄河文化旅游与开封“三区一基地”建设深度融合的打开方式［J］．智库时代，2020（10）：134-135.

［9］吴菁菁．文化遗产的产业化开发及利用——以无锡大运河段为例［J］．文艺生活·中旬刊，2018（10）：167，170.

［10］陈涛．高水平建设大运河文化带常州段［J］．群众，2019（1）：49-50.

［11］霍强．镇江古代水道开发对城市发展的影响［J］．镇江高专学报，2017，30（2）：1-5.

［12］赵蕾，余汝艺．旅游产业与文化产业融合的动力系统研究［J］．安徽农业大学学报（社会科学版），2015，24（1）：66-71.

［13］尹华光，姚云贵，熊隆友．旅游产业与文化产业融合发展研究

[M]. 北京：中国书籍出版社，2017：61.

[14] TalkingData 联合腾讯文旅发布《2018 年旅游行业发展报告》[EB/OL]. (2019-01-10) [2021-05-11]. https://tech.gmw.cn/2019-01/10/content_32333132.htm.

[15] 明海英.《2019 中国旅游业发展报告》在武汉发布 [EB/OL]. (2019-12-20) [2021-05-10]. http://ex.cssn.cn/zx/xshshj/xsnew/201912/t20191220_5062908.shtml.

[16] 江苏省文化和旅游厅. 关于印发《江苏省文化和旅游厅 2020 年工作要点》的通知 [EB/OL]. (2020-02-06) [2021-05-10]. http://wlt.jiangsu.gov.cn/art/2020/2/6/art_6998963741.html.

[17] 孙静，王佳宁. 大运河文化带文化产业发展的省际比较与提升路径 [J]. 财经问题研究，2020 (7)：50-59.

[18] 雒树刚. 以文促旅，以旅彰文 [EB/OL]. (2018-12-14) [2021-05-20]. https://www.sohu.com/a/281895452_528922.

[19] 吴新燕，金华，倪依纯. 京杭运河江苏段绿色开发保障机制研究 [J]. 物流工程与管理，2018，40 (12)：117-120，57.

[20] 陈爱蓓. 培育大运河沿线城市协同发展新动能 [J]. 群众，2019 (24)：21-22.

[21] 姜师立. 论大运河文化带建设的意义、构想与路径 [J]. 中国名城，2017 (10)：92-96.

[22] 中共中央办公厅 国务院办公厅印发《关于加强文物保护利用改革的若干意见》[J]. 中华人民共和国国务院公报，2018 (30)：19-22.

[23] 蒋毅博. 博物馆怎么"玩"——论文旅背景下安徽博物院研学教育的发展 [J]. 文物鉴定与鉴赏，2020 (08)：125-127.

[24] 白硕. 大运河沿岸非物质文化遗产现状、问题与对策 [J]. 人口与社会，2018，34 (6)：33-43.

[25] 毕绪龙. 从人才培养角度看文化和旅游的关系 [J]. 旅游学刊，2019，34 (4)：9-10.

镇江大运河文化旅游跨区域融合发展研究

王腾腾*

2019 年 2 月，中共中央办公厅、国务院办公厅印发了《大运河文化保护传承利用规划纲要》，明确要按照“河为线，城为珠，线串珠，珠带面”的思路，构建一条主轴带动整体发展、五大片区重塑大运河实体、六大高地凸显文化引领、多点联动形成发展合力的空间格局框架，并提出文化遗产保护展示、河道水系资源条件改善、绿色生态廊道建设、文化旅游融合提升 4 项工程，以及精品线路和统一品牌、运河文化高地繁荣兴盛 2 项行动。

江苏省委提出将大运河江苏段打造成“高品位的璀璨文化带、高颜值的绿色生态带、高水平的全域旅游带”。镇江围绕上级部门的决策部署，确立了建设“世界知名的运河名城”的发展方向，提出了全面建设“钟灵毓秀的文化长廊、水清岸美的生态长廊、浪漫倾城的旅游长廊”的工作目标。

大运河文旅产业呼之欲出，以彰显镇江大运河文化旅游的优势，打造“江河交汇、高岗峡河、灯火流连”的文化旅游高地，并融合到大运河流域以及镇江“+旅游”产业中，形成区域性文化旅游发展的新产业群，发挥文化旅游的带动作用，促进社会经济快速发展。大运河文化旅游的开发建设是落实中央精神、增强“四个意识”、坚定“四个自信”、做到“两个维护”的根本需要，是镇江市委、市政府结合镇江实际，落实“三高一争”总体工作的需要。

鉴于镇江大运河文化旅游跨区域融合发展的重要意义，本文重点介绍如何打造大运河文化旅游产业链中的“宝石”，实现镇江大运河文化旅游和区域“+旅游”产业跨区域融合发展。

---

* 王腾腾，1988 年生，江苏徐州人，硕士研究生，江苏大学京江学院讲师，研究方向为外国语言学及应用语言学。

一、镇江大运河文化带具有独特的优势和特点

1. 河

“舳舻转粟三千里，灯火沿流一万家”，清代诗人查慎行途经大运河镇江段时，曾留下这样的诗句，反映出大运河镇江段当时的繁华景象。大运河镇江段的京口闸位于镇江市润州区金山街道中华路附近，它曾是江南运河的主要入江口。大运河镇江段两岸目前共有 90 余处文化遗产，包括宋元粮仓遗址、昭关石塔、镇江英国领事馆旧址等 6 处全国重点文物保护单位。不少文化遗迹具有珍贵的历史价值，丰富的文化内涵形成了镇江大运河文化旅游的独特资源。

2. 湖

大运河沿线湖泊众多，镇江金山湖更具特色。金山湖位于镇江市区，占地 8.8 平方公里，它不仅是长江的一部分，也是长江与大运河的交汇处。它北依长江，南揽三山，面向镇江城，是苏南运河的入江口，具有交通便捷、旅游服务功能齐全、运河文化特色明显等优势，是镇江大运河文化旅游跨区域融合发展的重要基地。

3. 街

镇江大运河沿线有西津渡古街和新河街。西津渡古街全长约 1000 米，形成于六朝时期，历经唐、宋、元、明、清五个朝代的建设，留下了如今的规模，因此，整条街随处可见六朝至清代的历史踪迹。西津渡，三国时叫“蒜山渡”，唐代曾名“金陵渡”，宋代以后才称为“西津渡”。这里原先紧临长江，清代以后，由于江滩淤涨，江岸逐渐北移，渡口遂下移到玉山脚下的超岸寺旁，当年的西津古渡现在离长江江岸已有 300 多米的距离。新河街位于市区京口闸东，南北向，长约 250 米，旁临古运河，紧依长江。此街因河而建，以河为名，得江河之利而兴盛，是大江南北的物资集散中转之地，是商贸交易的中心枢纽，曾为清代长江下游最大的米市和油市。当时市井繁荣，商肆林立，商贾川流不息。两边临街建筑大多为晚清房屋，目前尚存建筑有同善堂（慈善机构）、米业公所、安仁堂、泾太公所、陈公馆、黄公馆、徐（宝山）公馆、静瑞堂等。沿街建筑保留传统风格，是大运河沿线保存较完好的一条历史街区，是不可多得的珍贵文化遗产。街区文化是大运河文化旅游的重要组成部分。镇江大运河旁的二条街具有江河交汇特有的街区文化——渡口文化、建筑文化、漕运文化、水工文化、军

事文化、科技文化、慈善文化、商贸服务文化、美食文化等，这些文化汇聚了大运河沿线的各类文化，为镇江大运河文化旅游跨区域发展奠定了基础。

4. 塔

镇江大运河沿线有很多名塔，木、铁、石、砖结构一应俱全。金山寺慈寿塔，佛塔，位于镇江金山之上，原为双塔，始建于唐代，北宋元符年间（1098—1100）重修。明初双塔倒塌，隆庆三年（1569）重建一座，后又毁。现存塔为清光绪二十年（1894）重建，为砖木结构，八角，七层，楼阁式，高 40 米，是镇江的重要标志。甘露寺的铁塔，位于北固山主峰东南面，始建于唐宝历元年（825），为石塔，名曰“卫公塔”，唐乾符年间（874—879）被毁，北宋熙宁年间（1068—1077）在原址重建铁塔——甘露寺塔。甘露寺塔全部以铁仿木构楼阁式塔铸制，残高约 8 米，包括塔基（须弥座）及残塔四层。塔身平面为八角形，八面四门，塔基和塔身均有图案，如云水纹、莲瓣双雀、游龙戏珠、佛及飞天像等。甘露寺塔不仅反映了中国古代冶铁铸造技术水平和佛教艺术，也体现了宋代木构形制，传承着中华文化精髓，具有重要的历史、科学、文物及佛教研究价值。西津渡的石塔，因塔上刻有“昭关”两字，故名“昭关石塔”。因其正好立在街中上方，其形如瓶，又叫“瓶塔”“过街石塔”，建成于元至大四年（1311）。昭关石塔高 4. 69 米，下半部用块石垒砌，成四根石柱，顶部铺满条石，筑成一个框架形的台座，石塔即建于这个台座上，下面可以通行人马。塔分为塔座、塔身、塔颈、十三天、塔顶五部分，全部用青石分段雕成。昭关石塔是江南的喇嘛塔式过街塔，借助山水地形，阐释佛家教义，具有突出的特点。宝塔山的僧伽塔，始建于唐，原在洪泽湖南岸的泗州城，因瘗西域高僧僧伽（624—710）真身，故名。南宋绍兴年间（1131—1162），因避战乱，泗州高僧等慈奉僧伽像来镇江，于寿丘山建造僧伽塔。明万历二十三年（1595），塔被迁于鼎石山上，成为镇江东大门的重要标志。此塔按明代风格复建，为砖砌仿木结构楼阁式，承于白石须弥座上，七级八面，密檐疏层，内为方形，错间而上，塔壁厚 1 米，高 32. 5 米。镇江大运河沿线的独具特色的塔既是大运河沿线塔建筑的汇聚，更具有镇江地方文化的内涵，形成了镇江大运河文化旅游跨区域发展的远程号召力。

5. 桥

镇江大运河上有多座桥，最具特色的是入江口的石浮桥。石浮桥位于镇江中华路和上河边连线上，是横跨运河的明代万历年间古桥。桥体高大壮硕，桥身造型优美，线条流畅，条石整齐，古朴凝重。虎踞桥是江南运河长江入口处现存的第一座古桥，历经明、清，至今已有500多年历史。虎踞桥俗称“老南门桥”，原为木桥，万历二十年（1592）重建改为石桥，清同治九年（1870）重修。南北走向，跨大运河，系单孔石拱桥，全长30米，宽10米，净跨12米，矢高8米，桥头有一近10米的引道。丁卯桥在镇江南门外运河边，东晋元帝时，因粮船运粮出京口，河水浅涸，故在此筑坝，于丁卯日建成而得名“丁卯桥”。它自唐代以后，随着许浑的名声而闻名。桥是大运河文化的重要标志，镇江大运河的桥也是大运河文化旅游跨区域融合发展的重要组成部分。

6. 寺

镇江名寺荟萃，在运河沿线有多个寺庙。金山寺位于镇江市区西北的金山上，始建于东晋，高44米，距市中心3000米。金山寺布局依山就势，与山融为一体，寺内主要建筑为天王殿、大雄宝殿、观音阁、藏经楼、方丈室等。金山寺是江南佛教圣地，梁武帝在金山设立了庄严隆重的水陆道场，诵经设斋、礼佛拜忏、追荐亡灵。清朝时期，金山寺与普陀寺、文殊寺、大明寺并列为中国的四大名寺。焦山定慧寺，始建于东汉兴平年间，距今已有1800多年历史。原名“普济寺”，宋朝时称“普济禅院”，元代改称“焦山寺”，清康熙南巡来游焦山时，将其改名为“定慧寺”，一直沿用至今。“定慧”二字，取于佛家“由戒生定”“因定发慧”“定慧均”等。“定”，即去掉一切私心杂念，思想高度集中；“慧”，即由“闻、思、修”三条途径来增长智慧。“定慧”二字是佛家修行之纲领，颇有深意。定慧寺，是中国古代著名的古刹，曾有“十方丛林”“历代祖庭”之称。北固山甘露寺，位于镇江市长江之滨的北固山，始建于东吴甘露元年（265），故名。千百年来，无数文人墨客，登临北固山，游甘露寺，遥想三国峥嵘历史，渴望一展自身才华，即景抒情，壮怀激烈，留下许多气吞山河的壮丽诗篇。积善寺都天庙，北宋政和元年（1111），因润州升格为镇江府，为纪念此盛大喜事，镇江府、县官员暨知名士绅联手，在城内寿丘山建起积善寺。

二、镇江大运河文化旅游在大运河领域具有重要地位和作用

大运河沿线具有丰富的文化资源，如京城文化、孔子文化、楚文化、吴文化、越文化，为大运河文化旅游跨区域发展建立了文化纽带，也为镇

江作为大运河的中心城市如何跨区域发展文化旅游打下了文化基础。镇江作为大运河的中心点，是大运河和长江的交汇点，也是吴楚文化的交融地。镇江大运河文化旅游在大运河领域的地位和作用体现在三方面。

1. 十字水道成就了产业与生活方式的多样化

镇江具有得天独厚的大运河文化特色，它是长江与大运河的交汇点。正是由于这个特点，镇江在大运河上起到了黄金十字水道的功能。大运河在镇江不仅体现了漕运的功能，更体现了为漕运而形成的生产、生活及商业服务等方面的特色，使镇江成为五业杂陈、五方杂处的特色城市，孕育了镇江特殊的文化旅游资源。

2. 独特地理特征成就了高岗夹河的风貌

镇江处于江南丘陵地带，宁镇山脉是城市主要地理构架，使得穿城而过的京杭大运河在镇江形成了更有特色的河床地理地貌，即高岗夹河，更成就了“舳舻转粟三千里，灯火沿流一万家”的繁华景象。

3. 发达的转运功能成就了各类文化汇聚之地

由于镇江地处大运河与长江交汇处，大量的物资在镇江转运。为了配套转运需要，大量的人流汇聚镇江。又由于镇江地处江南，本身就具有丰富的文化内涵，使得渡口文化、建筑文化、漕运文化、水工文化、军事文化、科技文化、慈善文化、宗教文化、商贸服务文化、美食文化等都汇聚于此。这些文化经过千百年的沉淀，形成了丰富的镇江特色文化旅游资源。

4. 便捷的交通成就了吃、住、行、娱、购、游要素汇聚之地

黄金十字水道的便捷，使得各地客商云集，自然也使得配套客商生活娱乐的设施和服务应运而生，通过积累形成了大运河镇江段丰富的业态。吃、住、行、娱、购、游各类服务产业都形成了特色。

5. 丰富的文化成就了景观要素汇聚之地

大运河穿镇江城而过，在镇江城留下了与运河、长江有关的众多旅游资源，最具特色的是沿江“三山”，即金山、焦山、北固山；江河交汇的古街区和商贸区，如西津渡和新河街；另有古代商贸交流的都天庙会。在大运河沿岸形成的从北京到浙江杭州的各具特色的河、湖、街、塔、桥、寺等旅游资源当中，镇江均已经汇聚了经典的部分，使得旅游景观要素齐全，也构建了文化旅游跨区域发展的条件，使镇江更具有大运河文化旅游的远程号召力。

三、大运河沿线文化旅游资源串成珍珠项链

京杭大运河自北向南绵延近 1800 公里，沿岸名城多不胜数，文物古迹更是星罗棋布。从北京起，大运河途经天津、济宁、徐州、淮阴、扬州、镇江、常州、无锡、苏州、嘉兴、杭州等众多的历史文化名城。在这一条城市链中，遍布着各具特色的文化旅游资源。整个运河在每一个穿过的城市中，都或多或少留下了大运河的历史印迹，形成了独具特色的大运河的文化，更形成了大运河沿线的文化旅游资源。

大运河沿线各具特色的文化旅游资源使得大运河旅游具有跨区域发展的空间和条件，为了进一步分析镇江大运河文化旅游跨区域发展的优势，我们对大运河沿线的旅游资源及特色做了一个简要的调研。

北京什刹海是京杭大运河的起点，也是大运河文化旅游的一个起点，水域面积约 300000 平方米，汇聚了皇城的所有文化旅游特色，是“燕京小八景”之一。

京杭大运河穿过天津、河北进入山东，山东是中国文化的汇聚之地，也是孔子故里。大运河在山东穿越济宁，济宁是著名的历史文化名城，大运河的成功开凿使得济宁在鲁西南地区成为繁华的商都，至今仍保存着许多历史文化资源，著名的太白楼就位于大运河旁，传说是唐代大诗人李白的故居，总面积 5000 多平方米。附近还有一座铁塔，建于宋徽宗时代，整个塔身的构件均为仿木结构，全部由铁铸成，代表了当时的金属铸造技术的水平。此铁塔和镇江的北固山铁塔都具有一定的文化内涵。

大运河从北向南穿过山东后，进入江苏的徐州。徐州古称“彭城”，大运河开通以后，这里的战略地位更加重要，有“五省通衢”和“兵家必争之地”之说。徐州因京杭大运河的南北要冲地位而升格。乾隆几下江南，对徐州情有独钟，下令在云龙山建造行宫，每次南巡都居于此。

大运河经过徐州之后，一路南下，进入淮安。河下古镇位于淮安市淮安区，古邗沟入淮处的古末口，曾名“北辰镇”，是淮安历史文化名城的核心保护区之一。这里曾诞生巾帼英雄梁红玉、大文学家吴承恩等历史名人。吴承恩故居坐落在淮安市淮安区河下古镇的打铜巷巷尾。明清两代，这里出过 67 名进士、123 名举人、12 名翰林，有“进士之乡”之称。河下镇地处淮城西北部，背靠里运河，是大运河沿线古镇，与大运河沿线其他古镇、古街形成呼应，尤其和镇江的西津渡古街、新河街古街相呼应，是大运河

文化旅游资源的重要组成部分。

扬州东关街是扬州城里最具有代表性的一条历史老街。它东至古运河边，西至国庆路，全长1122米。东关街过去不仅是扬州水陆交通要道，而且是商业、手工业和宗教文化中心。街面上商家林立，行当俱全，生意兴隆。东关街是大运河沿线古街文化旅游资源的重要组成部分。

大运河与长江交汇后，从镇江进入江南运河。作为江南运河的起点，镇江有丰富的文化旅游资源，我们课题组对此专门进行了调研分析，在下文中将重点阐述。

大运河经过镇江后，进入常州，穿城而过。常州古运河旁篦箕巷，是一条充满古迹、古韵、典故和传说的古巷。百米来长的巷子里有明代仅次于金陵驿的江南大驿毗陵驿，有"清代常州城三大接官亭"之一的皇华亭，有"老常州西郊八景"中的篦梁灯火、文亭穿月，有被誉为"宫梳名篦"的百年老店真老卜恒顺梳篦店。常州保存最完整的明城墙——西瀛门，千年古禅寺——天宁禅寺，和神州第一佛塔——天宁宝塔，都是大运河文化旅游资源的重要内容。

大运河一路南下，进入无锡。无锡清明桥两岸的水弄堂是无锡最具特色的水乡风景，两边民居高低错落，码头石埠错落有致，白天人家临窗面水，夜晚船家橹声灯影。后门洗汰下船，前门逛街上桥，好一幅"人家尽枕河"的民俗风情画。

大运河在江苏流经的最后一个地级市市是苏州。苏州水多、桥多，因京杭大运河而成为万商云集的天堂。时至今日，苏州古运河沿途有古城墙遗址、盘门、古胥门、觅渡桥等美丽景点相伴。苏州的大运河文化把大运河文化旅游推向了一个新的高度，也为大运河文化旅游跨区域发展创造了更加广阔的空间。

大运河南下进入浙江嘉兴。乌镇位于嘉兴桐乡境内，紧傍京杭大运河西侧，正当南北水陆要冲，俗称"两省（江苏、浙江）三府（嘉兴、湖州、苏州）交界之地"。乌镇是江南水乡的典型市镇——水多、桥多，"频来幽鸟当窗语，半落闲花度水香"。乌镇最有名的是桥，现在保存完好的七座古桥中，仁济桥和通济桥已有几百年的历史。

京杭大运河的终点是浙江杭州，杭州是中国七大古都之一。京杭大运河过余杭塘栖进杭州，由三堡船闸汇入钱塘江，大运河杭州段全长约39公里。大运河杭州段是京杭大运河的最南端，在千百年的历史中，融汇了中国南北各地的特色物产、饮食服饰、风情民俗、官民礼仪等，留下了诸多历史人文景观。大运河在浙江的流程不是很长，但是它把越文化和吴文化有机融合，更加丰富了大运河文化旅游跨区域融合发展的内容。

京杭大运河不仅具有漕运的功能，更促进了中国南北文化的融合。沿线的皇城文化、孔子文化、楚文化、吴文化和越文化形成了一个独特的文化旅游资源带，更是形成了从北京到杭州的一条文化旅游项链，而镇江大运河就是项链中的“宝石”。

大运河与长江十字交汇于镇江，给镇江带来了丰富的文化旅游资源。形成了国家AAAAA级景区镇江三山国家风景名胜区，以及西津渡街、新河街、都天庙街等众多漕运及码头文化旅游资源。整合提升这些文化旅游资源，打磨大运河文化旅游项链中的“宝石”，是实现大运河文化旅游跨区域融合发展的中心。为此，本文提出以下几点设想：

构建镇江大运河“T”字形文化旅游示范区。以金山湖南线和镇江古运河上段为载体，构建“T”字形文化旅游展示区。重点利用金山、西津渡、北固山、焦山为旅游“T”字形的“–”，以古运河上段，平政桥直到丁卯桥段为旅游“T”字的“丨”。规划建设江河交汇漕运实景演绎中心，展示江河交汇转运繁忙的景象和生活。全面改造新河街、都天庙街区，再现“舳舻转粟三千里，灯火沿流一万家”的大运河文化旅游特殊风貌。

统筹规划“T”字形文化旅游示范区资源，实现山、寺、湖、河、街、塔、桥的联动，形成金山—西津渡—平政桥入河口—北固山—焦山的水上游线，感受江河交汇的文化旅游魅力。同时形成西津渡—新河街—都天庙街水上游线，让游客乘船沿江入河，逛街购物，欣赏码头和漕运文化魅力。

规划建设江河交汇漕运实景再现演艺项目。在平政桥北侧江面建设多媒体及实景演艺中心，江面布置一大批仿古漕运船、运输货船和部分生活船、旅游船，通过水幕全息技术展示百舸争流、千船入江的繁忙的漕运景象。

改造提升新河街和都天庙街，恢复当年的码头、剧场、客栈等设施，重点展示慈善文化、码头文化、行帮文化等，让游客真正体验到江河交汇的镇江的繁华。

开展系列节庆活动，如江河会船节活动、都天庙会节活动，活化江河沿线文化旅游资源。

通过独特的文化展示，发挥镇江独特的江河交汇区域优势，让大运河文化旅游项链中的“宝石”发出光芒，实现镇江大运河文化旅游跨区域融合发展。

参考文献：

［1］葛剑雄．大运河历史与大运河文化带建设刍议［J］．江苏社会科学，2018（2）：126-129.

［2］张峰．大运河文化遗产保护利用传承的历史考察［J］．农业考古，2018（4）：237-244.

［3］夏锦文．以系统思维“三位一体”建设大运河文化带［J］．群众，2018（11）：15-16.

［4］曹兵武．大运河遗产化与当下的中华文明复兴［J］．中原文化研究，2018（4）：61-66.

［5］胡国良．再造大运河现代化的文化气质和商业生态［J］．群众，2018（10）：35-36.

［6］谢光前，李道国．大运河文化带建设的立场、原则及其治理体系构建［J］．江南大学学报（人文社会科学版），2018（5）：116-120.

大运河旅游线路设计及“水韵镇江”品牌培育

王志民* 钱 兴 高逸凡

大运河是中国历史的现实见证，是保存中国古代灿烂文化最丰富的文化长廊和百科全书，具有突出的历史、经济和社会文化价值。习近平总书记先后多次就大运河文化遗产的保护、传承和利用作出重要指示批示，他指出，“大运河是祖先留给我们的宝贵遗产，是流动的文化，要统筹保护好、传承好、利用好”，“要深入挖掘以大运河为核心的历史文化资源，保护大运河是运河沿线所有地区共同的责任”。大运河以其突出的历史文化内涵和旅游开发价值受到了学者们的普遍关注。柴惠康（1997）认为河水污染、河道不畅及两岸风情风貌受到破坏是无锡古运河旅游衰落的主要原因，并提出以运河为背景、以水为依托、以船为载体和以市场为导向的无锡古运河旅游开发思路。张帆（1999）从京杭大运河旅游资源、旅游市场、交通，以及国家和地方政府对运河的整治等方面论述了京杭大运河旅游开发的潜力。黄震方等（2000）以京杭大运河江苏段为例，初步构建了古运河旅游产品体系。金平斌等（2002）以京杭大运河杭州段旅游开发条件评价为基础，提出旅游开发的功能定位、形象策划，以及各区段的开发方向。赵西君等（2003）采用定性、定量相结合的方法分析了京杭大运河旅游资源的类型结构与空间结构，提出旅游资源的开发思路和对策。汪芳等（2007）分析指出旅游产品开发中地域性特色整合不足，由于线型旅游资源各部分的历史功用相同或相似，产品开发趋同是沿河城市所面临的共性问题。沈山等（2008）探讨了运河文化主题整合模式，构建了大运河文化主题性旅游协作联盟的框架。张琳（2011）对江苏省沿运河 8 座城市的旅游资源进行了盘点，提出以政府为主导的整合开发策略。李永乐（2011）对大运河江苏段的非物质文化遗产进行了深入挖掘，提出“原生境”展示式、

* 王志民，1964 年生，镇江市高等专科学校文旅学院教授，研究方向为区域旅游开发。

博物馆式、舞台表演式三种开发方式。黄昊等（2013）通过对比大运河长三角区段7个沿线城市旅游规划，发现目前七城市运河旅游产品仍以水上游览沿线风光、历史文化遗存为主，产品开发中，历史文化、民俗风情等资源的特色整合不足；历史悠久、赋存丰富的大运河文化难以转化成体验性强、差异化、个性化的旅游产品和项目。张光英（2014）认为旅游资源吸引力是旅游品牌的核心要素，而在旅游资源开发和旅游品牌营销中，政府具有主体作用。

综上所述，大运河文化线路旅游开发尚处于泛开发研究阶段，缺乏文化线路旅游开发的精品意识。镇江是大运河和长江的十字交汇处，大运河镇江段全长42.6公里，文化遗产点有90多处。“舳舻转粟三千里，灯火沿流一万家”，镇江城市的兴起、发展和繁荣与运河休戚相关，大运河镇江段是大运河文化带保护、传承、利用的重要组成部分，大运河镇江段文化旅游线路设计应突出运河文化的精髓，从游客体验和精神享受出发，打造“水韵镇江”旅游品牌。

一、大运河镇江段旅游线路设计

1. 水游运河旅游线路

大运河旅游水上旅游线路，设想水上巴士上岸点与公交站点对接，水上旅游线路与城中文化古迹旅游线路对接。

起点：北固湾或西津渡，可将客运码头改造成为集客运、休闲、健身、娱乐等内容于一身的综合体。

水上站点：京口闸南，公交衔接大西路、电力路、太保路—丹阳码头；公交衔接大西路、新马路—虎踞桥东；公交衔接运河路、江科大公交站—宝塔山公园；公交衔接塔山路、丁卯桥路—运河广场；公交衔接丁卯桥路—杜野湖（龙目湖）；公交衔接智慧大道、丁卯桥路—丹徒闸，公交学府路返回。

开通的水上巴士、班船，间隔时间固定，可以刷卡，让市民充分享受大运河开发的成果。

2. 徒步穿城运河旅游线路

拖板桥—南水关—钓鱼巷—沿河边—千秋桥北—网巾桥—梳儿巷—范公桥遗址—下河头—学沟巷—石头巷—酒海街—南水桥。

穿城运河是市井文化、名人文化等的汇聚地，可以充分展示镇江地方文化特色，可将其打造成富有特色的运河旅游线路。

3. 夜游运河旅游线路

西津渡—京口闸—新河街—河滨公园运河仿古街—虎踞桥—南水桥—运河广场。

可以在金山湖或者运河广场开展夜游、露营活动，如文艺演出、帐篷露营等系列体验活动。

4. 滨水花园康养之旅

句容茅山拥有茂盛的森林植被，丹徒世业洲生态环境优美，是怡心养性的好地方。可以围绕其设计多条特色休闲养生线路。

5. 江河品鲜之旅

镇江是“鱼米之乡”“江鲜天堂”。在领略山水风光之际，为上海、南京等地游客专门推出品尝“江鲜”“河八鲜”“镇江三怪”等特色美食的旅游线路。

二、“水韵镇江”旅游品牌培育

1. 线上线下结合

镇江在文化传承、交通运输、商业发展等方面与大运河有着深厚渊源。大运河镇江段在运河民俗、水工建筑等方面有自己的特色，镇江大运河文化带建设就是要围绕这些独到之处，添加新奇、活力元素，通过短视频、直播等新传播方式，切入潜在消费者日常化、碎片化、即时性的媒体使用习惯，在“日用而不知”的过程中，为他们提供一条感知城市、了解城市的渠道，使他们产生文化上的认同感、情感上的归属感、未来生活的舒适感。

突出镇江本土特色，集中资金，把一些重点项目做深做透。如建设江河交汇博物馆，将其作为展示镇江运河文化的优秀载体。除了传统展示方式外，博物馆还需利用各种现代化，打造一座大运河文化体验中心，利用VR等高科技，让人全方位感受大运河。如可以建大运河文化产业园，吸引全国乃至全世界优秀的文化产业项目和人才，发展大运河文化相关产业。又如将历史上一个个镇江运河故事，在互联网上做成网络文学、手游，举办线上线下同步的动漫文化展、金山文艺演出、运河音乐节等。此外，还可以开发与大运河有关的衍生品，把相关配套产业做深做透。开展大运河深度体验式旅游，吃几顿运河饭，坐几趟运河船，住几晚运河人家……这种体验让游客有切身的感受，能带动镇江运河旅游发展。

2. *发展夜游经济*

目前，夜游经济已经成为众多城市高度关注与发展的重要项目。可以充分利用旅游目的地的空间，延长游客的停留时间，刺激旅游消费，解决镇江留客难的顽疾，活跃城市经济，优化文化与旅游产业结构，快速形成新的经济增长点。

夜游经济应以文化创意为主体，科技创新为支撑。夜游经济目前迫切需要解决的问题是能否提供满足各类人群消费需求的产品，满足差异性的精神文化诉求，也就是“上要有精品内容满足白领，下要设计有针对性的产品满足小镇青年”。创意是夜游策划的灵魂，夜游项目是否能够发挥吸引游客并留住游客的作用绝大部分是由创意所决定的。京杭大运河镇江段夜游项目开发可基于自身文化、历史、人文风情、地域特色等，注入独特地域文化元素，发展特色的旅游项目，提升夜游文化艺术魅力，开发具有韵味的创意景区夜游体系，游客在欣赏五彩斑斓的夜景时，品味地域文化，在主题活动中实现互动。可推动西津渡历史文化古街和古运河水上旅游线路夜间开放，通过沉浸式夜游、旅游演艺、特色活动、商街夜市等，展现不一样的景点和产品，将常态化休闲生活和差异化沉浸式游乐、舞台表演、产品等结合，丰富夜间游览内容，提升游客夜游体验，做到人无我有、人有我优，如此才能真正占领市场。

3. *文旅融合，加强区域合作*

鉴于文化要素的强渗透性，以及文化产业与旅游产业的强关联性，“文旅融合”对于旅游业和文化产业的发展来讲是一个很好的路径。

建设江河交汇博物馆，有利于推动大运河镇江段文化遗产保护传承，推动文旅融合发展，有利于文博游、非遗研学游等新兴旅游产业发展壮大。

文化价值对大运河文化旅游的开发影响最大，因此在开发过程中一定要凸显当地文化的特色。在京杭大运河镇江段，运河文化建筑、文物古迹、文化遗址、名人故居及诗词歌赋等文化资源具有鲜明的特色，开发价值较大，应深度挖掘，串点成线，以线带面，打造精品，有效提高旅游吸引力和城市竞争力。

镇江运河文化并不是一枝独秀的，它是与大运河沿岸其他城市运河文化同呼吸、共命运的。这些城市共同拥有运河这一区位优势，并由此形成运河文化的有机体。这些依赖运河而生的城市，在这个有机体内部持续作用，扩大了经济、社会与文化等各方面的交流，为中国古代社会的城市发展做出了巨大贡献。京杭大运河镇江段文化带建设，应以运河和长三角为双重纽带，积极融入长三角运河城镇命运共同体，在遗产保护、文脉传承、资源利用、文旅融合等方面形成合力。

4. 大运河保护开发补偿推进精准脱贫

京杭大运河镇江段沿线及周边拥有 1 座江苏省历史文化名镇（宝堰镇），5 处江苏省历史文化名村（华山村、九里村、葛村、儒里村、柳茹村），5 处中国传统村落（华山村、九里村、儒里村、柳茹村、黄墟村），其中江苏省历史文化名村数量占全省总数的三分之一。大运河镇江段文化带建设要结合运河沿线精准脱贫，在此过程中需要进一步完善运河生态保护补偿机制。对沿线自然生态明显改善的地区，加大转移支付资金补助力度，对运河绿色生态廊道建设不力的地区，扣减转移支付资金。

大运河镇江段沿线乡村的运河遗产整体上是静态遗存多，活态的文化少，文化保护体系大多是对作为物质实体的文化遗存进行静态保护，受众也更多以静态的视角游赏。要让乡村文化活起来，实现乡村运河文化遗存活态化传承，助力乡村振兴。

一是要用群众喜闻乐见的文艺精品开拓市场，活态表现运河资源。如运河文化节，与大运河有关的歌曲、戏曲影视片等，以讲述大运河故事为线索，展现大运河滋养下的这方水土上的故乡情结、人文情愫和家国情怀。二是要将沿线乡村的文化遗产保护和传承渗透到居民的现实生活中。要把物态的静态遗存和动态的运河生活结合起来，把乡镇经济增长和居民生活提质结合起来，把运河文化的内涵美感和乡村文化的生活之用等结合起来，让沿线居民自觉参与，使文化和生活融合，凸显运河名镇生活的水韵生态底色。三是要把运河文化融入乡村产业活动中去，培育新业态。文化创意作为一种“生产要素”，是乡村产业振兴的关键因素，助力沿线乡村的产业推陈出新，合理利用资源。运河遗产与乡村建设融合，经营具有运河乡村风情的休闲农庄、创意农业园等，建起具有运河特色的乡村段国家文化公园、运河生态文明博物馆、运河文化艺术村落、河景酒店、特色民宿等文旅场所。

“两岸闻得踏歌声，一水不见行舟影”，这是古诗对大运河镇江段的描述。近几年，镇江在穿城而过的古运河沿线修复了生态，修缮了运河标志性建筑，还打造了运河历史文化街，风光一年更比比一年好。

参考文献：

［1］柴惠康．重振古运河之旅的思考［J］．旅游学刊，1997，12（2）：30–32.

［2］张帆．对大运河线旅游开发潜力的思考［J］．旅游科学，1999，13（2）：4–7.

［3］黄震方，李芸，王勋．京杭大运河旅游产品体系的构建及其旅游开发——以京杭大运河江苏段为例［J］．地域研究与开发，2000，19（1）：70–72.

［4］金平斌，沈红心．京杭运河（杭州段）旅游资源及其旅游功能开发研究［J］．浙江大学学报（理学版），2002，29（1）：115–120.

［5］赵西君，刘科伟，王利华．浅析运河旅游资源的结构及开发对策［J］．西安电子科技大学学报（社会科学版），2003，13（4）：45–49.

［6］沈山，沈正平，孙旭芳，等．主题性旅游协作联盟及其构建——以运河文化主题协作联盟为例［J］．地理研究，2008，27（6）：1444–1454.

［7］汪芳，廉华．线型旅游空间研究——以京杭大运河为例［J］．华中建筑，2007（8）：108–112.

［8］黄昊，贾铁飞．古运河旅游开发及其空间模式研究——以京杭大运河长江三角洲区段为例地域研究与开发．2013，32（2）：129–133.

［9］张淋．江苏省沿“运河”城市旅游资源综合开发研究［J］．现代营销（学苑版），2011（6）：140–141.

［10］李永乐，杜文娟．申遗视野下运河非物质文化遗产价值及其旅游开发——以大运河江苏段为例［J］．中国名城，2011（10）：42–45.

［11］陈爱蓓．江苏大运河文化带建设怎样才能走在全国前列［J］．唯实，2019（3）：32–35.

［12］夏锦文．以系统思维“三位一体”建设大运河文化带［J］．群众，2018（11）：15.

大运河镇江段沿岸宗教旅游资源整合开发初探

刘　伟*　朱利霞*

被誉为“古代文化长廊”的大运河，贯通南北，有着深厚的历史文化内涵。大运河镇江段从地理上看，主要流经镇江市及下辖的丹阳市，故而本文着重讨论在流域视角下的镇江和丹阳地区大运河沿岸宗教旅游开发的相关问题。本次课题立项后，课题组先后对镇江及丹阳市级历史文献资料、各级政府文件等进行了查阅，后和两级党委宣传部对接，了解大运河文化带建设相关情况，梳理了大运河镇江段的历史知识和宗教发展特点。同时与民族宗教事务局、文化广电旅游局两个主要业务部门对接交流，深入了解运河带宗教旅游资源开发整合相关问题。在此基础上，课题组先后到访镇江金山寺、甘露寺、定慧寺、都天庙、云台山，丹阳海会寺、白龙寺、季子庙、龙庆禅寺、观音山等，实地走访调查，深入了解运河沿岸各宗教点位旅游开发情况。在课题组成员研究讨论后，形成以下调研成果。

一、大运河与宗教旅游的共生逻辑

大运河与宗教、旅游自古就有着密切的联系。运河自诞生起就与文化、商旅紧密相连。运河绵延千里，与各地水道交错，打破了地理空间的限制，成为不同人群、不同文化交流的天然媒介，同时为宗教和商旅演进提供了条件和保障。可以说，运河兴，文化兴、旅游兴，大运河与宗教、旅游共生共荣。

---

* 刘伟，丹阳市委党校青年教师，助理讲师，主要从事文化、党建类课程教学研究，承担江苏省社科联、镇江社科联及丹阳本地多项课题，并多次获主要领导批示，在主体班有培育和践行良好家风、新时代中国共产党人的价值观等课程。朱利霞，丹阳市委党校原副校长，高级讲师，长期从事党史党建教学工作，多次担任主体班次教学任务以及本市部门、乡镇和基层单位的理论宣讲，主持和参与过省、市、县多项课题的研究，研究成果多次被主要领导批示。

（一）大运河与宗教的共生逻辑

从地理视角上看，洛阳作为东汉时期陆上丝绸之路的起点，也是大运河的最西的端点，是陆上其他文明交汇的节点，而宁波作为海上丝绸之路的起点，在大运河的最东端。因此，大运河打通了陆上丝绸之路和海上丝绸之路，在国家疆域内部实现了不同文明之间的联通，成为文明交汇的媒介，也在客观上成为宗教文化传播的地理廊道。

从历史视角上看，大运河给沿岸地区带来了商贸的巨大繁荣，扬州等大城市的兴起尤其得益于运河水道的枢纽作用。宗教作为文化现象的一种，依托着大运河的便利，伴随着各地区、各民族的商人经贸往来，实现了广泛传播，并在传播中不断转化、发展、丰富。历史上，镇江地区佛教、伊斯兰教、天主教、道教等诸多宗教都曾十分兴盛。下辖的丹阳作为齐梁故里，在萧梁年间佛寺林立，信徒众多，盛况空前。隋唐年间，佛教空前兴盛，镇江地区作为中国南北方交汇区，当地的佛教人士吸收了南北不同的文化底蕴，并完成了佛教的本土化，经由海上传入日本，实现了佛教外传。

从文化视角上看，文化是凝结在物质之中又游离于物质之外的能够被传承的历史、地理、风土人情、传统习俗、文学艺术、价值观念乃至宗教信仰等。运河作为一条人工修建的水利工程，它的文化内涵是丰富的，但是其中最突出的一条就是运河文化有开放、沟通、包容的文化特性。运河文化不仅包含着因运河而产生的商贾文化、建筑文化、音乐文化、饮食文化、宗教文化和民俗风情等多种门类，它还通过自身的联合，使各类文化在这里交汇，形成一个有机的整体。这个有机整体就包含着宗教文化，它为宗教文化提供滋养，反之，宗教文化的发展也丰富和发展着这个整体，两者是集体演进的关系。

（二）大运河与旅游的发展逻辑

运河旅游，古已有之。“尽道隋亡为此河”，隋炀帝开凿大运河出发点之一就在于便利南方巡游，欣赏山水美景。后帝王南巡，著名的康熙、乾隆，都是借用了大运河的水道便利。运河绵延1700多公里，纵横南北，不同地区风土迥异，文化各有特征，海外游客称之为“历史画廊”。可以说大运河与旅游存在着天然的契合。这主要表现在以下两个方面。

一是大运河是旅游的资源库。水是景观之脉，是灵动之基，大运河作为人工运河，优良的航道与各地江河湖泊相串联，形成了水网环境景观，是重要的旅游资源。一方面，水网密布的自然环境，丰富了运河风光，增添了自然生态美，如江苏境内的太湖，其中鼋头渚风景区已经建成国家

AAAAA 级旅游景区，再如扬州大运河遗产点、国家 AAAAA 级景区瘦西湖等，都成为重要的旅游观光点；另一方面，由水流而日渐形成的乡间小镇、城市群体，成为依山傍水、独具特色的人文景观，形成了各具特色的区域文明和文化古迹，如扬州邵伯古镇、天津杨柳青古镇、宿迁的皂河古镇等。千百年来，文人骚客游览山水，纵情人文，留下无数与运河文化相关的灿烂诗篇，“姑苏城外寒山寺，夜半钟声到客船”“二十四桥明月夜，玉人何处教吹箫”，这些脍炙人口的诗句、文作，都成为今日不可多得的文化旅游资源。

二是旅游是大运河的焕新剂。诚然，运河积淀着深厚的文化内涵，分布着丰富的自然和人文景观，但是景观不能自己表达，只有通过挖掘利用才能使其鲜活可人，旅游就是传承和发扬运河文化精神的最佳载体之一，是焕发大运河的生机和活力的关键所在。习近平总书记指出，大运河是祖先留给我们的宝贵遗产，是流动的文化，要统筹保护好、传承好、利用好。大运河保护、传承的根本在于开发利用。随着中国大运河申遗的成功，运河沿线城市纷纷将运河旅游带的建设和推广作为旅游产业的重要抓手来推进，在实践上迈出了运河旅游创新的一大步。如江苏扬州建设中国大运河博物馆、开发东关古渡水上游览线路、开办首届中国大运河文化品牌传播国际论坛等，将运河旅游这一概念逐渐落地，并不同程度地与当地的旅游产业开展融合，逐渐变成了城市产业链条中的一环。

（三）宗教与旅游的融合逻辑

随着经济社会的发展，宗教世俗化已经成为一种趋势。宗教的功能也发生了改变，从单纯的宗教教化逐渐演变为对大众的心灵抚慰和普善引导。宗教扮演的，不再是高高在上的神明教导，而是逐渐走进世俗生活。我国一直秉持宗教信仰自由政策，并积极引导宗教与社会主义社会相适应。马克思主义辩证法认为，事物都是一分为二的，其中都包含积极的方面和消极的方面，宗教也不例外。因此，我们要坚持辩证的观点，努力挖掘并发挥宗教的积极作用，引导宗教与社会主义建设事业相统一，引导宗教承担更多的社会责任，不断扩大宗教的正面效应。因此，宗教需要有条件地融入经济社会建设中，旅游产业无疑是一个良好的载体。

旅游业近年来发展迅猛，大众对旅游文化内核的需求也越来越多元，近年来出现的“研学游”“民俗游”“生态游”等，都是从体验度出发，游历和探索不同主题的文化场景，进而提升游览的质感，丰富游览的内涵。而一些宗教场所本身就是较好的文化资源，它们普遍历史悠久，有着深厚的文化底蕴和文化价值，体现了文化世界的多样性和丰富性。同时，旅游作为一种业态，其蕴含的经济价值不容小觑。中国旅游研究院（文化和旅游部数据中心）发布的《2019年旅游市场基本情况》显示，2019年，旅游经济继续保持高于GDP增速的较快增长，全年国内旅游人次60.06亿，比上年同期增长8.4%；全年实现旅游总收入6.63万亿元，同比增长11%。旅游业对GDP的综合贡献为10.94万亿元，占GDP总量的11.05%。旅游直接就业2825万人，旅游直接和间接就业7987万人，占全国就业总人口的10.31%①。旅游作为当前经济社会发展的重要一环，已经成为人民对美好生活向往的一部分。因此，发展多样化的、有特色的旅游产业和旅游项目是发展经济的自然之举。因此我们说，宗教与旅游的融合，是文化产业的进步，是新时代下文化多样性展示的窗口，同时也是文化普及的窗口，两者的融合是天然且自然的结果，是对双方的促进和提升。因此，宗教和旅游的融合是符合经济社会发展规律的。

二、大运河镇江段宗教旅游开发现状

镇江市地理区位独特，位于长江与大运河交汇处。大运河镇江段北起镇江古运河入江口（京口闸），南到吕城镇边界，包含镇江城区运河故道167公里、丹徒闸外引河0.8公里，以及现京杭运河镇江至常州段43公里。

历史上，镇江黄金十字水道不仅滋养了江南“鱼米之乡”，也成为促进南北文化交流的纽带。唐贞观年间，润州城内建造了清真寺；元代，基督教、佛教、伊斯兰教广为传播。频繁的交流在一定程度上促进了宗教文化在镇江的传播。可以说，镇江地区在宗教资源开发和建设上有着丰富的资源和经验。镇江段沿线文物和文化资源丰富，宗教场所较多，道教、佛教、伊斯兰教、基督教等俱备，其中尤以佛教场所突出，如镇江金山寺、甘露寺、定慧寺、都天庙、云台山，丹阳海会寺、白龙寺等。这些具有深厚文化底蕴的宗教场所，诞生的名胜古迹灿若群星。

为保护和开发大运河，镇江市大运河文化带建设工作领导小组筹备出台《大运河镇江段文化保护传承利用规划》，推动大运河国家文化公园（镇江段）试点建设，启动镇江大运河分布式博物馆建设等，在实质上为大运河文化开发向前推进了一步。丹阳市启动相应机制，从组织领导、保护传

---

① 中国旅游研究院：《2019年旅游市场基本情况》。https：//www.sohu.com/a/379167985_100066567.

承文化遗产、弘扬展示运河文化、保护整治运河环境、发展运河沿线产业等方面进行统筹安排。此外，《大运河镇江段文化保护传承利用规划》（讨论稿）中还提出，要构建文化共生线路，依托大运河镇江段宗教名胜及商贾文化资源组织文化线路，依托金山、西津渡、僧伽塔（宝塔山公园）、铁瓮城遗址、西门大街、南门大街、万善塔、海会寺等重要文化资源组织文化线路。进一步丰富宗教及商贾文化内涵。

虽然镇江和丹阳都从市级层面对运河开发和保护进行了统筹安排，在实践上也做出了一定尝试，但是运河沿线的宗教旅游融合发展的内容涉及较少，课题组在调查研究后得出当前大运河镇江段沿岸宗教旅游开发上依然存在以下不足：

（一）遗址保护不够

运河与城市关系紧密，历史上运河一直作为枢纽发挥着重要的交通运输作用。但是随着经济社会的发展，运河的交通要素属性降低，城市发展更多依托陆上交通的进步，在城市经济建设中，文化遗址的保护被不同程度忽视。如大运河东岸的丹阳观音山，历史上香火鼎盛，与玉乳泉一同构成古时“丹阳八景”之一——惠山樵笛。但自西晋至今，战乱烽火和朝代更替使其不复存在，只剩一玉乳泉遗址。部分历史上存在过的著名的宗教场所，由于长期无人打理，已不同程度消亡。如历史上闻名遐迩的普宁寺（丹阳），始建于唐，几经朝代更迭，已损毁，至今只剩一口唐钟留存，后被列为江苏省文物保护单位。再如历史上存在的延陵昌国寺，也曾名噪一时，如今荡然无存。

（二）开发程度不均

大运河镇江段主要涉及镇江市和丹阳市，虽然近年来两级政府做出了许多努力，但是在宗教旅游开发上仍然存在开发程度不均的问题。由于地方财政和发展思路的差异，镇江市的宗教旅游开发情况优于丹阳市。据不完全统计，镇江市内涉及开发的宗教场所主要是金山景区（金山寺）、北固山景区（甘露寺）、焦山景区（定慧寺）、云台山景区、宝塔山景区（都天庙）等，其中国家 AAAAA 级旅游景区 3 个，国家 AAAA 级旅游景区 1 个，整体上建设水平较高，旅游要素较全。而丹阳作为县级市，下辖的一些宗教场所中，开发较好的九里风景区仅为国家 AA 级旅游景区，嘉山风景区（龙庆禅寺）也仅为 AA 级旅游景区。在建设水准和开发程度上，不均衡性较为明显。

宗教旅游资源的释放程度不均。如金山景区宗教文化旅游资源开发相对成熟，景区内景点丰富，宗教文化与历史文化有机融合，特别是民间传说《白蛇传》中“水漫金山”故事以及清康熙皇帝沿运河六次南巡事迹影响广泛，游客能较为容易地从中获得沉浸式游览体验感，在各大旅游平台的好评率较高。每年元旦，会在佛教文化广场举行新年撞钟祈福活动，已经形成了一定的品牌效应。而同样位于镇江市内的宝塔山景区都天庙，临近古运河，始建于明代，原本规模很大，号称“99 间半”，庙中供奉的尊神是唐代名将张巡。近代以来，依托都天庙而兴起的都天庙会，因其宏大的规模而闻名于大江南北。由于地处古运河畔，每逢庙会期间，外地专程来镇江参庙进香的大小民船一字排开，场面十分壮观。庙会会期通常为一个月左右，粗略估计来往游客可达 20 万人以上。清道光年间，著名诗人龚自珍沿运河南归回乡，适逢都天庙会，便在此地写下了“我劝天公重抖擞，不拘一格降人才”的著名诗篇。目前，由于历史原因，都天庙会已不复存在，都天庙的规模、香火也不复以往。

（三）成熟案例不多

从开发的个案看，大运河镇江段沿岸的宗教旅游资源中，开发成熟的案例并不多，示范效应还有欠缺，特色挖掘不够深刻，各点位存在不同程度的差距。根据开发程度不同，大致可以分为三类。第一类是开发较为成熟、示范效应较好的宗教旅游点。如金山景区（金山寺），始建于东晋明帝时期，清康熙二十五年（1686），得康熙帝赐名“江天禅寺”。金山寺以白娘子传说而在全国家喻户晓，历史上该寺出现过如法海、印深等多位得道高僧。寺内有大雄宝殿、藏经楼、妙高台、慈寿塔、法海洞、文宗阁等知名宗教建筑，是游客观光游览热点。1982 年被定为全国重点开放寺院。第二类是开发潜力较大、示范效应有待发挥的宗教旅游点。如丹阳九里景区（季子庙）。季子庙是道教场所，为纪念春秋时期吴王寿梦第四子季札而修建。景区内有慈航殿、十字碑、沸井等名胜古迹，部分基础设施在建，属延陵镇和九里村共同管辖，目前可开展市场化运作，在周边县市有一定影响。第三类是开发潜力受限、难以发挥示范效应的宗教旅游点。一些宗教旅游点由于地理位置、文化价值等条件的限制，难以有效实现开发和使用，目前只能作为单纯的宗教场所而存在，如丹阳的白龙寺、天主教堂等。从调查结果来看，多数宗教旅游点属于第二、三类的范畴，运作成熟的案例较为不足，仍需从基本面上提升建设质量。

（四）融合程度不高

宗教和旅游的融合应该是有机而天然的，但是就目前宗教旅游融合发展的状态来看，存在着不同程度的融合紧密度不高、文化品位不够等问题。如北固山景区中，甘露寺始建于三国时期，文化底蕴深厚，梁武帝曾题“天下第一江山”匾额。历史上甘露寺屡毁屡建，规模不断缩小，现存的甘露寺为清光绪年间重建的，寺内有大殿、老君殿、观音殿和江声阁等建筑，形成了“寺冠山”的建筑特色。现在的甘露寺规模较小，仅作为北固山景区的一部分存在，已无正规的宗教活动。同时，北固山景区较其丰富的宗教历史文化底蕴相比，旅游资源开发、宣传的力度不够，缺少具有层次感的旅游产品供给。再如丹阳海会寺，海会寺原址已毁，现只存一藏经阁在丹阳市委党校院内。2009 年，丹阳海会寺在礼相法师的主持下移地重建，新海会寺坐落于万善公园内万善塔东南角，扩建后与周边环境相呼应，自然风光较好。海会寺内能够基本正常开展各类宗教活动，但未能与周边环境和观光人群形成互动，融合程度不高，效应发挥有限。

三、大运河镇江段宗教旅游发展制约因素

从运河文化带建设的基本面上来看，宗教旅游融合发展的尝试还不够多，占旅游业的比重也相对较小。制约发展的因素有很多，这里我们主要从人类活动的角度出发，从认识和实践的维度去分析制约大运河镇江段宗教旅游融合发展的主要因素。

（一）对宗教旅游融合发展的认识不足

自中国大运河申遗成功后，沿运河各地加强了对运河文化遗产的挖掘和研究，并投入大量资金进行运河旅游业的开发和相关项目建设，体现了各地对文化产业的重视。文化产业已经成为一种经济形态，无形地对大众的日常生活产生着影响。因此，对各种文化表现的正确认识是一个要求前提。调研中，课题组发现，宗教旅游融合发展中缺少两种思维。

一是缺少整合思维。一些管理者认为宗教是宗教，旅游是旅游，两者相互割裂。主要表现在：对宗教事务保持高度谨慎，将宗教事务局限于开展宗教活动，对大众化的宗教心灵抚慰功能认识不足。认为旅游要侧重产业发展和增值，对旅游主体的多元化文化需求了解不够深入，旅游市场调查研究不够深入，应对办法思路单线条，缺少整合发展的思维范式。对比临近的扬州市，以大运河为脉，以皇帝行踪为线，将大明寺、天宁寺、高旻寺串联的旅游线路，不论是从旅游影响还是从经济效益来看，镇江在整合宗教旅游资源开发上都尚有进步空间。

二是缺少创新思维。主要表现在对宗教和旅游融合发展的路径、组合方式、执行标准等缺少富有创新的思考。宗教和旅游的融合是有机的，关键要找到融合的媒介。目前在镇江地区，宗教旅游融合案例中存在的多是地点场所上的“合”，少见精神内涵的“合”，缺少融合的创新模式。同时，在管理抓手上，常常存在一个旅游点的河道、绿地、建筑等环境要素多头管理的现象，从景区管理和文化融合的角度看，这样的安排还缺乏深度融合的创新性。最后，在产业供给侧上，对宗教的文化内涵挖掘较少，刻板化、片面化的产品较多，如景区售卖的包袋、印制的卡片、图文徽章等。有效迎合市场需求的文化创新产品不多，创意旅游项目少见，致使融合发展的质量有待提升，旅游体验还有待升级。

（二）对大运河文化建设运用实践不足

马克思主义认识论认为，认识的任务不仅在于解释世界，更在于改造世界。诚如上文所言，运河文化内涵丰富，历史悠久、积淀深厚。但是实际开发过程中，却出现了一些短板。

运河文化阐释不够丰满、运河文化内涵理解不深不透、文化运用能力不足等问题的出现，都是对大运河文化开发的一种停滞。镇江环境优美，自然条件好，大运河常年通航，运河基础好，但整体上来讲，镇江地区对运河文化的阐释和打造还欠缺氛围。仅从科研成果上来看，对“镇江”“大运河”等关键词进行检索，知网上对应的词条较少。

在操作层面上，大运河文化带建设还停留在认识和规划阶段，许多提档升级的建设还没真正开展，如镇江市在规划大运河文化带建设上，提出要打造大运河精品旅游线路，但目前来看，设想还处于雏形阶段，虽然线路上各点都有一定程度的开发，但是规划中大部分的设计还未完全落地，在本地运用的样本不多，实践经验较为缺乏。尤其是在创造性开展运河文化挖掘、运河项目建设上，对现有文化产业和实施路径过于依赖，缺少有创意的实施方案和设想。这一点对比周边扬州、无锡、淮安等地的建设经验，存在明显不足。

四、坚持统筹发展，繁荣运河文化视域下的镇江宗教旅游

习近平总书记指出：“大运河是祖先留给我们的宝贵遗产，是流动的文化，要统筹保护好、传承好、利用好。”要在新一轮的发展中繁荣运河文化，创新探索文化引领高质量发展新路径，优先做好统筹规划，促进宗教

旅游融合发展，推动大运河镇江段宗教旅游资源的保护、传承、利用。

（一）明晰建设边界，为宗教旅游画线

大运河镇江段沿线，宗教遗存较多，宗教旅游资源丰富。在实际开发过程中，首要的问题就是要明晰开发建设的边界，对宗教的开发和建设进行画线。

一是要科学掌握法律基础。在宗教资源开发上，需要在法律的框架之下实施各类建设。当前，我国关于宗教的法律有《中华人民共和国宪法》《宗教事务条例》《中华人民共和国民族区域自治法》《中华人民共和国境内外国人宗教活动管理规定》《宗教院校聘用外籍专业人员办法》等。这些法律构成了宗教活动的基本框架，需要认真学习掌握。

二是要对宗教资源分类甄别。大运河镇江段沿线的宗教资源中，有两类宗教资源需要注意区分。一类是处于开发状态或者半开发状态的宗教旅游资源，如镇江金山寺。在金山寺中，寺内正常开展各类宗教活动，在寺外的金山公园，游人可以自由游玩、观赏，宗教活动与旅游活动互不干扰。这一类宗教旅游资源应该在维持现有经营状况的基础上，通过强化管理、优化文化产品、强化游览印象和游览质感、深入挖掘自身价值，逐渐打造文化旅游品牌。另外一类是在运河沿线镇江段中，目前仍用于宗教活动的宗教资源，如丹阳海会寺、丹阳嘉山寺等。这类宗教资源的开发，需要在尊重宗教信仰自由的基础上，在支持合法宗教活动的前提下，科学规划好旅游开发项目，注重与宗教人士商讨、交流，共同建设，避免“一刀切”的粗暴规划。在建设和开发中，要协调好宗教建设和运河风貌的关系，实现景观与景观之间的协调。

（二）培育文化内核，为宗教旅游赋能

文化是旅游的灵魂，宗教是文化的一种表现形式。旅游作为一种产业，与文化有天然的黏合性，和文化融合在一起才会更有生命力，才会增添不断发展的动力。当前，旅游业的发展，已经从注重视觉的观光游升级进入以体验为核心的深度游时代。大运河作为天然的旅游资源，不仅是人类智慧的结晶，更是人类文明的伟大成果，要深度挖掘运河蕴含的文化内核，营造研究学习的氛围，培育好镇江地区独特的文化气质，并与宗教文化有机组合，充实旅游内核，为宗教旅游赋能。

要培育以融合、共享为主要元素的大运河文化内核。运河贯通南北，在历史上发挥着促进文化交流的重要作用，也在客观上推动了南北方宗教文化的融合。要秉持融合发展、共享成果的理念，加强对宗教文化的挖掘，不断深化内在价值与精神内涵。广泛开展交流和探讨，创建共商共建共享的文化语境，如“文化博览会”“文化交流会”“运河文化高峰论坛”等，通过各种载体促进不同资源在共同场域下的整合，努力探索“文化+”的不同旅游业态。在实践层面上，宗教文化场所是天然的文化传播地和人流集散地，可以提供重要的资源、灵感与思路。要逐步开展大运河镇江段宗教场所的梳理工作，开展建设可行性研究，形成具有参考价值的建设方案和规划。及时公开共享建设方案，开展对外地优秀建设成果的考察学习，逐步加入全国大运河文化带的建设大潮，利用好各种平台和契机，努力讲好镇江宗教故事，不断深化文化底蕴。同时，积极利用共享运河文化的理念，积极作为，打造特色文旅品牌，避免运河文化带的相关建设上出现同质化、表面化、基础化的现象。

（三）整合资源共建，为宗教旅游焕新

资源如果没有被有效利用就是浪费了的资源。大运河镇江段上，宗教旅游资源丰富，但是市县两级在开发和保护上存在较大落差。要利用好宗教旅游资源，就要打破地域发展的壁垒，整合资源，共同开发建设，打出组合拳，最终双方实现共赢。

一是要加强对大运河镇江段沿岸宗教遗产资源的摸底调查。组建专家学者工作队，对镇江市范围内的所有宗教点位进行摸底。在此基础上，根据宗教场所的建设现状、开发潜力等因素，实行综合评估，并对宗教场所进行评级，科学划分好各类宗教场所等级。逐步建立“大运河镇江段宗教文化资源库”“大运河镇江段宗教旅游资源库”等。同时，优化库存管理，实行动态化管控，做好保护运河宗教遗存的基础性工作。

二是要打破大运河镇江段沿岸的城市管理壁垒，加强多部门沟通协调。要建立镇江市级与区县级之间的大运河遗产保护和管理的协调机制，通过建立如“大运河开发建设工作室”“大运河文化工作领导小组”等机构，让两级政府的主要领导干部和部分负责人在其中担任主要职位，将建设成果纳入年底考核，以此来带动市县两级统筹推进。在实际操作中，可以利用好信息技术成果，打造线上平台和线下窗口双向渠道体验的旅游服务平台，逐渐打破信息壁垒和管理壁垒。

三是迎合发展大势，探索开展全域旅游。镇江地处宁镇扬一体化的三角区，向北可对接苏中及苏北等人口众多、发展潜力大的地区，向南可对接苏南及上海等经济发达、人口稠密的地区，尤其是随着连淮扬镇高铁线路的开通，江苏省内即将迎来全域高铁时代。镇江要发挥自身优势，主动利用好运河文化资源，将旅游线路整合，打造如“镇江金山文化巡游”“佛教三好文化体验游”等项目，并积极主动对接省域大运河文化遗产体验游线、长江（中下游区段）水上黄金游线、宁镇扬精品游线、华东城市精品旅游线等跨区域主题游线，通过区域旅游升级带动全域旅游发展。

参考文献：

［1］姜师立．大运河宗教传播廊道与文化带建设研究［J］．聊城大学学报（社会科学版），2019（5）：1-10.

［2］王永平．后梁禅风之盛行与北朝佛学之南播［J］．学习与探索，2012（4）：144-153.

［3］霍艳虹．基于“文化基因”视角的京杭大运河水文化遗产保护研究［D］．天津：天津大学，2017.

［4］高科，佘晶晶．近二十年中国宗教旅游研究述评［J］．西南交通大学学报（社会科学版），2010，11（3）：60-64.

［5］郭怡伶．旅游业中的宗教文化资源开发［D］．昆明：云南大学，2015.

［6］张继文．释僧祐研究［D］．武汉：华中师范大学，2013.

［7］姜师立．文旅融合背景下大运河旅游发展高质量对策研究［J］．中国名城，2019（6）：88-95.

［8］高科．现代性、世俗化与宗教旅游［J］．广西民族研究，2014（2）：166-171.

［9］李颖．中国佛教文化旅游体验研究——以上海玉佛寺为例［D］．上海：复旦大学，2013.

［10］张桥贵，孙浩然．宗教旅游的类型、特点和开发［J］．世界宗教研究，2008（4）：128-139.